河南省哲学社会科学规划项目"新时代劳动教育评价体系构建研究"（2020BJY013）研究成果

新时代劳动教育评价体系构建研究

XINSHIDAI LAODONG JIAOYU PINGJIA TIXI GOUJIAN YANJIU

王　萍　著

河南大学出版社
HENAN UNIVERSITY PRESS

·郑州·

图书在版编目(CIP)数据

新时代劳动教育评价体系构建研究 / 王萍著. -- 郑州：河南大学出版社，2023.5
ISBN 978-7-5649-5461-1

Ⅰ.①新… Ⅱ.①王… Ⅲ.①劳动教育 Ⅳ.①G40-015

中国国家版本馆 CIP 数据核字(2023)第 084668 号

责任编辑　赵海霞
责任校对　张玉梅
封面设计　马　龙

出　版	河南大学出版社
	地址：郑州市郑东新区商务外环中华大厦2401号　邮编：450046
	电话：0371-86059701(营销部)　网址：hupress.henu.edu.cn
排　版	河南大学出版社设计排版中心
印　刷	广东虎彩云印刷有限公司
版　次	2023年5月第1版　　印　次　2023年5月第1次印刷
开　本	787 mm×1092 mm　1/16　印　张　17.5
字　数	278千字　　定　价　48.00元

(本书如有印装质量问题，请与河南大学出版社营销部联系调换。)

前　言

2020年3月，《中共中央 国务院关于全面加强新时代大中小学劳动教育的意见》颁布，就全面贯彻党的教育方针，加强大中小学劳动教育进行了系统设计和全面部署。但与国家重视形成鲜明对比的是：实践中的劳动教育不同程度地存在着"在学校中被弱化、在家庭中被软化、在社会中被淡化"的现象。究其原因，劳动教育缺乏科学、系统的评价体系。在一定程度上，评价是实践的指挥棒，劳动教育的评价问题直接决定了劳动教育的实践效果。《中共中央 国务院关于全面加强新时代大中小学劳动教育的意见》指出，要"将劳动素养纳入学生综合素质评价体系，制定评价标准"，但具体如何实现劳动教育评价与综合素质评价体系的对接，如何考虑学段特点，制定既符合新时代劳动教育要求又符合学生身心发展水平的劳动教育评价体系，成为当前的重要研究课题。基于此，本研究选取"新时代劳动教育评价体系构建研究"为题，尝试构建科学、适用、可操作的劳动教育评价体系。

本研究对劳动教育评价体系的构建主要分为三个部分：

第一部分是新时代劳动教育评价的理论研究。主要从新时代劳动教育评价的内涵与价值、新时代劳动教育评价的历史与现状、新时代劳动教育评价的理论基础等方面进行阐释，尝试构建新时代劳动教育评价体系的理论之基。

第二部分是新时代劳动教育评价的现实观照。主要从新时代劳动教育评价的现状、存在的问题及问题成因等方面展开，并将此部分作为新时代劳动教育评价体系的实践之基。

第三部分是新时代劳动教育评价的体系构建。主要从新时代劳动教育评价的目标、新时代劳动教育评价的内容、新时代劳动教育评价的方法、新时代劳动教育评价的实施策略等四个方面展开。为了增强可操作性,方法部分又分为写实记录、表现性评价、档案袋评价三个章节。

本研究是河南省哲学社会科学一般项目"新时代劳动教育评价体系构建研究"的最终成果,作为项目研究的组成部分,我指导完成了三篇硕士学位论文。本研究成文过程中,研究生赵玉洁、张子贞、王静、彭舒婷、吴佳遥、张梦玮、邱平平、王彦麟、田萌蕾,本科生田玲、李帅龙等参与了相应章节的撰写或资料搜集,彭舒婷对书稿进行了编辑整理,在此一并表示感谢!

本研究也是河南省高等学校哲学社会科学创新团队支持计划"教育考试与评价"(2022-CXTD-06)研究成果。

本研究开展过程中,河南教育家书院的研究员们给予大力支持,组织学生进行问卷填写,组织领导老师参与座谈访谈;在书稿完成初稿时,河南教育家书院的研究员们参与书稿研读、讨论、提出修改建议。可以说,本研究离不开教育家书院研究员们及其所在学校的智力支持,也是河南教育家书院的系列成果之一,在此对河南教育家书院研究员们的贡献一并表示感谢!

在写作过程中,我们引用、参考了国内外许多学者的相关研究成果,并力图一一注明,但仍恐有所遗漏,敬请谅解并指正,我们在此表示真诚的感谢!

本书虽将付梓,但从内容到形式还显得粗糙,可能还存在一些缺点。因此,恳请研究同行、广大读者,提出宝贵意见,给予批评指正。

王萍

2023 年 4 月 8 日

目 录

第一章 新时代劳动教育评价的内涵与价值 ·················· 1
 一、新时代劳动教育的内涵 ····························· 1
 二、新时代劳动教育评价的内涵 ························ 10
 三、新时代劳动教育评价的意义 ························ 20

第二章 新时代劳动教育评价的历史与现状 ················ 24
 一、新时代劳动教育评价的历史沿革 ···················· 24
 二、新时代劳动教育评价的研究现状 ···················· 34
 三、新时代劳动教育评价存在的问题 ···················· 39

第三章 新时代劳动教育评价的理论基础 ·················· 44
 一、哲学基础:马克思关于人的全面发展理论 ············· 44
 二、心理学基础:多元智能理论 ························ 52
 三、评价学基础:发展性评价理论 ······················ 60

第四章 新时代劳动教育评价的现实关照 ·················· 67
 一、新时代劳动教育评价现状 ·························· 67
 二、新时代劳动教育评价存在的问题 ···················· 97
 三、新时代劳动教育评价存在问题的成因 ················ 99

第五章 新时代劳动教育评价的目标 ······················ 107
 一、新时代小学劳动教育评价目标 ······················ 108
 二、新时代初中劳动教育评价目标 ······················ 114
 三、新时代普通高中劳动教育评价目标 ·················· 117
 四、新时代职业院校劳动教育评价目标 ·················· 119

五、新时代普通高等学校劳动教育评价目标 …………………………… 120

第六章　新时代劳动教育评价的内容 …………………………………… 123
一、新时代劳动教育评价内容体系构建的理论基础 …………………… 123
二、新时代劳动教育评价内容的结构 …………………………………… 126
三、新时代劳动教育评价内容要素 ……………………………………… 130

第七章　新时代劳动教育评价的方法：写实记录 ……………………… 134
一、写实记录与新时代劳动教育评价的关系定位 ……………………… 135
二、写实记录应用于新时代劳动教育评价的理论构建 ………………… 137
三、写实记录应用于新时代劳动教育评价的典型案例 ………………… 142
四、写实记录用于新时代劳动教育评价的建议 ………………………… 152

第八章　新时代劳动教育评价的方法：表现性评价 …………………… 163
一、表现性评价与新时代劳动教育评价的关系定位 …………………… 163
二、表现性评价应用于新时代劳动教育评价的理论构建 ……………… 166
三、表现性评价应用于新时代劳动教育评价的典型案例 ……………… 180
四、表现性评价应用于新时代劳动教育评价的建议 …………………… 186

第九章　新时代劳动教育评价的方法：档案袋评价 …………………… 189
一、档案袋评价与新时代劳动教育评价的关系定位 …………………… 189
二、档案袋评价应用于新时代劳动教育评价的理论构建 ……………… 193
三、档案袋评价应用于新时代劳动教育评价的典型案例 ……………… 204
四、档案袋评价应用于新时代劳动教育评价的建议 …………………… 216

第十章　新时代劳动教育评价的实施策略 ……………………………… 218
一、加深对新时代劳动教育评价重要性的认识 ………………………… 218
二、明确新时代劳动教育评价的目标 …………………………………… 220
三、科学设置新时代劳动素质教育评价的内容 ………………………… 221
四、开展多元的新时代劳动教育评价 …………………………………… 222
五、高度重视评价结果多方应用 ………………………………………… 224
六、多层面促进劳动素养提升 …………………………………………… 225

参考文献 …………………………………………………………………… 235

附录1 ……………………………………………………………………… 245

附录2 ……………………………………………………………………… 251

附录3 ……………………………………………………………………… 264

第一章　新时代劳动教育的内涵与价值

劳动教育评价是劳动教育的重要组成部分,在新的时代背景下,掌握新时代劳动教育评价的内涵与价值是进行新时代劳动教育评价体系构建研究的基础和前提。全面深入地探析新时代劳动教育评价的内涵,需要从劳动教育入手,厘清劳动教育在新的时代背景下的新思想与新论断,进而阐释新时代劳动教育评价的内涵价值。因此,本章主要介绍新时代劳动教育、新时代劳动教育评价内涵以及新时代劳动教育评价意义和价值等内容。

一、新时代劳动教育的内涵

对新时代劳动教育内涵的理解,关乎劳动教育的起点问题。通过对劳动的界定以及劳动本身的理解,从劳动变迁历程去审视当下劳动教育的重要性,进而梳理新时代劳动教育的内涵,总结新时代劳动教育的特征。

(一)劳动教育的内涵

要想理解劳动教育,首先要理解劳动是什么。对劳动内涵和形态类别的把握可以帮助我们更好地理解劳动教育。

1.劳动的内涵

劳动伴随着人类生命的终始,劳动创造了人本身,是人类生存和发展的本质性活动。那么劳动究竟是什么呢?对于这个问题,马克思(Karl Heinrich Marx,1818-1883)下了这样的定义:"劳动力的使用就是劳动本身。

劳动力的买者消费劳动,就是让劳动力的卖者为其提供劳动,"①劳动作为人类运动的一种特殊形式,马克思在商品经济生产体系中定义劳动,认为其就是劳动力的支出和使用。而现代意义上理解劳动一词,则从其作为人类生产和发展的基础出发,指物质资料的生产过程、指对外输出劳动量或劳动价值的人类活动。有学者提出,"劳动是指人类在生产过程中所提供的劳务,包括脑力劳动和体力劳动"②。这都将劳动作为创造价值的一种活动。

2.劳动的形态类别

从不同标准出发,可以将劳动划分为不同类别。从一般意义上说,按照运动感官的差异,大多数人习惯将劳动分为脑力劳动和体力劳动这两大类。王永江就指出"可以把人类的劳动区分为两种形态,一种形态叫体力劳动,一种形态叫脑力劳动"③。

体力劳动是以身体运动系统为主要运动器官的劳动。体力劳动"主要是以体力、精力、筋力的消耗,按照传统经验或他人设计好的方案,为社会创造物质财富,是一种重复的劳动"④。在人类历史上第一个社会形态时期,社会生产力的主要标志是使用石器工具,社会成员以体力劳动为主,作为独立存在的脑力劳动并未出现,这一时期对劳动形态的需求是体力劳动,体力劳动创造着一定的物质财富。

脑力劳动是指以大脑神经系统为主要运动感官的劳动。脑力劳动"主要是以脑力、精力、智力的消耗为社会创造知识财富、物质财富,以知识财富为主,是一种创造性的劳动"⑤。随着生产力的不断发展和阶级社会的到来,形成了以资本家为代表的脑力劳动和以具有雇佣关系的附属劳动者为代表的体力劳动两个相对立的阵营。进入近代社会以来,随着分工方式的不断细化,逐渐形成了以脑力和体力劳动为主的职业结构。而随着世界科技的不断发展、生产力的极大提高,社会进入新时代,人类逐渐从体力劳动中解放出来,脑力劳动职业在社会职业比重中逐渐变大,传统的体力劳动职

---

① 马克思.资本论(第一卷)[M].中共中央马克思恩格斯列宁斯大林著作编译局,译.北京:人民出版社,1975:201.
② 刘天祥,汤腊梅.西方经济学(微观部分)[M].3版.长沙:中南大学出版社,2012.
③ 王永江.论脑力劳动和体力劳动的关系[J].江西社会科学,1984(06):90-95+62.
④ 王永江.论脑力劳动和体力劳动的关系[J].江西社会科学,1984(06):90-95+62.
⑤ 王永江.论脑力劳动和体力劳动的关系[J].江西社会科学,1984(06):90-95+62.

业价值创造普遍低于脑力劳动价值创造。

随着脑力劳动职业比例的逐渐扩大,社会上部分青少年易于出现鄙视体力劳动、对体力劳动者缺乏足够尊重的现象,自身好逸恶劳的风气也越来越成为部分青少年成长过程中的问题。因此,劳动的育人价值就需要得到有效开发,劳动教育思想也逐渐被教育界乃至国家所重视。

3.劳动教育的内涵

劳动教育思想的最早提出者是19世纪的空想社会主义者罗伯特·欧文(Robert Owen,1771—1858)。马克思在其基础上提出了教育与生产劳动相结合全面发展的思想。虽然马克思并没有明确提出过"劳动教育"这一概念,但在他的一些著作中,提出了"生产劳动与教育相结合"的思想。对此,一些学者通过对马克思劳动教育思想的探究,概述出马克思劳动教育思想的主要内容,并对劳动教育内涵进行概述。

观点一:强调劳动教育是劳动与教育的双向结合。例如学者李雨燕、曾茜将马克思劳动教育思想的基本内涵概述为两个层面:"一方面,劳动是马克思主义哲学的重要范畴,是人本质力量的确证,劳动创造了人本身,从而教育应该与劳动相结合;另一方面,劳动是马克思历史唯物主义的重要基石,而教育是提升人能力的活动,是促进生产力和社会进步的方式,故缺乏教育而只是为了生存从事单一的、重复的劳动活动,必将导致人的畸形发展,所以,劳动应该与教育相结合。"①可见,劳动教育是劳动与教育的双向结合,劳动教育的目的是满足不同层次的需要,而教育与劳动相结合是实现人的全面发展的唯一方法。

观点二:强调劳动教育是促进素质教育发展的重要途径。崔延强、陈孝生认为马克思劳动教育思想蕴含着科学全面的内涵,他将马克思对于劳动教育的内涵概述为"提高社会生产的一种方法、改造现代社会的最强有力的手段以及促进人的全面发展的唯一途径"②。即强调劳动教育的社会育人价值。此外,学者夏玲玲、亢升在《论马克思劳动教育思想的新时代转换》

---

① 李雨燕,曾茜.马克思劳动教育思想及其当代启示[J].吉首大学学报(社会科学版),2021,42(02):109-117.
② 崔延强,陈孝生.马克思劳动教育思想及其当代价值[J].苏州大学学报(教育科学版),2022,10(01):67-74.

中也阐述了劳动教育的内涵,认为"劳动教育是一切教育的基础,是贯通其他'四育'的本质力量,德育、智育、体育、美育都有机地统一在劳动教育的全过程。劳动教育是促进一切能力素质的核心要素"①。这都将劳动教育赋予更大的使命,强调了劳动教育的综合育人功能以及对于促进能力素养发展的意义。

观点三:强调劳动教育主要是劳动和劳动素养方面的教育。例如,《教育大辞典》就从劳动教育的内容和劳动素养出发,将劳动教育定义为"劳动、生产、技术和劳动素养方面的教育,主要任务是培养学生正确的劳动观点、培养学生正确的劳动态度、培养学生具有良好的劳动习惯和艰苦奋斗作风、使学生获得工农业生产基本知识和技能"②。学者檀传宝将劳动教育作为一种特殊的教育活动,对其内涵做了界定:"劳动教育是以促进学生形成劳动价值观(即确立正确的劳动观点、积极的劳动态度,热爱劳动和劳动人民等)和养成劳动素养(有一定劳动知识与技能、形成良好的劳动习惯等)为目的的教育活动。"③

观点四:强调劳动教育是德育的内容之一。例如,《中国大百科全书·教育》就将劳动教育作为德育的重要内容,将劳动教育定义为:"使学生树立正确的劳动观点和劳动态度,热爱劳动和劳动人民,养成劳动习惯的教育,是德育的内容之一。"④刘世峰在《中小学的劳动技术教育》中首次提出"劳动教育"概念有广义和狭义之分,对于狭义的劳动教育,将其定义为"专指以思想政治品德教育为目的的劳动教育"⑤。与之相对,孙振东、康晓卿在《论"劳动教育的三重含义"》中,提出了广义的劳动教育包含三重含义,分别是"一是作为德育内容的劳动教育;二是作为'五育'之一的劳动技术教育(综合技术教育);三是作为实现育人目标重要途径的劳动活动"⑥。并论述了这三个层面的特定内涵及其相互关系。

---

① 夏玲玲,亢升.论马克思劳动教育思想的新时代转换[J].辽宁大学学报(哲学社会科学版),2021,49(02):164-171.
② 顾明远.教育大辞典[M].上海:上海教育出版社,1998:934.
③ 檀传宝.劳动教育的概念理解:如何认识劳动教育概念的基本内涵与基本特征[J].中国教育学刊,2019(02):82-84.
④ 教育编辑委员会.中国大百科全书·教育[M].北京:中国大百科全书出版社,1985:218.
⑤ 刘世峰.中小学的劳动技术教育[M].北京:人民教育出版社,1993:77.
⑥ 孙振东,康晓卿.论"劳动教育"的三重含义[J].社会科学战线,2021(01):230-238.

劳动教育是一个复合的概念,既包括劳动,又包括教育,如何将劳动与教育结合起来是理解劳动教育内涵的关键。虽然有关劳动教育内涵定义不一,但培养全面而有个性的人,促进社会的全面发展是社会共识。

(二)新时代劳动教育的内涵

如今,当我们谈到劳动教育的时候,我们往往针对的是体力劳动以及劳动意识的养成问题。对于新时代劳动教育内涵的理解,需要遵循一定的价值导向,在国家教育政策文件的指导下分析新时代劳动教育的概念内涵。

1. 新时代劳动教育的必要性

随着时代的发展,新中国成立后,中国共产党对马克思的教劳结合思想进行了创造性的实践和发展,毛泽东同志在多次讲话中明确指出:"教育必须为无产阶级政治服务,必须同生产劳动相结合,劳动人民要知识化,知识分子要劳动化。"[①]"教劳结合"的思想,也就成为社会主义国家的教育方针。中国特色社会主义进入新时代,党和国家高度重视劳动教育,为发挥劳动的育人价值,改变人们以往意识中的劳动观念,顺应劳动形式变迁对劳动教育的需要,党和政府陆续出台了一系列推动劳动教育实施的政策文件。同时,"以人民为中心的社会主义现代化的战略部署赋予劳动教育以满足社会需要和人的需要这一双重任务"[②],劳动教育愈来愈强调回到德智体美劳全面发展的现代教育体系之中,成为组成现代教育体系不可缺少的内容。

2. 新时代劳动教育的内容

新时代的劳动教育强调劳动精神的培养。2018年,习近平出席全国教育大会并发表了重要讲话,会上强调了"要坚持中国特色社会主义教育发展道路,培养德智体美劳全面发展的社会主义建设者和接班人"[③]。这就指出了劳动教育是培养社会主义建设者和接班人全面发展的重要内容之一,明确提出要将劳动教育由实践途径提升为教育内容,逐步形成"五育"并举的人才培养体系。同时号召,"要在学生中弘扬劳动精神,教育引导学生崇尚

---

① 曾天山.我国劳动教育的前世今生[N].人民政协报,2019-05-08.

② 陈南.劳动教育:思想演变与地位流变——兼论开展劳动教育的时空背景[J].南京师大学报(社会科学版),2020(06):39-49.

③ 中国政府网.习近平出席全国教育大会并发表重要讲话[EB/OL].(2018-09-10)[2022-12-08].http://www.gov.cn/xinwen/2018-09/10/content_5320835.htm

劳动、尊重劳动,懂得劳动最光荣、劳动最崇高、劳动最伟大、劳动最美丽的道理,长大后能够辛勤劳动、诚实劳动、创造性劳动"①。这就分别在精神层面和实践层面提出了对劳动教育的要求。

新时代的劳动教育强调综合的育人价值。2020年3月20日,《中共中央 国务院关于全面加强新时代大中小学劳动教育的意见》(以下简称《意见》)印发,《意见》对于构建德智体美劳全面培养的教育体系,加强新时代大中小学劳动教育提出相关意见。《意见》要求,"要把劳动教育纳入人才培养全过程,贯穿大中小各学段,贯穿家庭、学校、社会各方面"②;提出新时代的劳动教育的五大基本原则"把握育人导向、遵循教育规律、体现时代特征、强化综合实施、坚持因地制宜";同时,《意见》也第一次明确提出了新时代劳动教育的内涵,即"劳动教育是国民教育体系的重要内容,是学生成长的必要途径,具有树德、增智、强体、育美的综合育人价值。实施劳动教育重点是在系统的文化知识学习之外,有目的、有计划地组织学生参加日常生活劳动、生产劳动和服务性劳动,让学生动手实践、出力流汗、接受锻炼、磨炼意志,培养学生正确劳动价值观和良好劳动品质"③。

新时代的劳动教育强调回归到"立德树人"。对于新时代劳动教育的总体目标,《意见》指出,要"通过劳动教育,使学生能够理解和形成马克思主义劳动观,牢固树立劳动最光荣、劳动最崇高、劳动最伟大、劳动最美丽的观念;体会劳动创造美好生活,体认劳动不分贵贱,热爱劳动,尊重普通劳动者,培养勤俭、奋斗、创新、奉献的劳动精神;具备满足生存发展需要的基本劳动能力,形成良好劳动习惯"④,并明确了大中小学段劳动教育的内容要求。2020年7月15日,为加快构建德智体美劳全面培养的教育体系,教育

---

① 中国政府网.习近平出席全国教育大会并发表重要讲话[EB/OL].(2018-09-10)[2022-12-08].http://www.gov.cn/xinwen/2018-09/10/content_5320835.htm
② 中国政府网.中共中央 国务院关于全面加强新时代大中小学劳动教育的意见[EB/OL].(2020-03-26)[2022-12-08].http://www.gov.cn/zhengce/2020-03/26/content_5495977.htm
③ 中国政府网.中共中央 国务院关于全面加强新时代大中小学劳动教育的意见[EB/OL].(2020-03-26)[2022-12-08].http://www.gov.cn/zhengce/2020-03/26/content_5495977.htm
④ 中国政府网.中共中央 国务院关于全面加强新时代大中小学劳动教育的意见[EB/OL].(2020-03-26)[2022-12-08].http://www.gov.cn/zhengce/2020-03/26/content_5495977.htm

部印发《大中小学劳动教育指导纲要(试行)》①,对劳动教育的目标和内容进行了具体的细化,将总目标细化为"树立正确的劳动观念、具有必备的劳动能力、培育积极的劳动精神、养成良好的劳动习惯和品质"四个方面;将主要内容细化为"日常生活劳动、生产劳动和服务性劳动中的知识、技能与价值观"四个方面,并对劳动教育途径、关键环节和评价提出了具体的要求。根据国家政策文件指导理解新时代劳动教育的概念内涵,可以概括发现,当前新时代劳动教育的最终目标就是回归到"立德树人"的根本要求,发挥劳动教育独特的综合育人价值。

3.新时代劳动教育的时代内涵

新时代的劳动教育不同于传统教育学理论中的劳动教育,即人们的体力劳动、劳动理念或劳动思维,新时代的劳动教育具有时代性。近些年来,部分中小学提出了新劳动教育的概念,重新确立了劳动教育的内涵和外延。

新时代的劳动教育注重劳动体验。有学者认为"新劳动教育的环境教育体验主要有三大途径:一是'开心农场',农场的事情快乐做;二是'生活整理',自己的事情自己做;三是'亲子合作',快乐劳动一起做"②。

新时代的劳动教育注重"劳动+教育"的深度融合。有评论家认为劳动教育要"体现时代特征",认为"今天的劳动教育不是农耕时代的劳动教育,是人工智能时代的劳动教育"③,要注重"劳动+教育"的深度融合,同时也将社会电子网络设备操作劳动、互联网思维等纳入劳动教育范畴。

新时代的劳动教育注重解决劳动异化问题。学者扈中平基于马克思的劳动异化论,提出"新时代劳动教育之'劳动'应具有主体性、多样性、社会性、科学性和对象性"④。周洪宇、齐彦磊也指出"新时代劳动教育内涵丰富、特点鲜明,主要包括助力中国式教育现代化、强调教育与劳动相结合、解决劳动教育活动异化、完善国民教育体系建设和促进学生素质全面发

---

① 中国政府网.教育部关于印发《大中小学劳动教育指导纲要(试行)》的通知[EB/OL].(2020-07-07)[2022-12-8].http://www.gov.cn/zhengce/zhengceku/2020-07-15/content_5526949.htm
② 章振乐.新劳动教育让学生走进自然[J].上海教育,2016(15):17.
③ 本报评论员.新时代呼唤"新劳动教育"[N].中国教师报,2020-04-29(001).
④ 扈中平.马克思的劳动异化论对当下劳动教育的启示[J].教育研究,2020,41(12):31-39.

展"①。

这些不同的解读,都是对于劳动教育符合时代性特征的内涵理解。

(三)新时代劳动教育的特征

《关于全面加强新时代大中小学劳动教育的意见》《大中小学劳动教育指导纲要(试行)》等国家政策文件重点回答了劳动教育是什么、教什么、怎么教的问题,也进一步阐明了有关新时代劳动教育的相关内容。科学认识和把握新时代劳动教育的基本特征,对于增强贯彻党的教育方针、构建全面发展的教育体系以及构建新时代劳动教育评价体系都有着重要意义和影响。具有思想性、实践性、系统性、人本性和创新性是新时代劳动教育的主要特征。

1.思想性

新时代的劳动教育具有思想性。思想性是新时代劳动教育的灵魂,也是构建新时代教育体系的方向标。劳动教育的思想性强调"劳动是一切财富、价值的源泉,劳动者是国家的主人,一切劳动和劳动者都应该得到鼓励和尊重,必须将马克思主义劳动观贯彻始终"②。新时代的劳动教育作为新时代党对教育的新要求,是中国特色社会主义制度的重要内容,它鲜明的思想性,引领着当前新时代劳动教育的落实,也弘扬着社会主义核心价值观,倡导着诚实劳动创造美好生活的正确劳教思想。

2.实践性

新时代的劳动教育具有实践性。实践性表现为一般的社会实践与具体的劳动实践教育相结合。新时代的劳动教育打破以往对劳动形式的简单理解,体现在全方面德智体美劳相结合的实践教育中。劳动教育不仅仅局限在课堂、局限在书本或是视频影像中,而是通过让学生面向真实的世界,在现实生活中获得劳动体验和劳动智慧,要实实在在地劳动,切实感受劳动的不易,在劳动中获得知识,在劳动中体会知识。正如《大中小学劳动教育指导纲要(试行)》中提到的"必须面向真实的生活世界和职业世界,引导学生

---

① 周洪宇,齐彦磊.新时代劳动教育的内涵特点、核心要义与路径指向[J].新疆师范大学学报(哲学社会科学版)2022(12):1-9.

② 中国政府网.教育部关于印发《大中小学劳动教育指导纲要(试行)》的通知[EB/OL].(2020-07-07)[2022-12-8].http://www.gov.cn/zhengce/zhengceku/2020-07-15/content_5526949.htm

以动手实践为主要方式,在认识世界的基础上,获得有积极意义的价值体验,学会建设世界,塑造自己,实现树德、增智、强体、育美的目的"①。

3. 系统性

新时代的劳动教育具有系统性。系统性主要体现在劳动教育纵向和横向的一体化衔接上。新时代劳动教育坚持目标导向,注意不同阶段劳动教育的渐进性,在纵向上对大中小学各学段贯通设计劳动教育、在横向上强调德智体美劳全面发展和学科交融,体现出系统性的特点。在《大中小学劳动教育指导纲要(试行)》文件的总目标和内容中,就对小学、初中、普通高中、职业院校、普通高等学校不同的学段提出了开展劳动教育的不同要求,在当前的教育实践中,也有针对不同学段具体的劳动教育实践策略研究和落实。同时,新时代的劳动教育是纳入人才培养全过程的劳动教育,也强调促进横向上的贯通,强调德智体美劳全面发展和学科交融。新时代"劳动+教育"的融合,加强了独立课程与学科之间的渗透结合,打破学科之间、课堂内外、校园内外的边界,完善劳动教育课程体系,具有系统性的特征。

4. 人本性

新时代的劳动教育具有人本性。新时代的劳动教育不仅关注到了劳动教育的社会价值,也看到了劳动教育对个体发展的重要作用。作为中国特色社会主义教育制度的重要内容,劳动教育决定着社会主义建设者和接班人的精神面貌、劳动价值取向和劳动技能水平以及个人价值观的形成。新时代的劳动教育以习近平新时代中国特色社会主义思想为指导,坚持立德树人的价值导向,将其纳入人才培养的全过程中,并与德育、智育、体育、美育相融合,把握住了育人导向,着力提升学生个人的综合素质,引导个人价值观的形成,因此新时代的劳动教育具有人本性的特征。

5. 创新性

新时代的劳动教育具有创新性。新时代的劳动教育强调跟进时代变革,深入推进大中小学与企业间在劳动教育方面的深度融合,进行满足学生多样化需求的劳动教育实践创新,符合时代要求的拓宽劳动教育途径和形

---

① 中国政府网.教育部关于印发《大中小学劳动教育指导纲要(试行)》的通知[EB/OL].(2020-07-07)[2022-12-8].http://www.gov.cn/zhengce/zhengceku/2020-07/15/content_5526949.htm

式,因此具有创新性的特征。《中共中央 国务院关于全面加强新时代大中小学劳动教育的意见》指出"深化产教融合,改进劳动教育方式"。新时代的劳动教育政策指向就是倡导培养科学精神,提高学生创造性的劳动能力。同时,随着新时代的到来,当下人工智能等新兴技术发展如期而至,劳动教育变成了人工智能背景下的劳动教育,是新产业变革下社会生产力和劳动形态发生极大变化下的劳动教育。新时代呼唤更高的劳动素质和高精尖创新技术,期盼高层次劳动人才的出现,也期待着新的劳动教育模式的出现。因此,劳动教育在新时代背景下的创新性也是新时代劳动教育的一大特征。

二、新时代劳动教育评价的内涵

劳动教育评价作为教育体系的重要术语,有其特定的内涵。在新的时代背景下,需要客观、全面和发展地认识和把握劳动教育评价的内涵,以发挥劳动教育评价在新时代背景下的有益功能。

(一)教育评价的内涵

"教育作为一种有目的的培养人的社会实践活动,自然离不开对教育过程及其结果和目标实现的程度的价值判断,这种判断过程就是教育评价。"[①]在当今的教育领域,教育评价是教育界研究的一大课题,评价改革也是整个教育改革中极其重要的一个环节,有关教育评价的应用几乎涉猎整个教育领域。

"教育评价"这一概念的最先提出者是美国学者泰勒(Ralph W.Tyler,1902-1994),他在著名的"八年研究"(1933-1940)报告(《史密斯-泰勒报告》)中,首次提出并正式使用"教育评价"这一概念。泰勒认为,"教育评价本质上是一种测定教育目标在课程和教学方案中究竟被实现多少的过程"[②]。教育评价自产生到现在,已有70多年的发展历史,随着时间的推移,人们对它的认识和理解也在不断地加深。对于教育评价概念,不同研究者提出不同的观点,主要有以下几种观点:

第一种观点认为教育评价是价值判断的过程。这种观点强调教育效果

---

① 衣建龙,徐国江.教育评价的历史发展评述[J].山东省农业管理干部学院学报,2002(06):109-110.
② 泰勒.课程与教学的基本原理[M].施良方,译.北京:人民教育出版社,1994:119.

的价值判断,强调必须根据教育目标评判教育效果。例如,泰勒在他的《教育与教学的基本原理》中明确提出"评价过程本质上是一个确定教育与教学计划实际达到教育目标的程度的过程"①。日本学者梶田叡一在其《教育评价》一书中认为:"教育评价是对全部与教育活动有直接或间接关系的各种实态把握和价值判断。"②陈玉琨也认为:"教育评价从本质上是一种价值判断活动,是对教育活动现实的(已经取得的)或潜在的(还未取得,但有可能取得的)价值做出判断的过程。"③我国学者金娣和王刚也在《教育评价与测量》一书中指出教育评价的定义,即:"在系统地、科学地和全面地收集、整理、处理和分析教育信息的基础上,对教育的价值做出判断的过程。"④

第二种观点认为教育评价是提供决策信息的过程。这种观点认为教育评价应着眼于信息收集,为教育决策服务。例如,20世纪60年代初,克隆巴赫(Cronbach,1916-2001)将教育评价的内涵阐述为"一个搜集和报告对课程研制有指导意义的信息过程,强调评价的诊断和反馈作用"⑤。斯塔弗尔比姆(Stufflebeam,D.L.)和克隆巴赫一样对泰勒的教育评价模式提出异议,他认为教育评价的定义就是:"为决策者提供有用信息的过程。"⑥美国教育评价标准联合委员会也指出,教育评价是不断探求教育目标的实现程度,系统调查教育优缺点、价值判断的信息,形成教育决策依据的过程。

第三种观点强调教育评价是相关利益主体共同建构的过程。古巴和林肯提倡在评价中顺应人类本性,并以此为基础,提出了第四代评价,其核心就是共同建构的思想。所谓共同建构就是以平等、合作的关系为基础,相关利益主体以对话和协商的方式"全面参与",逐步形成统一观点的过程。

通过以上分析可知,价值判断、提供信息、共同构建是教育评价的不同侧面。但总的来说价值判断是教育评价的核心,做出价值判断的前提是尽可能充分地搜集整理相关信息,同时,需要相关利益主体的充分参与,共同

---

① 泰勒.教育与教学的基本原理[M].施良方,译.北京:人民教育出版社,1994:85.
② 梶田叡一.教育评价[M].李守福,译.长春:吉林教育出版社,1988:20.
③ 陈玉琨.中国高等教育评价论[M].广州:广东高等教育出版社,1993:23.
④ 金娣,王刚.教育评价与测量[M].北京:教育科学出版社,2002.
⑤ Cronbach,L.J.Course Improvement through Evaluation[M]. Boston: Kluwer-Nijhoff.1983:101-115.
⑥ 陈玉琨.中国高等教育评价论[M].广州:广东高等教育出版社,1993:18.

协商才能做出更为恰当、合适的价值判断。

(二) 教育评价的历史发展

教育评价作为人类对教育过程的一种价值判断活动,相关的理论及发展众说纷纭。而当前对于教育评价理论产生及发展颇为流行的划分,是20世纪80年代古巴和林肯在其著作《第四代评价》中提出的现代教育评价发展的"四代论"。这种被学界普遍认可的理论发展划分将教育评价的理论发展分为四代,分别是测量时代、描述时代、判断时代以及心理构建时代。

1. 第一代教育评价理论:测量

19世纪末到20世纪30年代,是第一代教育评价理论时代,也就是"测量时代"。主要标志是测量理论的形成和测量技术手段的大量应用。1904年美国著名教育心理学家桑代克(Edward Lee Thorndike, 1874-1949)发表了《心理与社会测量导论》一书,为教育测量的客观化、标准化奠定了理论基础。人们把"评价"简单地等同于"测量"或"测试",教育评价工作就是编制各种评价量表进行测量评价,因此,这一时代也被称为评价历史上的"测量时代"。这一评价时代主要侧重于"测量和测验",主要目的是追求评价结果的数量化、客观化,适应经济和科学技术的迅速发展。"测量时代"的教育评价以测验为中心,其价值取向是以教育本体为主,这一时期西方国家也进行了一系列的教育测验运动。但是,这种把人的能力换算成数字的测量运动并不能测出人的全部学习内容,比如在人格测试、兴趣情感等方面,单纯的测验无法准确测出相关内容。

2. 第二代教育评价理论:描述

20世纪30年代到20世纪50年代,是第二代教育评价理论时代,也就是"描述时代",也被称作"目标中心时期",是对测量所得的数据进行事实还原,进而解释学习达成教育目标的程度。其主要标志是泰勒评价模式的产生及应用。泰勒提出了以教育目标为核心的教育评价原理,即教育评价的泰勒原理,也提出了教育评价的概念:"教育评价本质上是一种测定教育目标在课程和教学方案中究竟被实现多少的过程。"[①]

这个时期,评价不仅仅是有客观标准化的测量,而是一个过程,来描述

---

① 泰勒.课程与教学的基本原理[M].施良方,译.北京:人民教育出版社,1994:119.

教育目标与教育结果。其实施步骤一般包括：(1)拟定教育的一般目的和具体目标；(2)把目的和目标进行分类；(3)用行为化的术语界定目标；(4)建立可以展示具体目标业已达成的情景；(5)选择和编制客观性、可靠度、有效性较高的测验，确定问卷、观察、交谈、作品分析等评价手段；(6)收集学生行为表现的资料；(7)把学生的行为表现与既定目标进行比较；(8)修改方案，重新执行方案。泰勒首次区分了教育评价与教育测量的区别，并且对教育评价做出了具体的描述与实施步骤，开创了教育评价研究的先河，被学界广泛认可。同时，这个时期更加注重"创造适合儿童的教育"，从重视教育鉴定转向了重视教育过程来改善教育学，最大限度地实现教育目标。

3.第三代教育评价理论：判断

20世纪50年代到20世纪70年代，是第三代教育评价理论时代，也就是"判断时代"。这一时期学生具有多元性，因此在判断学生价值时容易出现冲突，以多元化的价值标准来判定学生的发展就成为必要，"判断"成为这个时期教育评价理论的特色，也成为评价工作的中心环节。1963年，克隆巴赫通过发表《通过评价改进课程》论文，对泰勒提出的模式提出了质疑。1966年斯塔弗尔比姆提出了以决策为中心的CIPP评价模式，也称决策类型模式，通过找出"实际是什么"与"应该是什么"之间的差异来为决策者服务。[①] 这一时期的教育评价是以教育决策为中心的，教育评价理论与实践的主要特点就是评价为决策服务，也涌现出了许多以布鲁姆目标分类理论为代表的教育评价改革成果，使教育评价模式的研究进一步深化。

4.第四代教育评价理论：构建

自20世纪70年代以来，是第四代教育评价理论时代，也就是"构建时代"。"'构建时代'主要研究教育构建过程、方法和特征，认知诊断理论和多维项目反应理论成为这个时代教育评价研究和应用的主流。"[②]该理论强调教育评价以人的发展为中心，评价价值取向的多元性和发展性，主张评价的有效性应该体现在参与评价各方面的共同"协商"，主张用"全面参与、共

---

① 卢立涛.测量、描述、判断与建构：四代教育评价理论述评[J].教育测量与评价(理论版)，2009(03):4-7+17.
② 张勇.测评技术是影响教育评价改革的关键[N].中国教育报，2019-03-28(07).

同协商、积极回应"的价值观点看待教育评价,即共同构建。也就是说,评价不是纯客观、外在的过程,而是参与评价的所有人特别是评价双方在相互作用中形成的共同的心理构建的过程。以人为中心的价值取向也日益体现了个人需要的多元取向。

新时代的时代特征就是多元、共建与包容,第四代教育评价理论,也显著体现出新时代的时代特征。从评价本质上,"构建时代"的教育评价认为评价的本质就是一种心理构建的过程,是一种多方面"协商"形成的心理构建,不仅强调评价的主观协商性,更强调评价主体的多元性;从评价主体上,"构建时代"的教育评价主张全面参与原则,强调多元参与评价过程,形成"协商"评价结果,主张让所有参与评价的人都有机会表达自己,所有评价参与者都是平等、合作的伙伴,都作为完整的人而存在;从评价方法上,"构建时代"的教育评价提出了"回应—协商—共识"的构建型方法论,强调参与评价相关者通过不同协商、辩论来共建一种共同认识,强调具有包容性的社会参与。当前,有关教育评价的研究也不断走向科学化、系统化。我国的教育评价改革明确提出育人为本,强调全面、综合和个性化发展,这和新时代"第四代教育评价"的发展追求也具有一致性。

(三)新时代劳动教育评价的内涵

新时代劳动教育评价,是新时代劳动教育的重要内容,也是实施劳动教育的"指挥棒",有什么样的评价指挥棒,就有什么样的办学导向。对于新时代劳动评价的内涵的理解,可以从国家政策和理论研究两个层面去理解。

1. 新时代劳动教育评价的政策指向

科学有效的劳动教育评价,是实现劳动教育教学目标、评判教育教学模式、检验教育教学成效的重要手段。进入新时代以来,党和国家加强了对劳动教育的要求,在劳动教育方针的指引下,劳动教育评价成为构成劳动教育体系的重要组成部分,直接关系到新时代劳动教育的价值导向。新时代劳动教育评价以提升学生的劳动素养作为评价导向,致力于使劳动教育回归到育人原点。

首先,构建劳动素养评价制度。在2020年《中共中央 国务院关于全面加强新时代大中小学劳动教育的意见》(以下简称《意见》)中,党中央、国务院将"健全劳动素养评价制度"作为全面构建体现时代特征的劳动教育体系,对劳动教育评价体系构建提出了一定要求。该《意见》指出"将劳动素养纳入学生综合素质评价体系,制定评价标准,建立激励机制,组织开展劳动技能和劳动成果展示、劳动竞赛等活动,全面客观记录课内外劳动过程和结果,加强实际劳动技能和价值体认情况的考核。建立公示、审核制度,确保记录真实可靠。把劳动素养评价结果作为衡量学生全面发展情况的重要内容,作为评优评先的重要参考和毕业依据,作为高一级学校录取的重要参考或依据"[①]。即要将劳动教育评价聚焦到学生素养提升这一根本目的上来,以提升学生的劳动素养作为评价导向,使劳动教育评价成为综合素质评价体系的部分考察内容,从而构建科学有效的评价体系。

其次,以提升学生劳动素养为评价导向。2020年7月,为落实《意见》,加快构建德智体美劳全面培养的教育体系,教育部组织研究制定了《大中小学劳动教育指导纲要(试行)》,其中第三部分着重提出了对劳动教育进行评价的要求,将劳动教育评价分为三个部分"平时表现评价、学段综合评价、开展学生劳动素养检测",同时要求"以劳动教育目标、内容要求为依据,将过程性评价和结果性评价结合起来,健全和完善学生劳动素养评价标准、程序和方法"[②]也是以提升学生的劳动素养作为评价导向。

再次,将劳动教育评价看作综合教育评价的组成部分。2020年10月,中共中央印发《深化新时代教育评价改革总方案》通知,要求各地区各部门结合具体实际贯彻落实新时代劳动教育评价。在"改革学生评价,促进德智体美劳全面发展"的重点内容中,方案明确要求要加强劳动教育评价,并对劳动教育评价的实施提出了具体要求,即"探索建立劳动清单制度,明确学生参加劳动的具体内容和要求,让学生在实践中养成劳动习惯,学会劳动、学会勤俭。加强过程性评价,将参与劳动教育课程学习和实践情况纳入学生综合素质档案"[③]。这也将劳动教育评价纳入了学生综合素质评价之中。

---

① 中国政府网.中共中央 国务院关于全面加强新时代大中小学劳动教育的意见[EB/OL].(2020-03-26)[2022-12-08].http://www.gov.cn/zhengce/2020/03/26/content_5495977.htm
② 中国政府网.教育部关于印发《大中小学劳动教育指导纲要(试行)》的通知[EB/OL].(2020-07-07)[2022-12-08].http://www.gov.cn/zhengce/zhengceku/2020-07/15/content_5526949.htm
③ 中华人民共和国教育部.中共中央 国务院印发《深化新时代教育评价改革总体方案》[EB/OL].(2022-10-13)[2022-12-08].http://www.moe.gov.cn/jyb_xxgk/moe_1777/moe_1778/202010/t20201013_494381.html

最后,劳动教育评价应发挥质量评价优势。2021年,教育部等六部印发《义务教育质量评价指南》,强调义务教育评价要"加快建立以发展素质教育为导向的义务教育质量评价体系,强化评价结果运用,健全立德树人落实机制,构建德智体美劳全面培养教育体系"①,《义务教育质量评价指南》对劳动教育评价有着一定指导作用。新时代的劳动教育评价要发挥质量评价优势,强化劳动评价结果运用,最终指向立德树人机制的落实,回归到教育育人原点,构建德智体美劳全面培养的新时代教育体系。

2.新时代劳动教育评价的内涵理解

根据国家政策文件对新时代劳动教育评价的指向要求,诸多学者对新时代劳动教育评价进行了研究。正确把握劳动教育评价内涵是科学诊断劳动教育效果的基础与前提,对于新时代劳动教育评价的内涵,不同学者对其有不同的解读,内涵定义各有侧重。可以分为以下几点:

新时代劳动教育评价是重视过程和结果一体化的评价。例如,谌舒山、王瑞根据《意见》和《指导纲要》对新时代劳动教育评价的内涵特征进行阐释,认为"劳动教育评价是既重'过程'又重'结果'的评价;劳动教育评价是既重'量化'又重'质性'的评价;劳动教育评价是'一体多元'的评价;劳动教育评价属于增值性评价"②。王雪双、相福军认为新时代的劳动教育亟须构建评价体系,并对新时代劳动教育评价进行概述,认为"教育评价是对教育过程和结果的描述与价值判断。新时代劳动教育评价主要涉及劳动教育课程评价、劳动素养评价和对各级各类教育机构实施劳动教育情况的评价"③。

新时代劳动教育评价是培养时代新人的评价。陈静认为"劳动教育评价饱含生命意蕴,它既不是强化劳动技能、获取教育资源的工具,也不是进行规训惩罚、开展甄别选拔的手段,而是一种成人之道,以评价为载体让学生发现自己的存在状态,激发生命自觉、以身体道。成为一个合乎德性的人

---

① 中华人民共和国教育部.《义务教育质量评价指南》[EB/OL].(2021-03-04) http://www.moe.gov.cn/srcsite/A06/s3321/202103/t20210317_520238.html
② 谌舒山,王瑞.构建中小学劳动教育评价指标体系[J].教育评论,2022(07):58-66.
③ 王雪双 相福军.劳动教育亟须构建评价体系[N].光明日报,2022-02-08(15).

既是劳动教育评价的生长点,也是劳动教育评价的核心要义"①。除此之外,学者李鹏也将新时代的劳动教育评价看作一种培养较强劳动素养时代新人的路径,认为新时代劳动教育评价就是指"劳动教育实施主体通过构建完整严谨的劳动教育评价体系,采取科学有效的评价方法,对学生应具备的劳动观念、劳动习惯、劳动知识、劳动能力等进行综合、系统、全面的评价,从而检验劳动教育目标的实现程度,培养具有较强劳动素养的时代新人"②。

新时代劳动教育评价是构建新时代教育体系的评价。李珍、王芳芳将新时代劳动教育评价作为劳动教育的一部分,认为新时代的劳动教育评价"是推进劳动教育发展的指挥棒,也是引导劳动教育整体发展的风向标。劳动教育评价作为劳动教育不可或缺的一部分,对于提升劳动教育质量,检验劳动教育成效具有不可替代的作用"③。这就将劳动教育评价提升到了重要的地位,侧重定义新时代劳动教育评价的内涵价值。

新时代劳动教育评价是以实践为导向的评价。李珍、王芳芳以小学劳动教育为评价对象,从实践实施的角度阐释新时代教育评价的内涵,将评价内容、方式、目的都聚焦在实践层面,在《实践取向的小学劳动教育评价体系构建研究》中,她们提出"实践取向的小学劳动教育评价指向劳动教育实践,聚焦劳动教育实践问题,培养小学生的实践意识、实践知识、实践能力和实践智慧。评价内容强调形成实践知识,评价过程重视提高实践能力,评价结果关注发展实践智慧"④。

新时代劳动教育评价是对劳动教育发展有"指向标"作用的评价。新时代劳动教育评价作为对劳动教育的价值评判,对劳动教育的实践与发展具有"指向标"功能。当前的新时代劳动教育评价面临着从结果评价到过程评价,从单一评价到多元评价,从行政评价到专业评价的发展趋势,劳动教育评价也更加关注学生在劳动过程中劳动习惯、劳动知识与技能等劳动素养的发展,从只关注结果转向到关注过程层面,从只关注成绩转向到关注

---

① 陈静.新时代劳动教育评价的三重逻辑[J].中国考试,2021(12):10-18.
② 李鹏.劳动教育评价的价值意蕴与优化路径[J].湖北社会科学,2022(08):146-153.
③ 李珍,王芳芳.实践取向的小学劳动教育评价体系构建研究[J].成都师范学院学报,2022,38(11):84-89.
④ 李珍,王芳芳.实践取向的小学劳动教育评价体系构建研究[J].成都师范学院学报,2022,38(11):84-89.

能力和培养层面。当前对新时代劳动教育评价内涵的多元化理解,也对新时代劳动教育的研究有着一定促进作用,可以不断推动劳动教育相关体系的构建。

(四)新时代劳动教育评价的特征

人工智能时代的到来给人类的行为方式和劳动形态都带来了巨大变革,劳动教育的评价也应该把握住时代特征,赋予时代价值,蕴含时代意义。在党中央以及国家政策文件的指导下,新时代的劳动教育评价主要有评价目标指向劳动素养与综合素质、评价标准具有差异性与多元性、评价注重过程性与结果性结合、评价手段具有技术性和信息化四个方面的特征。

1. 评价目标指向劳动素养与综合素质

新时代劳动教育评价的一个显著特征,就是评价目标是指向学生劳动素养与综合素质的教育评价。随着核心素养的提出,以及新时代特征和要求,当前的劳动教育评价最终指向的是学生的核心素养发展。新时代的劳动教育评价被纳入综合素质中,成为综合素质评价的一环,既符合核心素养发展的要求,又结合了劳动教育的特点。将劳动素养评价贯穿在综合素质评价中,也是一种完整的评价体系构建,在党中央方案的指导下,新时代的劳动教育评价既关注学生劳动知识的获得,又重视学生劳动能力的形成,致力于培养学生树立正确的劳动价值观。而指向劳动素养与综合素质的新时代劳动教育评价,有助于真实实现劳动教育及劳动课程的育人价值与评价的反馈改进,成为新时代劳动教育评价的显著特征。

2. 评价标准具有差异性与多元性

新时代的劳动教育评价在评价标准上具有差异性和多元性的特点。当前,不同学段的学生有不同的生理和心理特点,各学段的劳动教育具体内容和要求也不尽相同,相对应的劳动教育评价指标也应有差异和区别。因此,新时代的劳动教育评价倡导根据不同的年龄、年级、个人特点等的差异,创造差异化的评价导向。在《大中小学劳动教育指导纲要(试行)》中,小学低年级、小学高年级、初高中生、职业学校,不同学段的劳动教育都有适合自身的劳动教育规划,针对不同的劳动教育规划,新时代的劳动教育评价需要赋予不同学段以不同的评价准则,对于不同学段的评价规则要有显著的差异性和区别。与此同时,《义务教育劳动课程标准(2022年版)》提倡对学生的评价应多元化,抵制片面化,《大中小学劳动教育指导纲要(试行)》也提出评价的角度和方面应该多元,关注学生的实际表现,教育评价要逐渐从单一评价走向多元评价。建立中国特色的劳动教育评价体系,要坚持专门的劳动教育开发和在学科中进行劳动教育渗透,坚持统筹兼顾原则,构建以学生发展为中心、符合我国学生发展实际的劳动教育评价体系。当前学界对于新时代的劳动教育评价的研究也聚焦到不同主体和实施角度,去阐释特定主体或角度的新时代劳动教育评价的内涵定义,提出具体可行的实践策略,这也充分体现了在当前教育体系建设中,新时代劳动教育评价的差异性与多元性的特征。

3.评价注重过程性与结果性的结合

新时代劳动教育评价的另一个显著特征就是注重过程性与结果性的结合。在2020年7月教育部关于印发《大中小学劳动教育指导纲要(试行)》的通知中,将劳动教育评价分为过程性评价和结果性评价,倡导将过程性评价与结果性评价结合起来,强调要在平时劳动教育实践活动中及时进行评价,也要在学段结束时,依据学段目标和内容对学生劳动观念、劳动能力、劳动精神、劳动习惯和品质等劳动素养发展状况进行综合评定。过程性评价与结果性评价相搭配,从而构建完整严谨的劳动教育评价体系,是新时代劳动教育评价的重要特征。此外,新时代的劳动教育评价,其完整性不仅体现在评价方式的完整性上,也体现在评价内容、施行路径、方法选择、综合评估的整体性上。劳动教育评价围绕着学生的日常生活劳动、生产劳动和服务性劳动中的知识、技能与价值观等,结合学生的劳动观念、劳动技能、劳动成效等多方面内容,对学生的日常劳动教育表现进行全方位的整体性评价,对学生的劳动结果进行综合评价,是符合新时代要求,构建新时代教育体系的应有之义。

4.评价手段具有技术性和信息化特征

新时代劳动教育评价手段具有技术性的评价特征。人工智能技术与劳动教育评价交互融合,可以很好地实现学习、评价的有效联接和转换,提高学习和评价的效能。教育评价是一种典型的技术化的行为方式,是技术、评价等多因素的集成体,新时代的劳动教育评价也有着显著的技术性特征。随着新时代的发展,人工智能时代的到来,劳动教育评价也被赋予了新时代的特征,通过信息技术为学生提供个性化的反馈,为评价核心要素、学习活动和技术融合创造了条件。在教育部关于印发《大中小学劳动教育指导纲要(试行)》文件中,也提出了鼓励、支持各地利用大数据、云平台、物联网等现代信息技术手段,开展劳动教育过程监测与记实评价。可见,用技术手段推动劳动教育评价的实施,是构建新时代立体化、科学化、精准化劳动教育评价标准体系的应有手段,新时代的劳动教育评价已深深印上新的时代烙印。同时,新时代的劳动教育评价在积极借助新技术实现新构想的同时,也注意寻求教育评价与技术的中间状态,避免过于依赖信息技术。因此技术性虽是新时代劳动教育评价的重要特征,但在评价应用层面仍需谨慎考虑。

三、新时代劳动教育评价的意义

在新的时代背景下,劳动教育评价是推进劳动教育有效开展的重要保障,是破解劳动教育实践困境和建立健全劳动教育制度的关键举措,被置于劳动教育研究的中心地位,被广大学者讨论研究。在新时代,科学系统的劳动教育评价体系对于实施劳动教育具有重要价值。概括地说,劳动教育评价的研究意义大致可以分为两类,一类是理论意义,一类是实践价值。

(一)新时代劳动教育评价的理论意义

新时代劳动教育评价的重要意义,主要体现在理论层面,细化为对于新时代劳动教育理论研究的系统化以及教育评价理论研究的丰富上。

1.有利于新时代劳动教育理论研究的系统化

劳动教育评价是劳动教育的重要组成部分,被置于劳动教育的中心地位。例如,李珍、王芳芳就在《实践取向的小学劳动教育评价体系构建研究》一文中将新时代的劳动教育评价作为劳动教育不可或缺的一部分。作为劳动教育一部分的劳动教育评价,对于提升劳动教育的质量,检验劳动教育成效具有不可替代的作用。同时,对劳动教育评价的研究也可以完善既有的劳动教育理论,使劳动教育研究系统化,这将是对新时代背景下劳动教育理论的丰富和补充。斯塔弗尔比姆认为:"评价是一种划定(Delineating)、获取(Obtaining)、报告(Reporting)、应用(Applying)叙述性与判断性信息的过程。这些信息涉及评价对象的优点和价值,目的在于指导如何做决策,支持教学技能核定(Accountability),传播有效实践,并增进对研究对象的了解。"①新时代教育评价作为评价的一种类型,通过对评价对象的评判指导,可以增进对研究对象也就是劳动教育的理解,指导劳动教育一系列实施策略的决策制定,支持劳动教育体系构建不断地科学发展,从而促进劳动教育的有效实践,完善劳动教育的相关理论研究成果。本研究力图在系统理论研究的基础上开展体系构建研究,从而提出科学合理、具体可行的新时代劳动教育评价体系,倒逼新时代劳动教育的实践落实。

2.有利于丰富教育评价的理论研究

"教育评价理论体系是人们对教育评价的内涵、价值、结构、框架等系统认识的观念集合,这一观念集合不仅反映了人们对于教育评价理性认识的思想水平,而且规定着教育评价的根本性质及其自身的发展走向。"②建构符合我国实际要求、体现我国时代特色的现代教育评价理论体系,是推动我国教育教学评价改革的时代需要,也是新时代呼唤高质量教育评价的必然要求。新时代强调劳动教育的重要性,新时代的劳动教育对劳动教育评价体系构建提出相应要求,而新时代的劳动教育评价不可避免是适应时代需要的教育评价体系的内容之一。对新时代劳动教育评价的研究,隶属于对新时代教育评价的研究。在2020年10月中共中央、国务院印发的《深化新时代教育评价改革总体方案》中,在深化新时代教育评价的重点任务中,方案提出了要促进德智体美劳全面发展,改革学生评价,其中就包括"完善德育评价""强化体育评价""改进美育评价""加强劳动教育评价"等等。显然对于劳动教育评价的加强和落实,是深化新时代教育评价改革的重点任务,也是完善教育评价体系的关键内容,有利于丰富教育评价理论的相关研究。

本研究借鉴教育评价的理论体系,从劳动教育的评价目标、评价内容、评价主体、评价方法以及结果使用等入手,进行深入、系统的理论研究,这将极大地丰富教育评价的相关理论,对建构符合我国实际要求、体现我国时代特色的现代教育评价理论体系有着不可忽视的作用。

---

① Stufflebeam,D.L.,& Madaus,G.F.,& Kellaghan,T.,Evaluation Models:Viewpointson Educational and Human Services Evaluation[M].Boston:Kluwer Academic Publishers,280.

② 刘志军,徐彬.论我国现代教育评价理论体系的建构[J].中国教育科学(中英文),2022,5(02):79-87.

(二)新时代劳动教育评价构建的实践价值

新时代劳动教育评价体系的构建研究,具有诸多的实践价值,主要体现在落实相关政策、落实立德树人根本任务、评估劳动教育质量三个层面上。

1.有利于落实劳动教育相关政策

劳动教育是中国特色社会主义制度的重要组成部分,也是构建全面高质量发展教育体系的重要内容,对促进"五育并举"有着不可忽视的作用。新时代为深化教育改革,促进新时代教育体系构建,对符合时代要求的劳动教育提出了相应要求。国家出台了一系列劳动教育的相关政策,赋予劳动教育新的时代内涵与实践指导。无论是上文提到过的《中共中央 国务院关于全面加强新时代大中小学劳动教育的意见》《大中小学劳动教育指导纲要(试行)》《深化新时代教育评价改革总方案》,还是《义务教育质量评价指南》,都对劳动教育评价体系的研究提供了有益的指导,对新时代劳动教育做了顶层设计和全面部署,并从各个方面对劳动教育实施以及劳动教育评价体系构建提出了具体的要求。方案一经提出,就需要相关单位具体落实,而有关新时代劳动教育评价体系构建研究,就是在政策指向标的指引下对方案的实践落实。可见,完善新时代劳动教育评价机制、构建劳动教育评价体系,是落实国家政策的应有之义,有利于国家政策的具体落实。

本研究以劳动教育的评价为切入点,通过对新时代劳动教育评价开展体系建构研究,旨在进一步深化与完善劳动教育实践。通过对劳动教育的相关实践,也是坚持党中央的正确领导、全面贯彻党的教育方针以及对于国家政策的积极响应和有效落实。

2.有利于实现立德树人根本任务

随着核心素养的提出,不论是课程评价还是劳动教育评价都发生了重要的转变和创新,而劳动教育评价在与课程的融合中也需要最终指向学生的核心素养发展,劳动教育评价最终也要回归到育人原点。"劳动教育评价应将人的成长作为价值尺度,在劳动过程中激发生命自觉,创造生命价值,让学生逐步树立正确的世界观、人生观、价值观,培养学生的公德心和责任感。"[①]劳动教育评价最终的指向就是育人,通过评价这一手段,让学生在劳

---

① 阮瑜.立德、笃行、培能的劳动教育评价体系建构与实施[J].人民教育,2022(12):54-56.

动中培养公德心以及责任感,最终成长为一个有正确价值观的全人。同时,根据国家政策导向,未来的劳动教育评价会更倾向于关注过程性评价。例如,在教育部印发的《大中小学劳动教育指导纲要(试行)》通知中,就对劳动教育的平时表现评价提出了要求,要求要在平时劳动教育实践活动中及时进行评价,以评价促进学生发展。在过程中引导学生学习,在劳动和经验中帮助学生学习,这就强调给学生以过程到结果的完整教育,强调学生个人劳动能力的培养。这一转变和要求,也是从"培养考生"到"培养人"的一大转变的要求,有利于对学生"人"的培养,有利于育人和立德树人的实施。因此,本研究开展对于新时代劳动教育评价体系的相关研究,对于落实立德树人的核心素养要求也有着重要的实践价值。

3.有利于衡量劳动教育质量

新时代劳动教育评价既是检测学生在劳动教育过程中是否得到应有发展的重要依据,也是检验教师主体开展劳动教育是否达到国家政策要求的评判依据。关于新时代劳动教育评价体系的构建研究,有利于衡量劳动教育教学的质量。当前的劳动教育评价在实践中容易出现诸多问题,例如李红婷在论文中指出,"劳动教育评价在实施过程中仍存在诸多偏离新时代劳动教育政策导向、偏离劳动教育应有的综合育人价值的问题"[①]。劳动教育容易出现重"结果"轻"过程"问题、重"技能"轻"素养"问题、重"形式"轻"体验"问题,存在窄化、弱化、异化、物化"四化"现象。缺乏科学合理的劳动教育评价指标以及体系构建,易导致劳动教育偏离教育应有的育人价值,而新时代劳动教育评价体系的科学构建,有利于衡量劳动教育的具体实施成效,检验劳动教育教学质量。本研究尝试对劳动教育评价开展体系建构研究,有利于推动劳动教育对劳动教学质量的衡量,尝试探索劳动教育开展有章可循的体系研究,从而让劳动教育过程不失育人属性,成为检验劳动教育教学质量的有效标准。

---

① 李红婷.新时代劳动教育课程评价:导向、问题与策略[J].现代教育,2021(07):25-28.

第二章 新时代劳动教育评价的历史与现状

新时代背景下,梳理劳动教育评价的发展历史、着眼于劳动教育评价的发展现状是构建劳动教育评价体系不可或缺的重要部分。本章纵观劳动教育评价的发展历史、总结劳动教育评价的研究现状、发现劳动教育评价目前存在的问题。

一、新时代劳动教育评价的历史沿革

重视生产劳动是中华民族的优良传统,劳动教育是中国特色社会主义制度的重要内容之一。中华人民共和国成立至今,受不同历史时期政治、经济、文化等因素影响,我国劳动教育评价发展呈现不同的阶段特征,本研究将劳动教育评价发展阶段划分为:劳动教育及评价的初步探索(1949—1956)、以劳动成绩作为评价标准(1957—1977)、高度重视劳动教育,运用多种方式开展评价(1978—1999)、劳动教育弱化,劳动评价标准模糊(2000—2011)、切实加强劳动教育,构建劳动教育评价体系(2012年至今)五个阶段,总体呈曲折前进发展态势。

(一)劳动教育及评价的初步探索(1949—1956)

中华人民共和国成立前夕,中国人民政治协商会议通过具有临时宪法性质的《中国人民政治协商会议共同纲领》规定,"爱劳动"为国民五项公德之一。1950年8月召开了中国教育工会第一次全国代表大会重点讨论了教育与生产劳动相结合的问题,标志着中国社会开始走向体力劳动与脑力劳动的结合与统一。同年,《中学暂行教学计划(草案)》提出生产劳动"应有计划地配合正课进行"①。1952年颁布的《小学暂行规程(草案)》提出要取消小学的劳作课,要求劳作在各科教学的实验、实习中和课外另定时间教学②;《中学暂行规程(草案)》中规定中学要求学生通过自然科学课程理解一般生产过程的基本原理与生产工具的使用方法。可以看出,劳动教育此时是作为课外活动内容之一,配合学校课程进行,尚未被正式列入教学计划。

经过四年的恢复与发展,我国中小学毕业生逐年增加,但只有少数人可以顺利升学,有的地区甚至出现学生因不能升学进行游学反抗的现象。对此,教育部颁布的《关于组织不能升学的高小和初中毕业生参加或准备参加劳动生产的指示》中提到:"目前,中、小毕业生之所以普遍发生紧张的升学问题,主要由于过去几年中央教育部对中小学教育的指导思想上有忽视劳动教育的倾向,在教学改革中,在教师思想改造中,都没有着重批评鄙视体力劳动和体力劳动者的错误的教育思想,也没有向广大群众和学生明确地阐明中小学教育的性质和任务,使旧中国遗留下来的鄙视体力劳动和体力劳动者的错误的教育思想,继续支配着广大教师和学生,这是中小学教育方针上一个带原则性的错误,中央教育部应在这方面进行公开的自我批评。"③《关于组织不能升学的高小和初中毕业生参加或准备参加劳动生产的指示》认识到劳动教育的思想的落后、劳动教育仍与社会生产相脱节等问题,开始有意识地对劳动教育的开展进行反思与评价。

1955年教育部颁布的《小学教学计划》中增加"手工劳动课",帮助学生获得生产知识与技能,将劳动教育作为课程纳入教学计划,中小学正式设立劳动相关课程。同年,教育部发布的《关于高小和初中毕业生从事生产劳动的宣传教育工作报告》中指出:"过去一年,很多学校采取参观工厂、农场、农业生产合作社,访问劳动模范,请劳动英雄作报告,和劳动青年联欢,阅读有劳动教育意义的读物、参加体力劳动活动等方式在课外对学生进行劳动教育,收到了很好的效果。但是在通过课堂教学经常地进行劳动教育就做得很差。今后,除应注意课外的劳动教育外,必须学会在课堂教学中贯彻劳

---

① 何东昌.中华人民共和国重要教育文献(1949-1975)[M].海口:海南出版社,1998.
② 何东昌.中华人民共和国重要教育文献(1949-1975)[M].海口:海南出版社,1998.
③ 何东昌.中华人民共和国重要教育文献(1949-1975)[M].海口:海南出版社,1998.

动教育,并且还要善于使两者结合起来进行。再有,一般学校进行劳动教育,都着重在思想方面,这当然是很重要的;但是对工农业生产的基础知识的教育是注意很差的。今后进行劳动教育,除注意培养劳动观点和劳动习惯外,还应注意进行综合技术教育,使学生从理论上和实践上懂得一些工农业生产的基础知识。"①《关于高小和初中毕业生从事生产劳动的宣传教育工作报告》对现有劳动教育的实践形式进行罗列和开展效果进行简单评价,并指出当前劳动教育开展与课堂教学结合不紧密、劳动教育内容缺乏工农业生产基础知识等问题。

这一时期,国家继承"爱劳动"这一传统美德,提倡开展劳动教育活动,不断探索劳动教育与课堂教学、当下社会的结合,并逐步有意识地对劳动教育思想倾向以及实践效果进行简单评价,但对劳动教育的评价只停留在重视社会生产劳动,没有明确的评价内容、指标与要求,劳动教育评价处于初步探索阶段。

(二)以劳动成绩作为评价标准(1957—1977)

该时期的劳动教育受政治、经济因素影响,劳动教育目的、内容、活动、评价标准具有浓厚的政治色彩。

1957年3月教育部发布的《关于增设农业基础知识课的通知》规定在初中三年级增设农业基础知识课②,给学生系统地讲授农业基础知识,培养学生对农业生产的兴趣;7月教育部发布的《初中三年级农业基础知识参考提纲(草稿)》明确了农业基础知识包括动物饲养、作物的增产措施、作物栽培、社会主义农业生产组织四部分。③ 劳动教育课程内容与当时我国许多初中毕业生不能顺利升学,需要掌握生产劳动知识,与生产劳动的社会现象密不可分。1958年,党的八大二次会议正式通过了"鼓足干劲,力争上游,多快好省地建设社会主义"的总路线,拉开了国民经济"大跃进"的序幕。会后,"大跃进"运动在全国各地区、各方面如火如荼地开展起来。1958年8

---

① 何东昌.中华人民共和国重要教育文献(1949—1975)[M].海口:海南出版社,1998.
② 中华人民共和国教育部办公厅.教育文献法令汇编1957[G].中华人民共和国教育部办公厅内部资料,1958.
③ 中华人民共和国教育部办公厅.教育文献法令汇编1957[G].中华人民共和国教育部办公厅内部资料,1958.

月,陆定一发表文章《教育必须与生产劳动相结合》提出:"教育与生产劳动相结合,是社会主义建设所需要的,是建设共产主义社会的远大目标所需要的。"①文章将劳动教育提升到国家建设与发展的高度。同年9月,中共中央颁发的《关于教育工作的指示》规定:"在一切学校中,必须把生产劳动列为正式课程,每个学生必须依照规定参加一定时间的劳动。现在勤工俭学的运动已经普遍开展起来了,事实证明,只要领导得好,参加生产劳动对于学生来说,不论在德育智育体育方面都有好处,这是培养全面发展的新人的一条正确道路。"②《关于教育工作的指示》一经颁布,各地方学校积极响应中央号召,落实指示精神,组织学生大炼钢铁、参加农业、工业生产劳动,甚至普遍停课,将学校变成农场、工厂。各级各类学校竞相开展,以社会生产战绩作为劳动教育评价与考核的重点内容,更有甚者将劳动教育提升到阶级斗争层面,认为教育与劳动生产相结合与否是判断资产阶级与无产阶级教育的根本区别。

1966年5月"文化大革命"爆发,全国中小学在"五·七指示"的指引下,强化劳动生产,精简学校课程。同时,劳动教育的评估方式有了一些转变,劳动课作为中小学课程的重要科目来开设,并没有严格的考试制度进行评价,手工、雕刻之类的课程以作业的形式进行考评,注重不怕困难、勇于进取的吃苦精神等因素的考评。③ 1970年6月中共中央批转的《北京大学、清华大学关于招生(试点)的请示报告》中提出:"三年以上实践经验,初中以上文化程度的工人、贫下中农、复员军人、青年干部"④的招生条件,以生产实践经验为招生条件之一,是我国首次将劳动教育作为考试录取的指标之一。

这一时期,国家颁布多个有关劳动教育的政策文件,劳动教育的地位明显提升。同时,劳动教育评价标准更为具象,出现以农业和工业生产劳动数量、规模为具体考核、评价标准,并首次提出以生产实践经验为招生具体条

---

① 中华人民共和国教育部办公厅.教育文献法令汇编1958[G].中华人民共和国教育部办公厅内部资料,1959.
② 中共中央 国务院.关于教育工作的指示[M].北京:人民教育出版社,1958.
③ 龚春燕,廖辉,梅永鲜.新时代中小学劳动素养评价的历史逻辑与体系构建[J].劳动教育评论,2020(02):42-54.
④ 王智敏."失落"的十年[D].长汉:湖南师范大学,2008.

件之一。但过度强调劳动教育的政治作用,违背了教育规律,出现了"有劳无教,以劳代教"的现象,劳动教育成为政治工具,劳动教育评价标准、内容以及地位等政治色彩浓厚,劳动教育评价走向畸形。

(三)高度重视劳动教育,运用多种方式开展评价(1978-1999)

党的十一届三中全会召开,开启了改革开放与社会主义现代化建设的新征程。党和政府将工作中心进行战略转移,党的教育方针也作出了相应的调整,劳动教育改革也逐步得到重视。1978年4月,邓小平同志在全国教育工作会议上的讲话中特别指出:"更重要的是整个教育事业必须同国民经济发展的要求相适应";"我们的国民经济是有计划按比例发展的,我们培养训练专门家和劳动后备军,也应该有与之相适应的周密的计划。"①

1980年10月国务院批准的《关于中等教育结构改革的报告》中指明:"普通高中要逐步增设职业(技术)教育课"②。1981年3月,教育部颁发的《关于修订全日制五年制小学教学计划的说明》中规定"小学四、五年级每周开设1课时劳动课,进行公益劳动或简易生产劳动;三年级以下不开设劳动课,但要在课外安排一些力所能及的自我服务性劳动,培养小学生热爱劳动和劳动人民的思想感情及劳动习惯"③。同年4月,教育部颁发《全日制六年制重点中学教学计划(试行草案)》和《全日制五年制中学教学计划试行草案的修订意见》,规定"开设劳动技术课,初中每学年2周,高中每学年4周,内容包括工农业生产、服务性劳动的基本技术和职业技术教育及公益劳动等"④。1982年教育部发布的《关于普通中学开设劳动技术教育课的试行意见》,明确了劳动技术课的目的和意义,对课程开设的原则、内容、要求、时间、组织安排等做出了详细的规定。⑤ 并指出:"每个学生都应该写劳动小结,学校应建立劳动档案。学年末要根据学生的劳动态度、劳动纪律及其掌握知识和技能的情况评定成绩。成绩可分为优、良、及格、不及格四等,记入学生成绩册。"⑥《关于普通中学开设劳动技术教育课的试行意见》还要

---

① 何东昌.中华人民共和国重要教育文献(1949-1975)[M].海口:海南出版社,1998.
② 何东昌.中华人民共和国重要教育文献(1976-1990)[M].海口:海南出版社,1998.
③ 何东昌.中华人民共和国重要教育文献(1976-1990)[M].海口:海南出版社,1998.
④ 何东昌.中华人民共和国重要教育文献(1976-1990)[M].海口:海南出版社,1998.
⑤ 何东昌.中华人民共和国重要教育文献(1976-1990)[M].海口:海南出版社,1998.
⑥ 何东昌.中华人民共和国重要教育文献(1976-1990)[M].海口:海南出版社,1998.

求学校建立学生劳动档案,并根据劳动档案对学生的劳动成绩进行考核、评价并将劳动态度、劳动纪律、劳动知识与技能的掌握作为劳动教育评价的维度、划分劳动教育评价等级,并指出劳动教育评价的重要性:"劳动态度和表现应作为学生操行评语的重要内容之一。劳动态度和表现不好的学生不能评选为三好学生。"①自1949年以来,该文件第一次明确地提出劳动教育考核、评价的方式,并将学生劳动教育态度、表现作为学生评优评先的标准之一。

但在具体实践过程中,劳动教育出现了各种各样的问题。1986年全国中学劳动技术教育工作座谈会指出:"从全国范围看,开设这门课的情况还很不平衡。目前,约有半数,甚至更多的学校没有开设劳动技术课。一些教育行政部门还没有把这门课列入议事日程,重视不够,领导力不够。学校、社会对开设这门课的认识还有一定差距。教学设备、场地、经费、师资严重不足。"②"无论在教育界,还是在社会上片面追求升学率的现象严重地冲击了基础教育,使劳动技术课不能正常开设。由于劳动技术教育是一门新学科,又是一门综合性很强的学科,对场地、设备、师资的条件提出了不同于其他学科的新的要求,社会、家长、教师和学生对其重要性的认识还有待进一步提高。"③

1987年以后国家教委又先后颁发了《全日制中学劳动技术课教学大纲(试行稿)》《全日制中小学劳动课教学大纲试行草案》《关于进一步加强中小学德育工作的几点意见》均强调学生参加劳动和社会实践的时间应纳入教学计划中,要不断制度化、规范化。④ 1998年教育部公安厅颁布《关于加强普通中学劳动技术教育管理的若干意见》中指出:"各级教育督导部门,在进行教育督导评估时,要把劳动技术教育纳入督导评估内容的指标体系,把是否开设劳动技术课,是否重视劳动技术教育,作为评选教育先进单位和

---

① 何东昌.中华人民共和国重要教育文献(1976—1990)[M].海口:海南出版社,1998.
② 何东昌.中华人民共和国重要教育文献(1976—1990)[M].海口:海南出版社,1998.
③ 何东昌.中华人民共和国重要教育文献(1976—1990)[M].海口:海南出版社,1998.
④ 李珂,曲霞.1949年以来劳动教育在党的教育方针中的历史演变与省思[J].教育学报,2018,14(05):63-72.

先进学校的重要内容之一。"①《关于加强普通中学劳动技术教育管理的若干意见》首次将劳动教育纳入教育督导评估指标体系,成为学校评优、考核的指标,劳动教育的重要性进一步提升。

这一时期,党和国家将工作重心转移到经济建设上来,开启了时代的新篇章,在客观上要求培养建设社会主义现代化所需要的人才。国家以文件形式规定了中小学劳动教育课时安排、内容安排,第一次指出了劳动教育的考核方式、第一次将劳动学校劳动教育纳入学校评优评先的内容中等举措证明了劳动教育不再是政治工具,而是国家培养建设社会主义现代化人才的重要内容之一。劳动教育逐步摆脱浓厚的政治色彩,开始有计划地开展、形成体系,劳动教育评价开始走向规范。

(四)劳动教育弱化,劳动评价标准模糊(2000—2011)

步入 21 世纪之后,我国进入了全面建设小康社会、加快推进社会主义现代化建设新阶段,社会各方面发生了重大变化,而教育也不例外。

2001 年国务院颁布《关于基础教育改革与发展的决定》中指出:"坚持教育必须为社会主义现代化建设服务,为人民服务,必须与生产劳动和社会实践相结合,培养德智体美等全面发展的社会主义事业建设者和接班人。"②同年 6 月《基础教育课程改革纲要(试行)》颁布,标志着新一轮基础教育课程改革的开始,"为改变学生的学习方式、丰富和完善课程结构,在国家课程方案中增设了一门必修课程——综合实践活动课程,同时为减少课程门类、增强课程的综合性,将义务教育阶段的劳动与技术教育、研究性学习、社区服务、社会实践等一并纳入综合实践活动课程之中"③。综合实践活动课程作为从小学至高中的必修课,主要包括:信息技术教育、研究性学习、社区服务与社会实践以及劳动与技术教育。劳动教育不再作为单独开设的课程进行开展,而是作为综合实践活动课程的主要内容之一。但将劳动教育纳入综合实践活动课程中,使得劳动教育在一定程度上走向异化,劳

---

① 李珂,曲霞.1949 年以来劳动教育在党的教育方针中的历史演变与省思[J].教育学报,2018,14(05):63-72.
② 何东昌.中华人民共和国重要教育文献(1998-2002)[M].海口:海南出版社,1998.
③ 冯新瑞.综合实践活动课程在落实劳动教育中的独特优势[J].教育科学研究,2021,311(02):64-67.

动教育评价停滞不前。

首先,劳动教育课程的外延不断丰富,但内涵、本质日渐模糊。步入21世纪以后,顺应时代精神,劳动教育的时代内涵不断丰富。劳动技术课不断拓展为含有信息技术、通用技术、生产技术、职业技术、社会服务和社会实践、研究性学习等形式多样的综合实践活动课,导致了"劳动教育课程地位下降、课程目标不明、课时难以保障、课程设施与场地专做他用等问题"[①]。其次,受传统教育观念、一味追求升学率的影响,综合实践活动课程在中小学一直处在边缘地位,课时少,常常被其他课程挤占;甚至有些学校不开课。有些学校即使安排相关课程,但也不注重劳动教育的开展,更多是以学生转变学习方式,提升学生综合素质为重点。劳动教育的开展寸步难行。最后,由于劳动教育是与其他几个内容一起纳入综合实践活动进行实施的,并没有单独成一个课程体系;即使在部分发达地区,如北京、上海、江苏、浙江等地区,开设了劳动教育的相关课程,但在实施过程中一味强调劳动教育的功能、作用,忽视了对学生劳动思想、态度以及情感的教育,劳动教育形式化、机械化。

综合实践活动课程使得劳动教育内涵得以丰富、形式多元,但在具体实践过程中容易出现劳动教育边缘化、应试教育背景下糊弄了事、劳动教育形式化与机械化,使得劳动教育脱离本质,劳动教育评价更是模糊不清,没有具体标准,发展几乎处于停滞状态。

(五)切实加强劳动教育,构建劳动教育评价体系(2012年至今)

自党的十八大以来,切实加强劳动教育,努力把广大青少年培养成勤于劳动、善于劳动、热爱劳动的高素质劳动者,是新时代党和国家对教育的根本要求。[②]

首先,重视劳动教育,纳入综合素质评价体系。2012年9月,国务院印发的《关于深入推进义务教育均衡发展的意见》强调,学校要认真落实各项标准,合理设置课程难度,不得以其他安排挤占体育、音乐、美术、综合实践

---

① 李珂,曲霞.1949年以来劳动教育在党的教育方针中的历史演变与省思[J].教育学报,2018,14(05):63-72.

② 李珂,曲霞.1949年以来劳动教育在党的教育方针中的历史演变与省思[J].教育学报,2018,14(05):63-72.

活动及班会、少先队活动的课时,科学合理安排学生作息时间。① 从国家层面对以往综合实践活动课程课时少、被挤占等问题做了相关指示。2013年6月,教育部印发《关于推进中小学质量综合评价改革意见》,确立了"中小学教育质量综合评价指标框架(试行)",其中,行为习惯的指标考查要点为学生在文明礼貌、勤俭节约、热爱劳动、爱护环境等方面的认知和表现情况。② 2014年9月,国务院印发的《关于深化考试制度改革的实施意见》强调要建立包括学生思想品德、学业水平、身心健康、兴趣特长、社会实践等内容的学生综合素质档案,把综合素质评价作为学生毕业和升学的重要参考,为学生的全面发展创造条件和奠定基础。③

不断更新、完善的劳动教育政策关注到实践中劳动教育所存在的问题,对新时代的劳动教育的完善发展具有指导意义,各地区积极响应国家要求,如"云南把学校劳动技术教育的评价融入综合实践活动课程评价和学生的综合素质评价中,主要由学校层面实施,各级教育行政管理部门提出要求并督促检查;黑龙江省建立《综合素质评价报告》,对学生参加劳动次数、劳动态度、实际操作、劳动成果、创造能力、实践能力等几方面进行评价,形成《综合素质评价报告单》,纳入毕业生档案,促进学生全面发展;四川省成都市全兴小学制定了以'田园教育'为核心理念的发展规划,'田园课程'将劳动教育渗入到各门学科中,结合语文、数学、美术、科学等学科教学,学生在此劳动、观察、学习、测量、写生、赏析等等"④。

其次,提升劳动教育的地位,纳入全面发展体系。2016年习近平同志再次强调:"劳动人民是国家的主人,青年是中国特色社会主义事业接班人、是国家的未来和民族的希望。我们要全面建成小康社会,进而建成富强民主文明和谐的社会主义现代化国家,实现中华民族伟大复兴,必须依靠知

---

① 祁占勇.新中国成立70年来我国劳动教育政策的价值选择及其变迁[J].国家教育行政学院学报,2019(06):18-26.
② 祁占勇.新中国成立70年来我国劳动教育政策的价值选择及其变迁[J].国家教育行政学院学报,2019(06):18-26.
③ 祁占勇.新中国成立70年来我国劳动教育政策的价值选择及其变迁[J].国家教育行政学院学报,2019(06):18-26.
④ 各地加强中小学劳动教育经验摘登[N].中国教育报,2015-08-06(002).

识，必须依靠劳动，必须依靠广大青年。"①2017年教育部颁发《中小学德育工作指南》中指出将劳动育人作为中小学德育工作的重要内容之一。国家不断强调劳动的重要性以及劳动教育开展的必要性的举措，迫切需要完善和构建新时代劳动教育体系。

2018年全国教育大会上，习近平同志提出："要努力构建德智体美劳全面培养的教育体系，形成更高水平的人才培养体系。"②值得指出的是，将劳动教育纳入人的全面发展和人才培养目标，将劳动精神、劳动能力和劳动文化培养作为重要任务，是新时代中国特色社会主义育人目标的重要拓展和整体提升。③ 劳动教育列入德智体美劳全面发展体系，将其地位提升到全面育人的重要层面，劳动教育成为培养担当民族复兴大任人才的必然要求。

最后，规范化实施劳动教育，加强劳动素养评价。2020年3月，中共中央、国务院颁发了《关于全面加强新时代大中小学劳动教育的意见》，提出要健全劳动素养评价制度，将劳动素养纳入学生综合素质评价体系，把劳动素养评价结果作为评优、评先的重要参考和毕业依据，作为高一级学校招生录取的重要参考或依据。④ 2020年7月，教育部印发《大中小学劳动教育指导纲要（试行）》要求："学校和教师要抓住关键环节，灵活运用多种方式方法，增强劳动教育效果；应开展平时表现评价、学段综合评价和学生劳动素养监测。"⑤2020年10月，中共中央、国务院颁布《深化新时代教育评价改革总体方案》，其中强调："要加强劳动教育评价，"⑥并且指出："加强过程性

---

① 习近平.在知识分子、劳动模范、青年代表座谈会上的讲话[N].人民日报，2016-04-30(002).
② 高书国.中国特色社会主义教育根本任务的新时代内涵：深刻学习领会习近平总书记在全国教育大会上的重要讲话[J].人民教育，2018，794(19)：11-14.
③ 高书国.中国特色社会主义教育根本任务的新时代内涵：深刻学习领会习近平总书记在全国教育大会上的重要讲话[J].人民教育，2018，794(19)：11-14.
④ 中国政府网.中共中央 国务院关于全面加强新时代大中小学劳动教育的意见[EB/OL].(2020-03-26)[2022-12-08].http：//www.gov.cn/zhengce/2020-03/26/content_5495977.htm
⑤ 中国政府网.教育部关于印发《大中小学劳动教育指导纲要（试行）》的通知[EB/OL].(2020-07-07)[2022-12-8].http：//www.gov.cn/zhengce/zhengceku/2020-07/15/content_5526949.htm
⑥ 中华人民共和国教育部.中共中央 国务院印发《深化新时代教育评价改革总体方案》[EB/OL].(2022-10-13)[2022-12-08].http：//www.moe.gov.cn/jyb_xxgk/moe_1777/moe_1778/202010/t20201013_494381.html

评价,将参与劳动课程学习和实践情况纳入学生综合素质档案。"①这一年出台了关于劳动教育的指导意见,将劳动素养纳入综合素质评价体系,成为评优、评先的重要依据,并强调灵活运用多种方式对学生劳动素养进行监测;同时,教育评价中也开始对劳动教育评价进行加强,提出过程性评价,丰富评价形式。

《义务教育劳动课程标准(2022年版)》是新中国成立以来的首部义务教育劳动课标。义务教育劳动教育课标的颁布明确了劳动教育课程在义务教育课程体系中的独立地位,构建了九年一贯的劳动教育课程体系,充分发挥劳动教育的独特、综合的育人价值,努力构建德智体美劳全面培养的育人体系。课标中明确指出:"劳动课程评价是劳动课程体系建设的重要组成部分,对促进劳动课程的目标实现、保障劳动教育的实施效果等具有重要意义。"②

自 2012 年起,劳动教育关注热度持续攀升,关于劳动教育评价的研究数量上也呈现明显的增长,其研究内容也有了一定的深入,如一些学者提出应逐步完善评价机制;还有的学者提出当前劳动教育评价的困境以及优化路径等。这一系列研究对我国劳动教育评价的发展有一定的指引作用,使得劳动教育评价走入新发展。

二、新时代劳动教育评价的研究现状

为了总结我国劳动教育评价的研究现状和主要观点,本研究基于中国知网中的 SCI、北大核心、CSSCI、CSCD 数据库,以"劳动教育评价"为检索词,以篇名、主题为检索项,共检索 112 篇文献,筛选出与劳动教育评价相关度高的文献 35 篇并进行阅读、分析,对我国劳动教育评价研究现状从内涵、价值、策略三个方面进行简单总结。

(一)劳动教育评价内涵的研究

劳动教育评价是劳动教育体系的重要组成部分,是对劳动教育进行价

---

① 中华人民共和国教育部.中共中央 国务院印发《深化新时代教育评价改革总体方案》[EB/OL].(2022-10-13)[2022-12-08].http://www.moe.gov.cn/jyb_xxgk/moe_1777/moe_1778/202010/t20201013_494381.html

② 中华人民共和国教育部.义务教育劳动课程标准(2022年版)[S].北京:北京师范大学出版社,2022:10-12.

值判断的过程,属于教育评价范畴。现有的关于劳动教育评价的内涵研究主要有以下两类:

1.劳动素养说

该类关于劳动教育评价的内涵研究,聚焦于"劳动素养"的提升,把"劳动素养"看作是劳动教育评价进行的根本目的。劳动教育评价要回归育人原点,聚焦学生劳动素养提升这一根本目的,构建科学有效的评价体系,通过全方位、多角度衡量学生在劳动观念、劳动能力、劳动情感和劳动品质等方面的具体表现,给予学生正面引导,激励学生在辛勤劳动、出力流汗中体悟"劳动最光荣、劳动最崇高、劳动最伟大、劳动最美丽"的道理。[①] 而劳动素养则是一个多要素凝结而成的整体状态,既包含精神层面,劳动观念、劳动精神、劳动品质等,又包含实践层面,劳动知识、劳动技能、劳动习惯等。

2.育人功能说

该类关于劳动教育评价内涵的研究,聚焦于劳动教育评价的"育人功能"。劳动教育评价要发挥育人功能,以日常生活劳动、生产劳动、服务性劳动为依据,利用不同手段,对劳动教育实践的过程进行监测和记录,以科学合理的标准、维度、方法等对劳动教育的过程进行价值判断。劳动教育评价要以促进学生的全面发展、健康成长,提升综合素质为导向,坚持立德树人的教育根本任务。

(二)劳动教育评价价值的研究

劳动教育评价是诊断劳动教育目标是否实现以及实现程度、评估劳动教育活动科学性与合理性、判断劳动教育实施效果、激励劳动教育实践创造以及指引教育发展的重要活动,劳动教育的价值研究可以从国家、学校、学生三个层面进行研究。

1.国家层面

强调劳动教育评价对国家的价值可以考虑以下两点:评价对于劳动教育的诊断、导向、引领,发挥"指挥棒"作用,促进劳动教育不断完善发展,提升学生劳动素养,为发展中国特色社会主义事业、建设现代化强国、实现中

[①] 黄琼,胡昆明.指向劳动素养培育的中小学劳动教育评价体系建设[J].中国德育,2022,321(09):36-39.

华民族伟大复兴的中国梦而培养人才;在五育融合的大背景下,劳动教育作为五育中不可或缺的一部分,劳动教育评价对劳动教育活动的判断、分析、改进,间接推动五育融合的发展。

2.学校层面

劳动教育评价这根指挥棒可以将劳动教育的实施主体即学校的行动力和创新力更好地激发出来,更好地履行劳动教育的职能,通过完善课程设置、师资配备,加强教学管理,探索教学改革,实现劳动教育的预设目标。[①]简而言之,劳动教育评价在推进学校劳动教育课程建设与创新、劳动教育教学改革等方面有着重要意义。

3.学生层面

劳动教育评价对于学生的价值是其本体价值。主要体现在:一是直接作用于学生的价值。学生在劳动教育活动结束后,作为评价主体之一,对劳动教育进行主观上的评价,自己在评价劳动教育活动的过程中,升华劳动认识、加深劳动情感以及树立正确的劳动观念。劳动价值评价引导人在劳动实践中体察、领悟并显明自身,获得内在精神世界的充实和人生价值的实现,它是一种引领求真、向善、崇美的德性体验和自我完善之路,离开了立德成人的本体意境,劳动教育评价基本上也就丧失了存在的根本意义。[②] 二是间接作用于学生的价值。劳动教育评价直接对劳动教育活动进行诊断、引领,而在不断的评价、改革中,使得劳动教育更加科学合理、完善有效,进而不断提升学生的劳动素养。

(三)劳动教育评价策略的研究

针对劳动教育评价目前存在的问题以及发展过程中的困境,学者们提出了相应的优化路径。劳动教育评价的策略研究主要集中在劳动教育评价体系的建立。

1.评价主体多元化

劳动教育评价是一种认知实践,其实施过程实际上是一个边界清晰的

[①] 李鹏.劳动教育评价的价值意蕴与优化路径[J].湖北社会科学,2022,428(08):146-153.
[②] 陈静.新时代劳动教育评价的三重逻辑[J].中国考试,2021,356(12):10-18.

评价共同体在一定原则下分配评价权力的过程。① 劳动教育评价的主体不应该局限于学校，而应该具有多元性，如家庭、学生、社区、相关教育行政部门、用人单位等。多元主体协调进行评价不仅可以保障劳动教育评价贴合实际要求，还可以形成多元主体合力，有效增强劳动教育评价的人文性，体现劳动教育评价的育人导向。

强调多元主体评价的同时，难免会导致各主体评价权力的不平衡，如学校评价力量的突出，或者学生力量的不重视，或者是社会力量的疏忽等。因此，主体权力动态化，以达到劳动教育评价的理想状态。在不同的劳动教育活动中，应根据活动的场所、类型，合理设置主体评价比重，如学习劳动知识的活动多在学校中以课程形式开展，具有老师主导、学生主动的特点，应让学校和学生的评价比重大一些；开展服务性劳动教育活动时，则需要家庭和社区评价比重大一些。在不同的劳动教育活动中，根据活动性质、类型，主体评价权力动态化，使得评价内容更贴合实际活动。

2. 以立德树人为导向

劳动教育评价要始终以立德树人为根本任务，坚持育人导向，根据国家现代化建设的人才培养需要，发挥评价的诊断、导向以及育人功能。强化劳动综合育人，以发展学生劳动素养为着力点，促进学生全面发展、健康成长，提升学生综合素质。

开展劳动教育评价要始终坚持：第一，坚持过程评价与结果评价相结合。劳动教育评价不仅仅是在劳动教育实施结束后的收尾，而是贯穿于劳动教育实施的全过程。"劳动教育评价既要关注静态的、阶段性的劳动目标是否有效达成，又要关注动态的、连续性的劳动过程。"② 第二，"建立内源性发展状态+外源性表现相结合的评价标准体系，"③ 强调既对学生外显的知识掌握、技能水平进行评价，也对学生内隐的劳动观念、内在精神等进行测评和判断。第三，改革功利主义的结果评价，探索关注成长发展的增值性评价。传统的劳动教育评价以结果为导向，劳动教育在实施过程中成为德育

---

① 陈静.新时代劳动教育评价的三重逻辑[J].中国考试,2021,356(12):10-18.
② 李鹏.劳动教育评价的价值意蕴与优化路径[J].湖北社会科学,2022,428(08):146-153.
③ 陈静.新时代劳动教育评价的三重逻辑[J].中国考试,2021,356(12):10-18.

或政治运动的工具,陷入功利主义的'泥潭'。① 劳动教育评价是对于劳动教育过程的价值判断,需要相应的结果作为判断标准,但过于强调结果,反而忽视了学生在劳动教育过程中的成长发展。关注成长发展的增值性评价,要求在进行评价时纵向比较学生的发展变化,淡化横向比较,可以借助相关技术或者劳动记录等方式,对学生的劳动素养进行跟踪分析。

3.评价指标体系构建

构建合理完善的劳动教育评价指标体系,扭转评价过程中的片面化局面。指标体系的构建可以从劳动价值观、劳动知识、劳动能力、劳动习惯、劳动素养五个维度出发(见下表):

劳动教育评价指标体系

维度	具体内容
劳动价值观	正确的劳动观点;积劳动的态度;热爱劳动的精神;劳动最光荣的观念等;
劳动知识	劳动理论知识;劳动实践知识等;
劳动能力	具体劳动技能;创造性劳动能力等;
劳动习惯	主动劳动意识;积极劳动行为等;
劳动素养	承担劳动责任;良好劳动品质等;

4.探索评价模型

基于不同的研究视角,引入不同的研究工具和方法,可以为劳动教育评价体系的建构提供不同的方案。吴河江《基于 WSR 系统方法论的劳动教育评价研究》一文中将 WSR 系统方法论中"物理、事理、人理"②的三个维度引入劳动教育评价中;方嘉静、田秋华在《基于 CIPP 模式构建中小学劳动教育课程评价指标体系》一文中,依据 CIPP 模式创建的"背景评价、输入评价、过程评价和成果评价"评价框架系统,本研究构建了与之相对应的"课程开发准备、课程方案选择、课程组实施和课程成效评估"四位一体的劳动

---

① 韩光耀,石佳佳.劳动教育评价改革的价值意蕴、现实困境及实践路径[J].教育评论,2021,261(03):35-39.

② 吴河江.基于 WSR 系统方法论的劳动教育评价研究[J].课程教学研究,2020,105(09):81-88.

教育课程评价模型;①李鹏在《劳动教育评价的价值意蕴与优化路径》一文中引入"成果导向教育"②理念搭建科学合理的劳动教育评价体系,优化劳动教育评价实施路径。探索不同的劳动教育评价模型,引入具有借鉴意义的方法论,使得劳动教育评价路径优化,具有科学合理性。

三、新时代劳动教育评价存在的问题

劳动教育评价的科学性、合理性是促进劳动教育健康开展、落实国家劳动教育政策的重要保障。虽然目前我国对于劳动教育评价科学合理开展已经进行了一定程度的探索,但是在评价观念、评价主体、评价方式、评价内容、评价体系、评价功能等方面,仍有许多问题。

(一)劳动教育评价观念滞后

目前,我国关于劳动教育评价的认识、观念仍存在许多问题,主要表现为:劳动教育评价窄化、劳动教育评价弱化、劳动教育评价物化的问题。

1.劳动教育评价窄化

劳动教育评价窄化指的是将劳动教育等同于劳动技术教育、综合实践活动等附庸在其他活动上,缺乏对劳动教育的专门认识,导致劳动教育评价也附庸在其他活动评价上,没有成为一个单独的评价体系。窄化劳动教育评价,不仅仅模糊了劳动教育评价的内涵,更使得劳动教育评价缺乏相应的评价标准以及适合的评价工具,无法成为一项单独的活动。

2.劳动教育评价弱化

劳动教育评价弱化指的是由于劳动教育常常附庸在智育活动上,难以保证劳动教育课程的顺利开展,导致在进行课程评价的过程中,劳动教育评价常常为智育评价"让路",往往对劳动教育的评价一笔带过,忽视劳动教育的地位,弱化劳动教育评价。弱化劳动教育评价,导致所开展的劳动教育活动缺乏指导方向,难以进行创新发展。

3.劳动教育评价物化

劳动教育评价物化指的是由于劳动教育过程中往往强调学生通过劳动

---

① 方嘉静,田秋华.基于CIPP模式构建中小学劳动教育课程评价指标体系[J].教育导刊,2022,725(05):56.
② 李鹏.劳动教育评价的价值意蕴与优化路径[J].湖北社会科学,2022,428(08):146-153.

所获得的物质成果,忽视学生劳动精神以及劳动素养的培养,进而导致劳动教育评价过程中多对学生的劳动行为、劳动成果等外显方面进行评价,缺乏对学生精神、价值观以及素养等内隐方面进行评价,不利于引导学生对劳动成果珍惜、劳动价值的体悟以及对劳动的正确认识等。物化劳动教育评价,易造成评价流于形式,缺乏对学生情感、价值观等精神层面发展的关注。

(二)劳动教育评价主体单一

建构主义评价观强调,评价是一个涉及多方主体利益的复杂活动,需要顾及多方利益,使各方利益得以表达,因此评价活动中需要多主体协同合作。目前,我国劳动教育评价的主体多为教师尤其是班主任对学生的评价,教师的评价是"权威",忽视了其他主体的作用。这种以教师的评价为"权威"的评价方式,造成了劳动教育评价的武断、片面等现象,无法保障劳动教育评价的公平性、客观性。许多学者认为,劳动教育评价的主体不应单单局限于教师,更应该包括学生、家庭、用人单位以及政府,多主体协同合作,使得多方利益得以充分表达,保障劳动教育评价的真实、客观与公平。正如布迪厄所说,"社会世界是由多元场域所构成的,庞大的场域可以被分解为诸多次一级的场域"①。劳动教育评价过程中应关注多场域中不同主体所发挥的作用。

作为劳动教育的亲身体验者,学生在劳动教育评价过程中起着至关重要的作用。劳动教育的开展者鼓励学生以评价主体的身份参与到学校的劳动教育评价过程中来,通过学生自评、生生互评等评价方式,不仅让学生在评价过程中自己挖掘真实体验、提升劳动素养,也为劳动教育的开展者指明真实可信的改进方向。

学生劳动素养的形成不仅仅需要学校劳动教育的开展,更应该强调的是劳动教育的一致性。一个具有生命力的劳动教育评价机制,除了学生、教师的努力,还离不开对学生发展起到潜移默化熏陶作用的家庭的参与。②家庭劳动教育的评价与学校劳动教育评价合作,形成评价合力,发挥家校协同作用。

---

① 迈克尔·格伦菲尔.布迪厄:关键概念[M].林云柯,译.重庆:重庆大学出版社,2018:90.
② 赵雨佳,马勇军.中小学劳动教育评价:历史沿革、现实问题及改革举措[J].教师教育论坛,2021,34(03):65-70.

用人单位以及政府对劳动教育的评价是站在国家对人才培养需求的角度上进行,在劳动教育评价过程中起着导向作用。发挥用人单位以及政府评价的效力,为劳动教育的开展与改革提供切合实际的方向。

(三)劳动教育评价方式简单

劳动教育评价方式是劳动教育评价的重要内容之一,主要指的是评价方法、评价工具以及评价手段。目前,我国劳动教育评价过程中,习惯采用测量的技术手段,对学生的劳动成果、劳动报告、手工作品、劳动记录等进行"静态结果"数据的获取,评判学生的劳动任务完成得如何,根据"静态结果"给予相应的分数或者等级。这种结果导向的评价方式可以"量化"看到学生劳动教育的成果,却忽视了学生劳动精神的成长、劳动观念的树立以及劳动素养的形成等一系列"质性"指标的发展,没有把学生当作全面发展中的人,导致劳动教育的形式化、功利化局面。如学生形成为完成作业与考试而劳动的思想,出现拍拍照片、录录视频、做个档案袋应付应付的"形式化"局面,对学生劳动素养的培养毫无用处;忽视学生在劳动教育过程中的亲身体验与自我精神建构。劳动教育强调学生的参与与实践,而使用结果评价、行政评价等方式,难以关注学生在劳动教育过程中劳动经验、观念以及素养的生成,导致劳动教育难以发挥其功能与作用。

(四)劳动教育评价内容片面

评价的内容是开展劳动教育评价的遵循,《大中小劳动教育指导纲要(试行)》中明确指出:"学校劳动教育的主要内容包括日常劳动、生产劳动和服务性劳动中的知识、技能与价值观。"①然而,在传统教育理念的影响下,我国的劳动教育评价出现重视学生劳动知识与技能的学习,忽视学生劳动观念、价值观等精神层面的发展的现象。首先,重现象轻本质,劳动教育评价过程中常常出现只看劳动的快慢、多少以及成果,却忽视了对学生在劳动教育过程中体验与经历的评价。简单地用显性的指标去衡量劳动教育的好坏,没有深入关注学生精神层面等隐性指标的发展。其次,劳动教育评价内容重劳动技能轻劳动精神,劳动教育评价过程中常常出现只评价学生的

---

① 中国政府网.教育部关于印发《大中小学劳动教育指导纲要(试行)》的通知[EB/OL].(2020-07-07)[2022-12-8].http://www.gov.cn/zhengce/zhengceku/2020/07/15/content_5526949.htm

劳动知识与技能的获得与掌握、很少涉及学生劳动认识、劳动观念、劳动精神以及劳动素养等隐性内容的评价。最后,劳动教育评价内容多局限于生活劳动,受劳动教育活动开展的限制,劳动教育评价内容多是对学生生活劳动的评价,缺乏对学生的服务性劳动、生产性劳动等活动的评价。劳动教育评价内容的片面,忽视对学生精神层面的发展,而"学生是否形成正确的劳动价值观,是否提升了劳动综合素养,并在劳动中形成健全人格与良好的道德品质,才是新时代劳动教育的价值追求,自当是评价的重点"①。

(五)劳动教育评价体系不完善

科学合理的劳动教育评价体系是劳动教育评价的核心与基础,可以为切实推动劳动教育的实施提供强有力的支撑。然而,目前我国的劳动教育评价体系仍不完善,正处于探索建构阶段,缺乏明确规范的评价标准。一方面,由于劳动教育在我国教育发展过程中一直处于边缘地位,导致劳动教育没有明确、具体、和其他学科教学一样的教育目标,进而造成对劳动教育评价的漠视;另一方面,近年来,国家对劳动教育逐步开始重视,但规范明确的劳动教育评价体系仍处于探索构建阶段,对劳动教育评价的认识处于无序、散乱状态,甚至劳动教育课程内容也呈现无序、散乱状态,没有形成统一的课程内容与体系,造成劳动教育未受到重视。

(六)劳动教育评价功能偏离

教育评价在实施过程中通常发挥着工具价值和育人价值两种功能。②劳动教育评价的工具价值主要体现在其通过细化评价指标体系,量化质化测评标准,严格化评价程序,从而达到完善学校劳动教育的功能和目的。③劳动教育评价的工具价值起着为劳动教育提供改进思路、前进方向的作用;人是劳动教育活动的本体意境,高扬求真、向善、崇美的德性之道,让主体在劳动教育中以身体道,实现立德成人是劳动教育评价的本体价值所在。④劳动教育评价的本体价值也称之为:育人价值,是指向学生自身的发展。劳

---

① 章振乐.新时代劳动教育评价改革的思考与实践[J].中小学德育,2020(04):63-64.
② 韩光耀,石佳佳.劳动教育评价改革的价值意蕴、现实困境及实践路径[J].教育评论,2021,261(03):35-39.
③ 李鹏.劳动教育评价的价值意蕴与优化路径[J].湖北社会科学,2022,428(08):146-153.
④ 陈静.新时代劳动教育评价的三重逻辑[J].中国考试,2021,356(12):10-18.

动教育的根本任务是立德树人,提升学生劳动素养,而劳动教育评价作为劳动教育过程中的特殊活动,其衡量标准应坚持育人、立德树人,坚持以人的全面发展为目标。目前,我国劳动教育评价价值的发挥倾向工具价值,学校将劳动教育评价的工具价值摆到第一位,强调用劳动教育的结果来证明学校劳动教育的有序开展,劳动教育评价形式化、功利化,忽视了劳动教育的本体价值所强调的学生德性的发展,造成劳动教育评价的育人性功能难以发挥作用。

第三章　新时代劳动教育评价的理论基础

劳动教育是构建人才培养体系的重要组成部分,是培养学生综合素质的重要途径,新时代劳动教育评价可以促进劳动教育的完善与发展。人的全面发展理论是马克思主义体系的重要组成部分,马克思关于人的全面发展理论是新时代劳动教育评价的哲学基础;多元智能理论在教育界产生了重要的影响,为后来的教育改革提供了新思路,该理论是新时代劳动教育评价理论的重要心理学基础;发展性评价理论的评价对象是学生,并以促进学生全面的个性发展为最终目的,为教师开展劳动教育奠定了重要的评价学基础。本研究分别从理论的发展历程、基本思想与内容、重要性三方面进行分析,内容如下:

一、哲学基础:马克思关于人的全面发展理论

人的全面发展理论是马克思主义体系的重要组成部分,同时也是马克思思想理论的根本追求和终极奋斗目标,马克思关于人的全面发展理论对实现新时代学生的劳动教育目标,对于促进学生的发展具有重要的作用。

(一)人的全面发展理论的发展历程

关于人的全面发展,马克思的著作中没有专门的、系统的论述,但是他早期的作品中有很多关于全面发展的思想观点,关于人的全面发展理论的发展历经以下几个阶段:

1.萌芽阶段

在《1844年经济学–哲学手稿》中,马克思关于人的自由全面发展思想

已经初步形成,虽然没有直接提出人的发展问题,但是把资本主义社会对人的发展的危害简单地归因于私有制,所指的人也是指个体的、感性的、自然的人,没有对现实中的人产生真正的认识,但其中也明确提出了全面性的概念。① 一方面,马克思在《1844年经济学-哲学手稿》中对"人"这样理解:"一个种的整体特性、种的类特性就在于生命活动的性质,而自由的有意识的活动恰恰就是人的类特性。"② "马克思是从两个不同向度对人的本质加以考察的。前者从区别于动物的人作为类的向度进行,后者从区别人与人的人作为个体的向度进行;前者是人这个种都具有的类本性,体现人的本质的一般、普遍,后者是现实具体的人各自具有的规定性,体现人的本质的个别、特殊;前者因其一般普遍而成为人的共性,后者因其个别特殊而成为人的个性。"③ 另一方面,马克思在《1844年经济学-哲学手稿》中论述了人的全面发展与劳动的关系,提出了异化的概念,他认为资本主义条件下的劳动是异化的,资本主义下的劳动是畸形的。"马克思认为人作为自然存在物,劳动是人的本质的规定性,劳动把人和其他存在物区分开来,但是此时的劳动并没有很丰富的含义,在这里更多的是区别于动物而谈的。"④ 马克思认为只有在共产主义阶段,物质生产劳动才可以实现人的全面自由发展,人只有通过不断劳动,才能发挥自身的潜能,产生劳动产品,才能实现个人的自由发展。基于此,"我们可以发现《1844年经济学-哲学手稿》中异化理论的目标是指向实现人的全面自由发展和人的解放"。⑤ 这一时期,马克思已经开始运用历史唯物主义的触角探讨人的异化、自由和解放等问题。虽然该时期的马克思对人的全面发展只是进行了简单的阐述,没有形成"人的全面发展理论"的完整概念,但人的全面发展思想的大致框架已经依稀可见。

2. 形成阶段

马克思在1845年撰写了《德意志意识形态》,这本著作也标志了马克思

---

① 吴婧.浅论马克思主义著作中"人的全面发展"思想的三段发展历程[J].传承,2009(16):38-39+77.
② 马克思.1844年经济学-哲学手稿[M].刘丕坤译.北京:人民出版社,1979.
③ 宋喜斌.马克思《1844年经济学-哲学手稿》对人的本质的探讨[D].呼和浩特:内蒙古大学,2009.
④ 邵伟.浅析马克思《1844年经济学-哲学手稿》对人的本质的解释[D].长春:吉林大学,2009.
⑤ 薛晓源.马克思《1844年经济学-哲学手稿》研究读本[M].北京:中央编译出版社,2017:121.

关于人的自由全面发展思想的基本确立。首先，马克思对发展中的人进行了科学的界定，他指出自由全面发展的人一定是现实存在的人。其次，马克思在此书中提出"现实人"的概念，马克思指出："现实的个人"是处于社会关系中的个人，"每个人的自由发展是一切人的自由发展的条件"①。他指出，"我们开始要谈的前提不是任意提出的，这是一些现实的个人，是他们的活动和他们的物质生活条件"②。再次，《德意志意识形态》中对现实的人的生产实践是这样说明："这里所说的个人不是他们自己或别人想象中的那种个人，而是现实中的个人，也就是说，这些个人是从事活动的，进行物质生产的，因而是在一定的物质的、不受他们任意支配的界限、前提和条件下活动着的。"③最后，马克思指出：共产主义的目标就是实现人的全面发展。在这本著作中，马克思关于人的全面发展做了辩证性的论述：为了满足自身需求，人必须从事劳动和生产活动，即劳动不仅是低级的谋生工具和手段，而且更有推动社会发展，建构人与人之间的社会关系的意义。这一时期的马克思对"人的全面发展"做了深入的思考与探究，同时也标志着马克思人的全面发展思想理论的基本确立。

3. 成熟阶段

在《哲学的贫困》这本著作中，马克思关于人的全面发展思想进一步得到发展。马克思通过研究人在社会历史中发展的能动性特质和人的发展受制于特定的社会历史条件，指出人不仅是历史的创造者，也是历史的参与者。在《哲学的贫困》中，马克思已明确指出生产力不仅包括生产工具，而且包括生产者本身，生产者、革命阶级不仅是生产力的要素，并且是最重要的起主导作用的要素。④除此之外，马克思也强调了人的全面发展取代人的片面发展非常必要，只有通过实践劳动活动，才能消除劳动者的畸形发展，马克思强调生产力以及生产关系是社会发展的根本动力，人自身的主观

---

① 高爽,黄明理.论解放维度中"现实的人"与"现实的个人"的辩证统一关系：基于《德意志意识形态》的文本分析[J].思想教育研究,2022(01):66-70.
② 马克思,恩格斯.德意志意识形态(节选本)[M].北京：人民出版社,2018.
③ 尹嘉禾.基于《德意志意识形态》费尔巴哈章"现实的人"思想内涵解析[J].今古文创,2022(44):44-46.
④ 陈延斌.论《哲学的贫困》在马克思主义发展史上的地位[J].南京师大学报(社会科学版),1998(01):26-30.

能动性必须遵循历史发展规律。

在《资本论》这本书中,马克思进一步清晰地论述了人的发展实现条件,指出"设想有一个自由人联合体,他们用公共的生产资料进行劳动,并且自觉地把他们许多个人劳动力当做一个社会劳动力来使用。[……]这个联合体的总产品是一个社会产品"①。除此之外,马克思不但完善了剩余价值学说,还完善了人的发展"三大形态"理论及闲暇时间,《资本论》追求的价值仍然落在人的发展上。②《资本论》还系统地论述了社会内部的分工和生产机构内部的分工,认为生产机构内部的分工是造成人的片面发展的重要因素,为消除人的片面发展、实现人的全面发展指明了方向。另外,马克思也强调了教育的重要作用,提出应当把教育和生产劳动相结合,以促进人的全面发展。③ 马克思在这部著作中阐释了人的全面发展的实现路径,该著作也标志着人的全面发展理论的成熟。

(二)人的全面发展理论的基本思想与内容

马克思关于人的全面发展理论对新时代学生的劳动教育评价有着非常重要的意义,在初步厘清人的全面发展理论的发展历程的基础上,需要进一步阐释该理论的基本思想与内容。

1.人的全面发展理论的基本思想

人的全面发展理论是马克思主义学说的核心组成部分,是马克思终极的理想追求,是社会主义的本质特征,人的全面发展思想理论,是历史唯物主义和剩余价值学说两个伟大发现之外对人类社会发展的第三大贡献,马克思指出:"人以一种全面的方式,也就是说,作为一个完整的人,占有自己的全面的本质。"④在这里,人的全面发展是相对"片面发展"而言的,它指的是人的各个方面的协调发展,也是人类对自身发展的最高追求。

"马克思主义关于人的全面发展理论,是以社会分工为基础的,是由生产力与生产关系的全面性所决定的。"⑤目前学术界关于马克思人的全面发

---

① 马克思恩格斯选集(第2卷)[M].北京:人民出版社,2012:126.
② 李智慧.人的全面发展视域下我国乡村振兴战略研究[D].蚌埠:安徽财经大学,2020.
③ 陈占霞.马克思人的全面发展思想及其当代价值[D].长春:吉林大学,2018.
④ 马克思恩格斯全集(第42卷)[M].北京:人民出版社,1979:123.
⑤ 郑永廷,石书臣.马克思主义人的全面发展理论的丰富与发展[J].马克思主义研究,2002(01):18-22.

展理论有两种观点,有学者认为马克思提到的全面发展仅仅指的是个人的全面发展,也有学者认为马克思提到的人的全面发展,不是单个人的全面发展,而是社会上的每个人的全面发展。本研究将当前两种观点结合起来,即马克思关于人的全面发展思想既指个体的全面发展,也指所有人的全面发展。

2.人的全面发展理论的内容

马克思关于人的全面发展理论的内容主要包括需要、能力、个性以及社会关系等四个方面的全面发展。

(1)需要的全面发展

需要是个体自身或外部生活条件的需求在大脑中的反应,同时需要也是促进事物发展的原始动力,人的需要是多种多样的,不同的人需要不同,同一个人也可以有多种需要,人并不会因为当下现状而得到满足。马克思在提到人的需要时提出两个非常重要的观点。

一方面,马克思指出需要是人类社会发展的原动力。他指出人的需要是与生俱来的,且人的需要是社会需要。他肯定了需要的增长对意识发展的促进作用,即人之所以是人是因为人有需要,这种需要也可以支配着人的行为,支配着人去从事实践活动,人的需要贯穿于实践活动的各个环节,人们通过实践会收获某种产物,这种产物是能够符合实践主体某种需要的产品。

另一方面,马克思指出需要是人的全面发展的直接动力。他指出:"需要是人类一切实践活动的原始动因,只有满足人的各方面的需要,才有实现全面发展的可能。""人们在利用自己的脑力和体力作用于自然的过程中会受到大自然的限制,但假若人的基本生活需要得不到满足,他们就会想方设法改善、提高自己的能力,更好地改造自然以满足需要。"[①]他认为当人的需要得到满足,人又会产生新的需要,并且需要在质和量的方面都能得到提高,从而个体得到全面发展。

(2)能力的全面发展

人的能力指的是人能够成功做出某件事情所必备的关键心理特征,能

---

① 张文文.马克思的需要理论及其当代价值[D].上海:华东师范大学,2013.

力的全面发展指的是人全面地发展自己各方面的能力,具体包括智力、体力、品质、潜力以及个性等能力。人的劳动能力的全面发展,就是人改造和征服客观世界能力的发展。马克思在《资本论》中指出:"我们把劳动力或劳动能力,理解为人的身体即活的人体中存在的、每当人生产某种使用价值时就运用的体力和智力的总和。"①体力是人体所具有的自然力,智力是精神方面的生产力,包括人的劳动技能、生产经验和科学文化知识。体力和智力的统一发展,是人的其他各方面能力发展的基础。② 一方面,马克思指出资本主义下的劳动割裂了人的体力与脑力劳动,只有消除旧式分工,才能使人的脑力劳动与体力劳动相结合,才能促进人的全面协调发展;另一方面,作为社会存在物,社会实践过程形成了人的各方面现实能力和潜在能力,只有人的能力渗透在生活的各个方面,人的能力在实践过程中才可以被激发,从而获得全面发展。

(3) 个性的全面发展

马克思所讲的个性的全面发展指的是人要有自身的追求、爱好与兴趣,人可以通过干自己想干的事情,从事自己喜欢的职业,达到自由的状态,从而实现个性的全面发展。人的个性全面发展离不开人自由个性的形成。马克思认为人的个性自由全面的发展大体包括以下两个方面:自主性、主体性。他指出:自己对自己的认可就是人的自主性的重要表现。人之所以为人,就是因为人们自身的活动是自主选择的。这种自主活动就是对于社会生产力的一种响应,即个体能够按照自己的意愿从事实践活动,并且在实践活动中不受他人和环境的干扰,能够运用自己的思维判断能力去解决问题。除此之外,每个人都是独特的,马克思指出个性的发展表现为个人主体性水平的全面提高,以及个人独特性的增加和丰富。③ 个体主体性表现为个体可以通过实践活动对自己行为进行调控,且马克思认为只有在实现人的个性自由的基础上,人的自由才会真正实现,所以人发展的最高阶段是人的个性的自由发展、个性的全面发展。

---

① 阿尔都塞,巴里巴尔.读《资本论》[M].北京:中央编译出版社,2001.
② 刘畅.马克思人的全面发展思想研究[D].锦州:渤海大学,2020.
③ 吴向东.论马克思人的全面发展理论[J].马克思主义研究,2005(01):29-37.

(4)社会关系的全面发展

人是社会中的人,社会是人的社会,社会关系对一个人的发展非常重要。马克思指出:"一个人在社会中能够发展到什么程度这是由社会关系决定的。"①"个人的全面性不是想象的或设想的全面性,而是他的现实关系和观念关系的全面性。"②社会关系的全面发展包括两方面,一方面是指社会关系的内容越来越丰富,另一方面表现在人对社会关系自由度的提高。根据马克思人的全面发展理论,马克思指出人的关系是社会关系的总和,社会关系也不是不变的,而是根据个体差异、个体发展状况处于不断的发展,人不能孤立地存在与发展,人只能处在特定的社会关系中。与此同时,生产力是生产关系以及社会关系的基础,而生产力的发展变化也会影响社会关系的发展变化,因此,人可以通过改造自然使其适应社会发展,人通过生产劳动进行人际间的交流与交往,进而丰富个人的社会关系,促进个人的全面发展。

(三)马克思人的全面发展理论对我国新时代劳动教育评价的启示

马克思人的全面发展理论强调了劳动教育,而劳动教育评价是劳动教育的重要组成部分,对检验学校劳动教育的质量有着重要的作用,该理论为新时代劳动教育评价提供了新角度,对我国新时代劳动教育评价的启示如下:

1.丰富劳动教育理论基础

劳动教育一直以来为人们所关注,但最初的劳动教育停留在实践层面,多与实践活动相结合,并未形成正确的价值观念及认知。而"新时代劳动教育发展是国家长远发展的战略需要,是进入小康社会后人的全面发展的需要,是人们追求美好生活的需要,是促进人类命运共同体建设的需要"③。"各学段依然存在部分学生劳动意识淡薄、劳动价值观念扭曲、劳动基本概念模糊等问题。"④除此之外也缺乏相应的劳动理论依据。而马克思人的全

---

① 马克思恩格斯全集(第3卷)[M].北京:人民出版社,1972:295.
② 马克思恩格斯全集(第46卷下)[J].北京:人民出版社1980:36.
③ 徐长发.新时代劳动教育再发展的逻辑[J].教育研究,2018,39(11):12-17.
④ 李仙娥,刘跃强.劳动教育融入大中小学思政课一体化建设的重要性及其路径探析[J].学校党建与思想教育,2021(16):66-68.

面发展理论,强调了生产力以及生产关系是社会发展的根本动力,强调了劳动教育的重要性,阐述了劳动以及劳动者的价值与意义,使人们认识到了劳动教育在人的全面发展过程中的重要性与价值,丰富了劳动教育的理论基础,老师也只有系统掌握了劳动教育的理论基础,才能更好地对学生进行劳动教育评价。

2.关注学生的个人素质

马克思认为,通过劳动教育可以使人认识到劳动的本义,培养和发挥人的主体性和积极性,消除劳动异化,从而实现人的自由个性的全面发展。他指出:"从工厂制度中萌发出了未来教育的幼芽,未来教育对所有已满一定年龄的儿童来说,就是生产劳动同智育和体育相结合,它不仅是提高社会生产的一种方法,而且是造就全面发展的人的惟一方法。"① 由此可见,马克思人的全面发展思想强调了劳动教育对学生全面发展的重要性,该理论也为教师开展劳动教育活动提供了新思路,教师通过在劳动教育过程中全面了解学生的信息,对学生进行系统、全面以及科学的劳动教育评价。同时,劳动教育课的开展对学生的全面发展有着非常重要的意义,劳动教育课的开展不仅促进了学生身心的发展,而且也为学生德智体美劳全面发展提供了实践路径,教师通过开展劳动教育,挖掘学生的最大潜能,提高学生的劳动素养,促进学生全面发展。

3.提高学生的实践能力

劳动教育是开展素质教育重要的一环,它为实现学生的全面发展奠定了重要的基础。马克思人的全面发展学说认为劳动创造了人,创造了物质文明和精神文明,在人类社会的产生和发展中起着不可替代的重要作用。开展劳动教育有助于提升人的实践能力,促进人的全面发展。② 马克思主义人的全面发展理论强调了劳动教育的重要价值,马克思认为人在实践活动过程中,不仅满足了自身需求,同时也塑造了自己。除此之外,学生还可以在劳动教育中感受到先进文化的引导性、制度条例的规范性以及背景环

---

① 崔延强,陈孝生.马克思劳动教育思想及其当代价值[J].苏州大学学报(教育科学版),2022,10(01):67-74.

② 郭长义.人的全面发展视域下的新时代高校劳动教育研究[J].辽宁大学学报(哲学社会科学版),2019,47(04):161-169.

境的塑造性,多层次、多样化、全面化提升自身综合素质以及实践能力。[①]因此,学校开展劳动教育有助于学生实践能力的提高,学生学习劳动知识兴趣的激发以及开展实践劳动的热情。

二、心理学基础:多元智能理论

多元智能理论作为一个心理学理论,在教育界产生了重要的影响,为后来的教育改革提供了新思路。多元智能理论在国内外得到了很多教育家的认同,教师在进行劳动教育时,应该充分地把学生的多种智能调动起来,激发学生的学习积极性,并且采取多样化的评价方式,对学生在劳动教育开展过程中的表现进行评价,促进学生的学习发展。

(一)多元智能理论的发展历程

关于多元智能理论的发展历程,没有专门、系统的论述,通过查阅文献,本研究将多元智能理论分为以下两个发展阶段。

1.国外发展历程

自从1983年美国哈佛大学发展心理学教授霍尔德·加德纳(Gardner)提出多元智能理论以来,加德纳多元智能理论对中国与世界的教育现状以及对未来全球教育的展望产生了深远影响,多元智能理论还成为许多西方国家近些年以来教育改革的重要指导理论。[②]

美国大多数学者将多元智能理论与教育实践活动相结合,推动了多元智能理论的发展。1993年,加德纳在《多元智能:实践中理论》一书中提出了与传统的、模式化的教育不同的"以个人为中心"的教育观,以期最大化地发展学生的智能潜力。"戴维·拉齐尔在《多元智能与量规评价》一书中提到教育者要通过教学手段、目标和内容来发展学生的智力能力以及智力水平。托马斯·阿姆斯特朗发表的很多作品都将多元智能理论与其实际教学经历相结合进行了研究说明。他在《课堂中的多元智能》一书中阐述了如何在课堂上使用多元智能理论以及该理论对教与学的意义,他提出的理

[①] 张芮昕,赵春雨.新时代劳动教育与人的全面发展[J].青海教育,2020(12):15-16.
[②] 霍力岩.加德纳的多元智力理论及其对我国幼儿教育改革的积极意义[J].学前教育研究,2000(02).

论对各阶段、各学科的教学活动都有着巨大的贡献。他鼓励学校、教师在各个与教学有关的环节中都尽可能用到多元智能理论,并给教师们在课堂教学中如何应用多元智能理论指明了方向、提供了方法。琳达·坎贝尔在此基础上提出的教师培训的模式,能够促进教师理解多元智能理论并发展教师自身的多种智能,以及对师生之间的沟通产生了重要作用。"①

澳大利亚、日本、英国、爱尔兰、西班牙等国在教育界也开展了多元智能理论的实践研究,虽然各自的侧重点不同,但关于如何在课程教学中应用多元智能理论的研究方面,都取得了较为显著的效果。②"1987 年 7 月,来自美国、加拿大、澳大利亚、爱尔兰、希腊、西班牙、哥伦比亚、泰国等 22 个国家的专家教授和中小学校长、教师近 300 人在波士顿参加了哈佛大学举办的《多元智能理论新指南》国际研讨会。"③这种理论在美国和世界其他 20 多个国家和地区的教育改革尤其是中小学课程改革中产生了比较重要的影响。

2.国内发展历程

1985 年,加德纳教授第三次访问中国时,亲自将多元智能理论介绍给中国的音乐家和教育家,并得到了众多学者的持续关注和进一步探讨。④加德纳提出的多元智能理论对传统的教育思想提出了挑战,为帮助教育理论和实际工作者进一步充分认识和发挥每个学生的潜在能力,提供了一个新颖有力的理论依据。在中国,多元智能理论应用研究首次出现在台湾和香港。《智能的结构》直到 1990 年才被引进到中国,而《多元智能理论:实践中的理论》在 1999 年才来到中国。从那以后,越来越多的关于多元智能的书籍和研究在中国出现了。⑤

1990 年,兰金仁出版了加德纳的《心理的框架:多元智能理论》这一作品的译著,标志着多元智能理论正式传入中国。2004 年,陶西平在《多元智能与课程改革》一文中表示:在教育改革中,美国应用多元智能带来了积极

---

① 林榕贵.多元智能理论视角下的初中文言文教学研究[D].漳州:闽南师范大学,2022.
② 刘莹.基于多元智能理论的初中地理教学实践研究[D].西安:陕西师范大学,2014.
③ 盖静.美国多元智能学校的课堂教学环境设计探析[D].重庆:西南大学,2009.
④ 沈佳琳.基于多元智能理论的小学英语课堂教学活动设计[D].上海:上海师范大学,2017.
⑤ 夏云青.多元智能理论指导下的初中英语阅读教学活动设计研究[D].上海:上海师范大学,2014.

的影响,在我国的教育改革中,也可以依据国情将多元智能应用于教学实践。这一年,与多元智能理论相关的书籍出版了很多。霍力岩在《多元智能理论与多元智力课程研究》一书中,对多元智能理论的诸多方面进行了全面细致的介绍,并介绍了他将该理论联系实际进行研究的成果。《多元智能:理论、方法与实践》是以华东师范大学教育学院为主出版的著作,该书提出了相应的研究和实践理念,总结了教师们将多元智能理论应用在教学实践后的体验感受,在应用多元智能理论教学的经验方面给一线教师提供了帮助。①

郭陆军提出,"多元智能理论为我国当前正在实施的素质教育提供了现实的理论支持,并且,该理论指导下的多项实验也为我国实现从应试教育向素质教育的转变提供了参考,拓宽了素质教育实践的思路"②。谢世谦提出,多元智能理论为我国基础教育课程改革提供了有益的启示。刘树仁提出,"根据多元智能理论,教师在教育教学过程中,应注重个性化的教学,应注意对学生进行多元化、情景化的评价"③。总之,多元智能理论为我国的教育改革以及素质教育的实施提供了新的视角。

(二)多元智能理论的概念与结构

多元智能理论对教师开展劳动教育有着非常重要的意义,关于多元智能理论的概念以及结构如下:

1. 多元智能的概念

"智能是在特定的文化背景下或社会中,解决问题或制造产品的能力。解决问题的能力,就是能够针对某一特定的目的,找到通向这一目标的正确路线。文化产品的创造,则需要有获取知识、传播知识、表达个人观点或感受的能力。"④多元智能理论是由美国哈佛大学发展心理学家加德纳在哈佛"零点项目"的基础上,反思西方传统智力观后于1983年在《心智的结构》一书中首次提出的现代新型智能观。⑤ 该书指出它是一种智能结构理论,

---

① 林榕贵.多元智能理论视角下的初中文言文教学研究[D].漳州:闽南师范大学,2022.
② 郭陆军.多元智能理论对素质教育的启示[J].现代中小学教育,2001(11):4-6.
③ 刘树仁.多元智能理论及其对教师教育的启示[J].黑龙江高教研究,2006(08):119-120.
④ 加德纳.多元智能[M].沈致隆,译.北京:新华出版社,1999.
⑤ 李冬东.近30年国内多元智能理论研究述评[J].常州大学学报(社会科学版),2012,13(03):82-85.

该理论的提出对后来的教育改革产生了巨大的影响,为教育改革提供了新思路,该理论打破了传统的一元智能理论,认为人的思维和认识方式是多元的,即包括多种智能:语言智力、数理逻辑智力、音乐智力、空间智力、身体运动智力、人际交往智力、自我认识智力和认识自然智力等八种智能。也可从其他角度进行分类,即记忆力、形象力、抽象力、信仰力、想象力共计五大类,还可划分为智力商数(IQ)、情绪商数(EQ)、判断商数(JQ)、逆境商数(AQ)、创意商数(CQ)、健康商数(HQ)、理财商数(FQ)、精神商数(SQ)、发展商数(DQ)九种类型。无论哪一种类型,都能明显体现出学生的主体差异性特征。[①] 该理论对教师的教育教学有非常重要的作用,为教师的教学提供了新思路。

加德纳自己也曾表示"我们的理论和其他理论不同。我们的理论并不建立在考试以及与考试分数相关的数据基础上。的确,如果继续依赖考试,人们可能就会接连不断地发现智能单一的证据。与此相反,我们的理论来源于两个非同寻常的证据。一个是千百年来对人类大脑的认识,另一个是各种文化背景所看重的角色和技能的种类。因此我们可以说,无论多元智能理论正确与否,它由不同来源的证据产生。它所阐述、关注的事物,也与标准的智能理论不同"[②]。

2.多元智能的结构

加德纳认为人的多元智能至少有8种,分别为:语言智力、数理逻辑智力、音乐智力、空间智力、身体运动智力、人际交往智力、自我认识智力以及自然智力。

(1)语言智力。语言智力即如何正确使用语言文字的能力,表现为人能够有效运用口头语言,并且顺利、灵活地与他人交流的能力、表达沟通的能力、书写的能力以及清楚地表述某件事情的能力,这项智能包括把句法、语音学、语义学等结合并语用的能力。这种智能的人多在作家、政治家、演说家、记者、广播员、推销员身上表现显著。

(2)数理逻辑智力。数理逻辑智力即正确推理以及运算的能力,表现

---

① 辛旭东,田可可,柏吉敏.多元智能理论下小学语文作业分层布置研究[J].重庆第二师范学院学报,2021,34(03):92-96.
② 柳世玉.霍华德·加德纳教育思想研究[D].哈尔滨:哈尔滨师范大学,2016.

为人能够正确地推理事物之间的关系和正确进行运算的能力,这项智能包括对抽象观念的敏感性以及分类、推理、概括、计算的能力。这种智能的人多在科学家、工程师、数学家、电脑程序员以及逻辑学家身上表现显著。

（3）音乐智力。音乐智力即感受、鉴赏、表达音乐的能力,表现为人对节奏、音调和音色感知的能力以及进行作曲演奏的能力,这种智能的人多在指挥家、音乐评论家、作曲家以及演奏家身上表现显著。

（4）空间智力。空间智力即感知视觉空间的能力,表现为人能够用三维空间的方式思考问题的能力、感受空间转换的能力以及对线条、色彩、形状和空间的敏感能力,这种智能的人多在艺术家、发明家以及建筑师身上表现显著。

（5）身体运动智力。身体运动智力即灵活表达四肢的能力,表现为人能够灵活地运用自己的身体表达自己的想法与感受的能力,或者灵活运用双手改变事物的能力,这项智能包括特殊的身体技巧,如平衡、敏捷、协调、力量、弹性和速度,以及自身感受的、触觉的和由触觉引起的能力。这种智能的人多在外科医生、手艺人、雕塑家、舞蹈家、演员以及运动员身上表现显著。

（6）人际交往智力。人际交往智力即与他人交往的能力,表现为人能够顺利且高效地与他人交往的能力、团队协作能力或者共情他人的能力,这项智能包括对脸部表情声音和动作的敏感性,辨别不同的人际关系,以及对这些人际关系作出适当反应的能力。这种智能的人多在外交官、顾问、演讲家、培训家以及教师身上表现显著。

（7）自我认识智力。自我认识智力即正确地认识自己、洞察自己内心的能力,表现为人能够自我反思以及自我调控的能力,这项能力包括对自己认知清楚,意识到自己的内在情绪、意向、动机和脾气的能力。这种智能的人多在心理治疗医生、宗教领袖、哲学家以及政治家身上表现显著。

（8）自然智力。自然智力即观察自然的能力,表现为人能够认识自然、观察自然以及探索自然的能力,这项智能的人拥有有效的观察周边其他人或事物,分析其本质特征,从而进行辨别的能力。这种智能的人多在生物学家、植物学家、考古学家以及园艺设计师身上表现显著。

(三)多元智能理论的特点

通过查阅相关文献,大多数研究者将多元智能理论的特点分为多元性、差异性、发展性以及组合性四个特点。

1.多元性

多元智能理论最大的一个特点就是多元性,加德纳在《多元智能》一书中提到:"多元智能理论中的智能是种类繁多的,是丰富多元的。多元智能理论认为每个个体都普遍具备八种智力以及有可能还存在我们所不知道的智力,甚至还可以被开发。"① 人的智能理论不是单独的某一要素组成的,而是由多种智能要素构成的,且在不同时刻独立表现出来,因此用统一的标准去衡量学生是不科学的,教师应该打破传统的一元智能的理念,树立多元智能理论的教学思想。

2.差异性

多元智能理论可以帮助我们更清楚地认识到学生的差异性,每个学生都是独一无二的个体,对应的发展潜力不同,对应的智能发展也存在差异,每个个体都有自己的智能强项和自己的智能弱项。产生智能差异的原因有几点:第一个原因是遗传,遗传为个体智能的发展提供了可能性,同时也决定了个体发展的差异性。第二个原因是环境与教育,每个个体所处的环境不同,接受的教育也不同,个体的各项智能发展也会存在着差异。因此,教师在平时应该帮助学生找到自己的优势智能且加以培养,帮助学生最大限度地发挥自己的智能优势,促进学生的全面发展。

3.发展性

加德纳强调:人类社会中的每一个人都具备这些智慧潜能。只要遇到适当的机会,每一个正常人都应该在一定的程度上发展每一种智能。个体的智能并不是静止的、固定不变的,而是能够通过后天环境的变化和一些培训得到发展和改变。② 加德纳智能理论告诉我们个体的智能并不是一成不变的,而是可以通过后天努力和环境教育得到发展和改变的,加德纳认为每个人都可以通过后天训练和培养让自己在不同的智能领域方面发展得很

---

① 加德纳.多元智能[M].沈致隆,译.北京:新华出版社,1999.
② 林榕贵.多元智能理论视角下的初中文言文教学研究[D].漳州:闽南师范大学,2022.

好,例如擅长演讲的人可以通过训练自己音乐方面的能力,让自己成为一个音乐家。因此教师和家长都应该在平时及时鼓励学生,发现学生的长处,对学生充满人文关怀以及抱有爱的期待,发挥学生最大的潜能。

4.组合性

加德纳认为,八种智能对每个人来说都同等重要,我们不能将其中的一种智能和几种智能置于最重要的位置,学生离开学校后是否有良好的表现,关键在于学生能否灵活地运用其他几种智能(钟小芳,2012:5-6)。① 在实践生活中,没有哪一个智能是单独存在的,人的智能也并不是单一的,而是两种以上的智能随机组合的,例如有的学生不仅语言表达能力比较强,绘画能力也比较突出;有的学生不仅运动能力强,人际交往智能也很强。因此,多元智能理论要求教师要及时更新自己的知识结构,扩大自己的知识面,仔细观察每位学生,发现学生潜能组合的各种可能性,发展学生的不同智能。

(四)多元智能理论对我国新时代劳动教育评价的启示

多元智能理论为我国新时代劳动教育评价提供了新角度,对我国新时代劳动教育评价的启示如下:

1.树立多元智能观念,重视评价的激励功能

加德纳多元智能理论的提出为教师教学提供了新视角,该理论指出每个学生都是独一无二的,每个学生的智能发展情况不同,都是由不同的方式组合的,每个学生都有巨大的潜力价值。首先,教师在开展劳动教育过程中应该像皮格马利翁效应启示的那样,对每个学生充满爱的期待,教师要允许每个学生表达自己的见解,要允许每个学生可以说错、做错,以及犯错,及其对学生进行正向的反馈;其次,教师在劳动教学过程中应该仔细观察每个学生,注意学生行为背后的原因,全面掌握学生的信息,鼓励学生在劳动教育课堂上积极参与讨论,强化学生自主解决问题的能力,在劳动教育活动结束后,对学生进行劳动教育评价;最后,国家也出台了一系列劳动教育的相关政策,这些政策都对新时代的劳动教育评价提供了有益的指导,教师应该学习相关政策,树立多元化智能观念,及时对学生给予指导、鼓励与赞美,帮助

---

① 马莉英.多元智能理论指导下的高中英语阅读课堂活动设计研究[D].武汉:华中师范大学,2020.

学生找到自己的兴趣点,从而提升学生信心,发现自己的长处,进而挖掘学生的潜力。

2.进行多元化的评价,促进学生的全面发展

加德纳多元智能理论主张教育评价不是目的,而是手段,该理论打破了传统的劳动教育评价模式,提倡新的多元化的评价,该理论强调,教师在进行教育时应该全面了解学生的年龄段身心特点,根据学生的身心发展规律,对学生实施劳动教育,且在劳动教育活动结束后,及时进行反馈和评价。除此之外,教师在进行劳动评价时,应该注重评价内容多元化、评价主体多元化、评价标准多元化以及评价方式多元化,教师在衡量学生情况时,不应该把成绩作为学生学习情况唯一的衡量标准,而是应该为学生提供多元化的评价方式与评价标准,全面掌握学生的学习情况,进而开发学生最大的潜力,促进学生的全面发展。

3.尊重学生的个性差异,促进学生的个性发展

加德纳智能理论提到每个学生的智能发展情况不同,每个个体有自己的优势智能与弱势智能,每个学生都是独一无二的个体,每个学生都有不同的生活方式、思维水平、智力特点以及兴趣爱好。

首先,教师在实施劳动教育活动过程中应该根据具体情况进行教学,尊重学生的个体差异,灵活发挥学生的各项潜能。除此之外,教师要花一定的时间学习多元智能理论,改变原有的陈旧观念[1],摒弃传统的以"成绩"为统一标准的教学方式,采用多元化的方式对学生的劳动行为、劳动成果进行评价,尊重学生的个性差异,促进学生劳动素养的形成。

其次,在教学过程中应尽可能地采取个别或小组授课教学形式,以适应不同学生的需要,促进学生的个性发展。当劳动教学资源不能满足个别授课的时候,应该先采取统一的班级授课来向学生讲授知识,之后要及时地进行课后的个别辅导和答疑,以达到每个学生的劳动能力都能得到充分的提高。[2]

最后,世界上没有相同的叶子,世界上也没有相同的学生,该理论还要

---

[1] 李留江,张晓峰.课程与教学改革:多元智能的视角[J].教育科学研究,2003(01):33-36.
[2] 牟凯.多元智能理论在中学化学教学中应用的研究[D].大连:辽宁师范大学,2013.

求教师做到"一个学生一把尺子",根据学生的身体素质以及个性特点,因材施教,合理安排劳动教学活动,开发学生的潜能,促进学生的个性发展。

三、评价学基础:发展性评价理论

发展性评价理论是20世纪80年代后在全世界范围内流行起来的一种关于教育评价的新理念。① 发展性评价理论的评价对象是学生,并以促进学生的全面个性发展为最终目的,为教师开展劳动教育奠定了重要的理论基础。

(一)发展性评价理论的发展历程

发展阶段关于发展性评价理论的发展历程,没有专门的论述,通过查阅文献,将发展性评价理论分为以下两个阶段。

1.国外发展历程

发展性评价是1967年由美国著名评价专家斯克里芬(M.Scriven)首先提出并推行的,于20世纪80年代在世界各地进行推行,并掀起一阵浪潮,总结分析相关研究后发现,各位学者大都认同发展性评价有五个方面的特点:一是评价与学习相互依存,缺一不可;二是评价内容包括对学生学业成绩以及学生的各种能力;三是评价方式多元化;四是评价的对象是师生间、生生间、学生与其他教育资源的相互作用的过程;五是评价内容和标准多元化。② 通过查阅文献发现,各国在基础教育改革过程中对发展性评价的逐步研究中,国外的发展性评价理论更多关注的是以学生为本,从学生出发,发展性评价的落脚点在于学生,通过具体的实践操作结合发展性的评价思想仍旧在进一步对此方面进行研究。③

20世纪80年代末以来英国首先开始摒弃了奖惩性教师评价,开始推行新型的发展性教师评价。发展性教师评价是依据一定的发展目标和发展价值观以促进教师的专业发展和"终身成长"为最终目的的教师评价制度,

---

① 邹昆仑.基于发展性评价理论的翻转课堂教学评价指标体系构建研究[J].中国成人教育,2020(15):53-55.
② 罗孝容.发展性评价在小学综合实践活动课程中的应用研究[D].重庆:重庆师范大学,2018.
③ 张旭.小学语文课堂教师使用发展性评价语的现状调查及策略研究[D].沈阳:沈阳师范大学,2019.

所以深受广大教师的欢迎。①

德国基础教育阶段学校对教学的评价反映了一些新的观念改革:多元化的素质要求和多样化的评价方法;教学评价不但要考虑学业成绩,还要考虑学生校外的要求和校外的表现;评价要有利于促进积极的学习气氛,树立学生的自信心;评价必须引入学生自我评价机制;评价既要考查学生的学习成果,还要评价学习过程;教学评价应当以某种形式吸引学生参与。这些评价理念更加明确对学生的评价标准需要多元化而非单一。②

国外对发展性评价的研究主要集中于相关操作模式的探索。日本融自我评价于形成性评价之中,探索出了本国特有的教学活动。如日本素有"教学设计名人"之称的玉田泰太郎的"学习课题方式",堀哲夫的"朴素概念"进而开展的"一页纸档案袋评价"实践。这些评价方式使自我与形成性评价理念具体化、可操作化。③

2.国内发展历程

发展性评价在我国研究与应用的时间均不长,但发展速度很快,特点是在新课程改革拉开序幕之后,发展性评价受到了越来越多的关注,关于发展性评价的研究与著作也在逐年增多。目前国内从事发展性评价研究的主要人员有:北师大董奇教授领衔的国家基础教育课程改革"促进教师发展与学生成长的评价研究"项目组、北京市教科院的李吉会、华南师大的高凌飚、华东师大的钟启泉等,广州市教育局教研室以"发展性评价"为专题,开展了为期三年(2002.10-2005.10)的全市中小学专项教学改革,发展性评价已经引起了广大教育工作者的高度重视。④ 除此之外,在我国,发展性评价是作为我国新一轮基础教育课程评价改革的基本理念和指导思想提出来。2001年颁布的《基础教育课程改革纲要(试行)》中指出要改变课程评价过分强调甄别与选拔的功能,建立促进学生全面发展、教师不断提高、课程不断发展的评价体系。⑤ 总之,发展性评价理论为教师开展教学以及新课程改革

---

① 魏雪峰.基于发展性评价理论的教师评价模型研究[D].天津:天津师范大学,2006.
② 林苗.研究性学习的发展性评价建构[D].扬州:扬州大学,2016.
③ 林苗.研究性学习的发展性评价建构[D].扬州:扬州大学,2016.
④ 刘建.普通高中学生学业评价中的发展性评价策略研究[D].武汉:华中师范大学,2008.
⑤ 任娟.发展性学业评价之多元评价主体的研究[D].重庆:西南大学,2012.

提供了新的发展路径。

发展性评价已经引起了广大教育工作者的高度重视,目前,关于发展性评价研究的内容主要有以下几个特征:第一,理论研究多于应用研究。阅读相关文献可以发现,目前发展性评价研究的最大成果是:在核心理念方面,教育工作者已有初步共识,如评价内容多元、评价主体互动、评价过程动态等。第二,研究类别分布不均。如"发展性评价的理念""评价的原则""评价的方法"等是目前关于发展性评价的热点,而对于"案例分析""应用反思"等就显得有点冷落。第三,研究在逐步地深入。研究不仅仅关注发展性评价的本身,而在朝着其分支深入研究,如"表现性评价的研究""真实性评价的研究""非正式评价的研究"等等。

(二)发展性评价理论的概念与内涵

1967年美国著名评价专家斯克里芬首次提出发展性评价,后于20世纪80年代被世界各国普遍研究。① 发展性评价是为了促进学生的全面发展提出的一种新的教育评价活动,该评价是对评价者以及评价对象共同作用的教育活动进行的判断,旨在使被评价者得到不断地发展,它是一个动态的评价过程,不仅对教学结果进行评价,而且对教师的教学过程以及对学生的学习过程也进行评价,这个评价可以提高课堂的教学效率、提高教师的专业发展以及促进学生的全面发展。

发展性评价有以下几个特点:首先,其评价的方向着重于学生整体的未来的发展;其次,特别注重在过程中所进行的价值判断;最后,评价的主体亦是多元主体,在结果方面力求达到共同认可以促进学生终身性可持续的发展。以上三点特征与先前多属描述性的、呆滞的、绝对的评价方法形成了鲜明的对比,不再苛求阶段性的结果,并且将教育引入一个较为缓和的发展的轨道上来。②

关于发展性评价没有明确的概念界定,钟启泉教授认为,"发展性评价这是一种尊重个别差异、基于学生实际表现的评价方式"③。徐魁鸿、张荣娟认为发展性评价是发现学生的优点,并激发学生学习的积极性,从而促进

---

① 刘建.普通高中学生学业评价中的发展性评价策略研究[D].武汉:华中师范大学.2008.
② 刘瑾.发展性评价在中学写作教学中的应用[D].西安:陕西师范大学,2015.
③ 钟启泉.研究性学习:"课程文化"的革命[J].教育研究,2003(05):71-76.

学生的身心和谐发展的评价。① 于开莲从评价的功能、目的角度出发,直接针对评价无法改进教学和促进学生发展等弊端而提出发展性评价,强调有效发挥评价的改进和促进功能。于开莲认为发展性评价是以充分发挥评价对学生学习与发展的促进作用为根本出发点,以融合教学与评价为基础和核心,以教师运用评价工具不断开展行动研究和反思,从而改进其教学和课程设计为中介或途径,并最终促进学生、教师教学以及课程三方面共同发展的评价。②

本研究借鉴以上学者的概念界定,认为发展性评价是以学生的全面发展为根本目的,坚持以人为本的发展性原则,尊重个体差异,激发学生学习的积极性与主动性的一种评价方式。

(三)发展性评价理论的特点

关于发展性评价理论的特点,本研究将发展性理论的特点分为下面五点:

1.评价的目的在于促进发展

教育部印发的《大中小学劳动教育指导纲要(实行)》文件中,将学生的劳动素养纳入综合评价体系,并且要求在平时的实践活动中及时进行评价,以评价促进学生发展。发展性评价以学生发展为根本宗旨,倡导以人为本,实现学生的全面发展,有着深刻的社会和哲学背景。"发展性评价的真正意义在于促进人的发展,这也是发展性课程评价的最终目的和追求。"③学生是具有创造能力的人,学生身上有无限的创造潜力,每个学生都具有发展的可能性,每个学生都可以通过后天的学习以及教师的教育把这种可能性变为现实,教师要以发展的眼光看待所有学生,应该注重对学生进行启发性教学,多设置一些悬念与疑问,鼓励学生用多种方式解决问题,发挥自己的潜力,从而实现自身的发展。

2.评价方式多样化

十九大报告也指出:"我国发展进入了社会主义新时代的历史方位,新

---

① 徐魁鸿,张荣娟.发展性学生评价理论与实践研究[J].当代教育论坛,2004(05):53-54.
② 于开莲.发展性评价与相关评价概念辨析[J].当代教育论坛(宏观教育研究),2007(03):36-38.
③ 刘志军.发展性课程评价研究[D].上海:华东师范大学,2002.

时代要建设知识型、技能型、创新型劳动者大军,弘扬劳模精神和工匠精神,营造劳动光荣的社会风尚。"①但是在传统的评价中,评价者大多数比较关注学生的学业成绩,只是简单地用作业测验、考试题来衡量学生的学习质量,这样片面强调学生的学业成绩是一种不恰当的行为,因此我们的教育更应该关注学生创新能力、知识情感、价值观等方面的发展。因而,"发展性评价法除了考试或测验外,评价者还要在实践中开发和使用观察、访谈、自我报告、成长记录袋、表现性评价等多种科学有效、简便易行的方法"②。教师在进行劳动教育活动时,也应该适时转换思路,不能单调地进行评价,而是寻求多样地让课堂氛围更活跃的激励性评价方式。

3.评价主体多元化

"多元评价主体是由教师、学生、家长、社区人士根据不同评价内容以不同的结构形式联结而成的,对学生进行学习后在知识与技能,过程与方法,情感、态度与价值观各方面获得的发展进行价值判断的有机整体。"③学生的成长与进步离不开学校、家庭、同伴关系以及社区,且不同的主体看待问题的角度也有所不同,因此教师在对学生进行评价时,应该注重多元评价主体的参与,掌握更多的信息,对学生进行全面的评价,从而促进学生的成长进步。

4.注重过程评价

"结果性的评价导向忽略了对学生整体学习过程的关注,也未能将评价过程和结果中的有效信息反馈给学生以促进其改进。"④"传统的评价过分关注结果,注重考察评价对象在某一个时间点上是否达到评价标准的要求。这是一种终结性的评价。"⑤而发展性评价不仅要注重结果,更关注发展变化的过程,因此教师在对学生进行评价时,不能仅关注结果性评价,把学习成绩作为衡量学生学习情况的唯一标准,而是应该注重过程性评价,过程性

---

① 郑程月,王帅.建国70年我国劳动教育的演进脉络、时代内涵与实践路径[J].当代教育科学,2019(05):14-18.
② 董奇,赵德成.发展性教育评价的理论与实践[J].中国教育学刊,2003(08):22-25+49.
③ 任娟.发展性学业评价之多元评价主体的研究[D].重庆:西南大学,2012.
④ 姜华,李欣欣,李倩文.新时代学生全面发展的过程性评价体系研究[J].上海教育评估研究,2022,11(05):37-42.
⑤ 董奇,赵德成.发展性教育评价的理论与实践[J].中国教育学刊,2003(08):22-25+49.

评价也有助于教师更好地掌握学生学习过程中的一手资料,并且帮助教师更好、更全面地对学生做出评价,提高学生的素质发展。

5.关注个体差异

发展性评价的最终目的是促进学生的全面发展,教师在进行评价的过程中要树立以人为本的学生观。每个学生都是独一无二的个体,都具有个体差异性,每个学生都有自己的兴趣爱好、个性特点以及思考问题的方式和方法,教师要关注学生内心的真实想法,尊重学生的个体差异,并且帮助学生挖掘自己的长处,看到自己的闪光点,从而促进学生更好地发展。例如,有的学生由于生长环境的不同,劳动能力的发展有所不同,有的学生熟练掌握相关劳动技能,有的学生相对来说劳动技能水平较低。

(四)发展性评价理论对我国新时代劳动教育评价的启示

发展性评价理论是以促进学生的个性化全面发展为目的的,为教师进行劳动教育评价奠定了评价学基础,该理论对我国新时代劳动教育评价的启示如下:

1.劳动教育评价应该关注学生的全面发展

发展性评价理论要求关注学生的全面发展,教育的根本目的也是促进学生的全面发展。首先,发展性评价理论要求教师在组织劳动教育过程中应该全面掌握学生的学习情况以及信息,及时洞察学生学习行为后面的原因,走进学生内心,促进学生的全面发展。

其次,要求教师在实施劳动教学过程中,不应一味地以成绩为衡量标准,更应当注重培养学生运用知识解决现实问题的能力,开阔学生的视野和思路,注重培养学生的创新精神,在课堂教学过程中善于运用评价,充分信任学生,欣赏学生,爱护学生,只有这样才能使学生感受到你对他的关爱和期盼,才能促进学生更好地发展。

最后,教师在进行劳动教育时应该关注学生的全面整体发展,全面地了解学生的年龄段身心特点,根据学生的身心发展规律,对学生实施劳动教育,且对学生劳动活动情况以及劳动成果及时进行反馈和评价。

2.劳动教育评价应该关注质性评价

新时代要求学校应该培养高素质的人才,因此,教师应该摒弃"灌输式"的教学理念,树立正确的学生观,根据不同的劳动教学目标分别设立不同的学习评价标准,在评价学生时,评价的内容不仅只考虑学生量方面的积累,更应该关注质方面的发展。例如,在网络平台搭建下的劳动教育课堂中,一方面,教师通过平台自动记录的学习过程信息,如登录次数、交互程度、任务完成质量等观察学生的劳动教育活动上的表现情况;另一方面,在面对面的学习课堂中,教师可以通过对学生的劳动记录表、劳动档案袋以及劳动学习成果展示等形式来评价学生的劳动教育活动的表现。综上,为了促进学生的全面发展,在开展劳动教育过程中,教师不仅应该关注学生量的发展,更应该关注学生质的发展。

3.劳动教育评价应该关注个性化差异

发展性评价鼓励学生在学习过程中发挥个性化思维,创造性地提出问题和解决问题。① 第一,教师在进行劳动教育评价时,应该根据不同年龄阶段的学生身心发展特点,采取相应的劳动评价措施。例如,对于低年龄阶段的学生,教师的评语应该和学生们的生活结合起来,及时反馈,鼓励学生敞开心扉,认真克服学习中的一些问题,增强学生的自信心。除此之外,教师应该根据不同的课堂、不同的学生,采取相应的评价措施,如劳动教育课与语文课的评价应该有所差别。

第二,教师在进行劳动评价时应该兼顾各个层次的学生。例如,对于劳动素养掌握较好的优秀学生来说,教师开展劳动教育活动的程度和内容要有深度,不能仅仅局限于理论基础,而要选择从日常生活方面加强学生劳动素养的培养。对于劳动素养掌握一般的中间生来说,教师要将其转化成优秀生作为目标,从欣赏他们的学习态度和方法入手,给予他们足够的肯定与信心;对于劳动素养掌握较差的来说,教师要克制自己的脾气,不能采取过激的语言,老师的语言在一定程度上决定了学生未来的发展趋势,过激的语言很可能会给学生的心灵造成不可逆转的损伤,并不能解决什么问题。因此,教师应该宽容后进生的过错,予以激励性的批评,耐心地对其说教,鼓励其向中间生和优秀生靠拢,从而提高他们的劳动素养。

---

① 刘建.普通高中学生学业评价中的发展性评价策略研究[D].武汉:华中师范大学,2008.

第四章 新时代劳动教育评价的现实关照

新时代劳动教育重视实践的价值,从实践出发,培养学生知行合一的能力,使学生具备良好的道德品质,是促进学生综合发展的有效教育手段,而劳动教育评价是促进劳动教育有效实施的关键。

一、新时代劳动教育评价现状

(一)新时代劳动素养评价现状

为了解新时代劳动教育评价现状,本研究以小学阶段为例编制《小学高年级劳动教育评价调查问卷》和《城市小学高年级学生劳动素养发展现状调查问卷》开展调查研究。

1. 问卷调查对象的选取

为了更深一步了解新时代劳动教育评价的实际情况,本研究在前期文献整理的基础上,自编《小学高年级劳动教育评价调查问卷》,通过小学高年级劳动教育评价的实施情况调查数据进行研究。本次的调研对象为Q县小学的部分教师,选取Q县的部分小学教师进行样本调查的原因就在于,近年来Q县一直努力提升教育均衡发展,在狠抓教学质量的同时,更注重学生的全面成长,特别是在劳动教育方面,各年级都设立了劳动教育课,针对小学高年级学生的劳动教育,学校除了开设劳动教育课以外,在课外开展了创意手工坊社团和志愿服务队,通过参与具体劳动实践培养学生的劳动意识。

Q县地处中原地区,经济总量在河南省108个县中排名61,是非常典型的中部地区县,具有一定的代表性。该县现有城乡中小学校124所,其中,普通高中1所,九年一贯制学校1所,初中11所,小学59所,教学点52所;义务教育阶段在校学生33348人(初中学生9887人、小学学生23461人),义务教育学校教师1959人。Q县在政治、经济、文化和教育方面具有一定代表性,在一定程度上能够反映当前我国小学劳动教育评价的大致情况。

2.问卷设计和试测

(1)问卷设计

为了进一步了解Q县小学劳动教育评价的情况,本研究根据国内外研究成果,结合Q县小学的实际情况,编制了调查问卷。

在问题设计方面,主要根据文献综述中所阐述的现有研究成果,进行总结延展。在文献综述部分,分别阐述了国外与国内的有关劳动教育评价的内容。其中,国外部分主要讲述的是劳动教育的形式以及劳动教育评价的影响和作用。而国内部分,则重点从劳动教育评价的"目的""方式""内容"以及"策略"四方面进行研究。本设计调查,则是基于国内文献研究总结出的四个方向,分别进行问卷内容设计。考虑到"策略"与调查主题关联度较低,为后期探讨内容,因此第四部分转换为"劳动教育评价的效果"。

问卷部分共分为两大部分,即基础情况部分和新时代劳动教育评价部分。具体如下:

一是问卷的基础情况部分,主要了解调查对象的性别、教龄、学历。具体选取指标有三项:性别、学历和教龄。首先,就纯粹的生理学意义来说,男女之间在生理、心理都有显著的差别,他们对内部控制的认识和理解也是显著不同的,所以研究男、女性之间的差异是有必要的。其次,按文化程度在经济发达国家中,其职位性质通常是相同的,文化水平越高,职位层次也就越高,而收入水平、生存要求、工作环境等的差异也就越明显。同时由于文化程度不同,个人的修养水平也就不相同,对待问题的态度和解决方法也就有所不同,体现出的知识共享与服务创新水平也就不相同。最后,工作年限越长的教师经验越丰富,对本单位内部控制工作的了解越多。而新进教师受社会环境影响,独立见解会相对多,不同工作年限员工对本单位内部控制的认识也不同。

二是新时代劳动教育评价部分,包括劳动教育评价的"目的""方式""内容"以及"效果"四大方面现状,并分别设计四类问卷调查题目,调查形式为单选,选项之间为对立或层次递进关系。在调查"劳动教育评价的目的"的问卷题目中,本研究围绕文献内容,根据徐海娇、王连照以及肖绍平等人的观点,分别提出从劳动教育评价对"学生""教学"以及"社会的"影响问题。在调查"劳动教育评价的方式"的问卷题目中,本研究结合自身参与劳动教育的经历,以及王晓杰(2020)①的观点,总结出"表扬鼓励""评比颁奖""科学计量评分表""小组互评""星级评比"以及"小组竞赛"这六种方式,并对于各个方式的重要性认同展开问题设计。在调查"劳动教育评价的内容"的问卷题目中,提炼出"评价内容""知识评价""创新评价""技能评价""结果评价""规划评价""合作完成劳动评价"以及"内容灵活性"这八个方面,并且通过单选的形式,去分别探讨各个方面的重要程度。在调查"劳动教育评价的效果"的问卷题目中,本研究结合教育与激励内容,并根据教育大纲中要求的教育目标,总结出"能力""积极性""团队协作""意志力""劳动责任感""教学理念""师生关系",以及"文明风貌"这八个方面,随后对这八个方面进行问卷问题设计。

(2)试测

为了取得检验问卷的可靠性,本研究首先进行预调查,通过问卷星在Q县小学的教师群体中发送了问卷链接,并与被调查老师进行了必要沟通,介绍了本次调查的目的和意义,请他们协助调查。问卷实际发出35份,收回有效问卷32份,有效回收率91.4%。

①被调查人员的性别比例

本次调查回收的有效问卷中,32名被调查人员,其中男性6人,占比18.75%,女性26人,占比81.25%。这一性别分布比例基本符合Q县小学教师性别比例的实际情况。详见表4-1。

---

① 王晓杰,宋乃庆,张菲倚.小学劳动教育测评指标体系研究:基于CIPP评价模型的探索[J].教育研究与实验,2020(06):8.

表 4-1　被调查人员性别比例

选项	小计	比例
A.男	6	18.75%
B.女	26	81.25%
本题有效填写人次	32	

②被调查人员的教龄情况

本次调查回收的 32 份有效问卷中,教龄 3 年以内 6 人,占比 18.75%;3 到 10 年 10 人,占比 31.25%;10 到 20 年 12 人,占比 37.5%;20 年以上 4 人,占比 12.5%。详见表 4-2。这一教龄分布比例,也与 Q 县小学教师以中青年教师为主体的实际情况相符。

表 4-2　被调查人员教龄情况

选项	小计	比例
A.3 年以内	6	18.75%
B.3 到 10 年	10	31.25%
C.10 到 20 年	12	37.5%
D.20 年以上	4	12.5%
本题有效填写人次	32	

③被调查人员的学历情况

本次调查回收的 32 份有效问卷中,专科及以下学历 3 人,占比 9.38%;大学本科 27 人,占比 84.38%;硕士研究生 2 人,占比 6.25%。详见表 4-3。被调查人员的学历也符合 Q 县小学教师学历的实际情况。Q 县小学教师学历有很大提升,特别是 2010 年以后引进的教师,基本具有本科学历,更有少部分教师具有硕士研究生学历。

表 4-3　被调查人员学历情况

选项	小计	比例
A.专科及以下	3	9.38%
B.大学本科	27	84.38%

续表

选项	小计	比例
C.硕士研究生	2	6.25%
D.博士研究生	0	0%
本题有效填写人次	32	

根据上述分析，参与本次调查的人员分布情况，符合Q县小学教师的实际情况，样本数据具有一定的代表性，可以作为本次研究的数据进行下一步分析。

(3) 问卷信效度检验

①信度分析

信度(Reliability)是评价问卷可靠度的指标，它体现了检测结果的一致性、准确性和可靠度。Alpha信度系数法是一种常见的测试问卷信度的方法，如果Alpha系数不超过0.6，一般认为内部一致信度不足；达到0.7-0.8时表示量表具有相当的信度，达到0.8-0.9时说明量表信度比较好，0.9以上说明量表信度极好。本研究信度分析采IBMSPSS-26软件系统进行检验。经过将数据导入IBMSPSS-26系统，并运行数据有效性分析，得出本次调查中四个变量的克隆巴赫Alpha系数，其中劳动教育评价的目的克隆巴赫Alpha系数为0.957，劳动教育评价的内容克隆巴赫Alpha系数为0.928，劳动教育评价的方式克隆巴赫Alpha系数为0.912，劳动教育评价的效果克隆巴赫Alpha系数为0.945。上述检测结果说明本次数据调查所用问卷各指标的克隆巴赫Alpha系数均大于0.9，具有很好的信度，问卷可以用以实际调查。详见表4-4。

表4-4 信度分析结果

问卷变量	克隆巴赫Alpha系数
劳动教育评价的目的	0.957
劳动教育评价的内容	0.928
劳动教育评价的方式	0.912
劳动教育评价的效果	0.945

②效度分析

效度(Validity)即有效性,也可以称为实效性,它指的是测量仪器或方法可以精确测定到需要检测的事物程度。区分效度分成三种类型。通过因子分析法,可以有效地区分量表或全部问卷的效度。该方法的基本原理是从量表的所有自变量中提取出一些公共因素,这些公共因素与特定的自变量之间存在着密切的关系,从而反映出量表的最基本架构设计。通过因子分析法,我们可以准确地评估研究者在设计调查问卷时的架构设计是否符合预期,从而更好地实现问卷的目的。在因子分析法得到的结果中,用以观察架构设计区分效度的主要指标有累计增长率、一致度与因子负载。累计增长率体现公因子对量表或问卷的累计合理程度,一致度体现由公因子表述原自变量的有效程度,因子负载体现原自变量与某一公因子的有关程度。效度分析评定流程如下所示:第一,KMO 指数,取值在 0-1 中间,越近 1 表明问卷的区分效度就越好。第二,巴特利特球型验证的显著性差异,假如低于 0.05,我们就可以认为问卷具有较好的构造区分效度。

本次检测采用 IBMSPSS-26 软件系统进行检验。经过将数据导入 IBM-SPSS-26 系统,并运行数据因子分析,劳动教育评价目的 KMO 系数为 0.814,劳动教育评价内容 KMO 系数为 0.75,劳动教育评价方式 KMO 系数为 0.785,劳动教育评价的效果 KMO 系数为 0.725。上述各变量的巴特利特球形检验均为 0。上述检测结果说明本次数据调查所用问卷各指标的 KMO 系数均比较接近 1,巴特利特球形检验的显著性均为 0,明显小于 0.05。说明问卷具有较好的效度,可以进行下一步分析。详见表 4-5。

表 4-5 效度分析结果

问卷变量	KMO 系数	巴特利特球形检验	
		近似卡方	显著性
劳动教育评价的目的	0.814	282.953	0
劳动教育评价的内容	0.75	208.697	0
劳动教育评价的方式	0.785	184.706	0
劳动教育评价的效果	0.725	338.529	0

3.调查结果分析

在确定调查问卷的可靠性之后,本研究进行了正式调查,共发出问卷

900份,收回有效问卷778份,有效回收率86.2%。

(1)被调查人员个人特征

①被调查人员的性别比例

本次调查回收的有效问卷中,778名被调查人员,其中男性233人,占比29.95%,女性545人,占比70.05%。详见表4-6。这一性别分布比例基本符合Q县小学教师性别比例的实际情况。

表4-6 被调查人员性别比例

选项	小计	比例
A.男	233	29.95%
B.女	545	70.05%
本题有效填写人次	778	

②被调查人员的教龄情况

本次调查回收的778份有效问卷中,教龄3年以内211人,占比27.12%;3到10年203人,占比26.09%;10到20年190人,占比24.42%;20年以上174人,占比22.37%。详见表4-7。这一教龄分布比例,也与Q县小学教师以中青年教师为主体的实际情况相符。

表4-7 被调查人员教龄情况

选项	小计	比例
A.3年以内	211	27.12%
B.4到10年	203	26.09%
C.11到20年	190	24.42%
D.21年以上	174	22.37%
本题有效填写人次	778	

③被调查人员的学历情况

本次调查回收的778份有效问卷中,专科及以下学历128人,占比16%;大学本科595人,占比76%;硕士研究生55人,占比7%。详见表4-8。被调查人员的学历也符合Q县小学教师学历的实际情况。Q县小学教师学历有很大提升,特别是2010年以后引进的教师,基本具有本科学历,更有少部分教师具有硕士研究生学历。

表 4-8　被调查人员学历情况

选项	小计	比例
A.专科及以下	128	16%
B.大学本科	595	76%
C.硕士研究生	55	7%
本题有效填写人次	778	

根据上述分析,参与本次调查的人员分布情况,符合Q县小学教师的实际情况,样本数据具有一定的代表性,可以作为本次研究的数据进行下一步分析。

(2)劳动教育评价调查结果分析

①劳动教育评价目标的调查结果

关于劳动教育评价目的指标的调查共有8个问题,调查结果显示,以4分为满分的评分标准下,整体平均得分为1.92。关于劳动教育评价目的调查问题中的8个问题,选择非常明确的占比为8.5%,选择比较明确的占比为16.37,选择不太明确的占比为33.85%,选择不明确的占比41.28%,"不太明确"与"不明确"的选项占比高达75.13%。从整体数据来看,平均得分较低且否定选项占比超过半数,表明大多数教师对劳动教育评价目标的认知模糊,亟须加强;从具体数据来看,其中第6、7、11、12题选择不明确的占比超过40%,得分低于整体平均分,表明在评价目标上,劳动教育评价对学生精神、心灵以及人格这些方面的影响是被严重忽视的(数据详见表4-9)。

表 4-9　劳动教育评价目的变量调查结果统计

题目\选项	A.非常明确	B.比较明确	C.不太明确	D.不明确	平均分
5 您认为小学生劳动教育评价对促进培养"德智体美劳"全面发展人才的目的:	63(8.1%)	124(15.94%)	287(36.89%)	304(39.07%)	1.93

续表

题目\选项	A.非常明确	B.比较明确	C.不太明确	D.不明确	平均分
6 您认为小学生劳动教育评价对促进学生精神成长的目的：	69(8.87%)	121(15.55%)	229(29.43%)	359(46.14%)	1.87
7 您认为小学生劳动教育评价对引导学生开启人格高尚、德性完满，以及心灵的自由的人生的目的：	87(11.18%)	119(15.3%)	206(26.48%)	366(47.04%)	1.91
8 您认为小学生劳动教育评价对促进社会发展的目的：	70(9%)	157(20.18%)	245(31.49%)	306(39.33%)	1.99
9 您认为小学生劳动教育评价对劳动教育创新了原有的教育形式的目的：	62(7.97%)	128(16.45%)	290(37.28%)	298(38.3%)	1.94
10 您认为小学生劳动教育评价对培养学生体力劳动与脑力劳动的目的：	62(7.97%)	122(15.68%)	288(37.02%)	306(39.33%)	1.92
11 您认为小学生劳动教育评价对提高学生实践能力的目的：	60(7.71%)	122(15.68%)	280(35.99%)	316(40.62%)	1.9
12 您认为小学生劳动教育评价对增强学生自信心的目的：	56(7.2%)	126(16.2%)	282(36.25%)	314(40.36%)	1.9
小计	529(8.5%)	1019(16.37%)	2107(33.85%)	2569(41.28%)	1.92

②劳动教育评价内容调查结果

关于劳动教育评价内容重要性调查共有 8 个问题，调查结果显示，以 4 分为满分的评分标准下，整体平均得分为 1.94。关于劳动教育评价内容调查问题中的 8 个问题,选择非常重要的占比为 8.53%,选择比较重的占比为 17.05%,选择不太重要的占比 34.37%,选择不重要的占比 40.05%,"不太重要"与"不重要"的选项占比高达 74.42%,表明大多数教师对劳动教育评价内容的重要性持否定态度。其中第 15、16 题的平均分低于整体平均分,且不重要选项占比超过 44%,表明在评价内容上,教师更为忽视对劳动技能和劳动创新评价的重要性(数据详见表 4-10)。

表 4-10 劳动教育评价内容的变量调查结果统计

题目\选项	A.非常重要	B.比较重要	C.不太重要	D.不重要	平均分
13 您认为劳动教育评价的内容:	65(8.35%)	132(16.97%)	282(36.25%)	299(38.43%)	1.95
14 您认为对学生劳动知识的评价:	46(5.91%)	159(20.44%)	285(36.63%)	288(37.02%)	1.95
15 您认为对学生劳动技能的评价:	80(10.28%)	124(15.94%)	194(24.94%)	380(48.84%)	1.88
16 您认为对学生的劳动创新的评价:	81(10.41%)	118(15.17%)	231(29.69%)	348(44.73%)	1.91
17 您认为对学生劳动结果的评价:	65(8.35%)	130(16.71%)	306(39.33%)	277(35.6%)	1.98
18 您认为对学生劳动规划的评价:	60(7.71%)	148(19.02%)	275(35.35%)	295(37.92%)	1.97
19 您认为对学生合作完成劳动的观念评价:	68(8.74%)	130(16.71%)	264(33.93%)	316(40.62%)	1.94
20 您认为劳动教育评价内容的灵活性:	66(8.48%)	120(15.42%)	302(38.82%)	290(37.28%)	1.95
小计	531(8.53%)	1061(17.05%)	2139(34.37%)	2493(40.05%)	1.94

③劳动教育评价方法调查结果

关于劳动教育评价方式的重要性调查共有 7 个问题,调查结果显示,以 5 分为满分的评分标准下,整体平均得分为 1.99。关于劳动教育评价方式调查问题中的 7 个问题,选择非常重要的占比为 9.51%,选择比较重要的占比为 19.15%，选择不太重要的占比为 32.41%，选择不重要的占比为 38.93%，"不太重要"与"不重要"的选项占比高达 71.34%，表明大部分教师对劳动教育评价方法的重要性持否定态度。其中第 22 题的平均分远低于整体平均分，且不重要选项占比超过 44%，表明在评价方法上，教师缺乏对学生的言语激励和口头评价，这种即时性的评价的重要性被严重忽视（数据详见表 4-11）。

表 4-11　劳动教育评价方法的变量调查结果统计

题目\选项	A.非常重要	B.比较重要	C.不太重要	D.不重要	平均分
21 您认为劳动教育评价方式：	100(12.85%)	139(17.87%)	193(24.81%)	346(44.47%)	1.99
22 您认为口头表彰或者鼓励的劳动教育评价的方式：	85(10.93%)	126(16.2%)	219(28.15%)	348(44.73%)	1.93
23 您认为小组评比颁奖的劳动教育评价的方式：	68(8.74%)	155(19.92%)	262(33.68%)	293(37.66%)	2
24 您认为采用科学计量评分表的劳动教育评价的方式：	66(8.48%)	149(19.15%)	269(34.58%)	294(37.79%)	1.98
25 您认为采用小组互评的劳动教育评价的方式：	65(8.35%)	161(20.69%)	276(35.48%)	276(35.48%)	2.02
26 您认为采用星级评分的劳动教育评价的方式：	66(8.48%)	169(21.72%)	252(32.39%)	291(37.4%)	2.01
27 您认为采用劳动技能竞赛的劳动教育评价的方式：	68(8.74%)	144(18.51%)	294(37.79%)	272(34.96%)	2.01
小计	518(9.51%)	1043(19.15%)	1765(32.41%)	2120(38.93%)	1.99

④劳动教育评价结果调查结果

关于劳动教育评价效果的有效性调查共有 8 个问题，调查结果显示，以 4 分为满分的评分标准下，整体平均得分为 1.89。选择非常有效的占比为

6.84%，选择比较有效的占比为 18.11%，选择不太有效的占比为 32.66%，选择基本无效的占比为 42.38%，不太有效与基本无效的占比高达 75.04%，表明劳动教育评价的整体成效是不太明显的。其中第 31、32 题的平均分远低于整体平均分，且基本无效占比超过 48%，表明劳动教育评价在提升学生意志力与责任感方面尤为不足，还有比较大的进步空间（数据详见表 4-12）。

表 4-12 劳动教育评价效果的变量调查结果统计

题目\选项	A.非常有效	B.比较有效	C.不太有效	D.基本无效	平均分
28 您认为劳动教育评价对增强学生劳动能力的效果：	53(6.81%)	151(19.41%)	262(33.68%)	312(40.1%)	1.93
29 您认为劳动教育评价对提高学生劳动积极性的效果：	52(6.68%)	140(17.99%)	276(35.48%)	310(39.85%)	1.92
30 您认为劳动教育评价对提高学生团队协作能力的效果：	44(5.66%)	142(18.25%)	273(35.09%)	319(41%)	1.89
31 您认为劳动教育评价对提高学生意志力的效果：	57(7.33%)	128(16.45%)	216(27.76%)	377(48.46%)	1.83
32 您认为劳动教育评价对提高学生劳动责任感的效果：	57(7.33%)	145(18.64%)	194(24.94%)	382(49.1%)	1.84
33 您认为劳动教育评价对创新老师教学理念的效果：	57(7.33%)	122(15.68%)	283(36.38%)	316(40.62%)	1.9
34 您认为劳动教育评价对促进老师与学生之间的和谐关系的效果：	58(7.46%)	138(17.74%)	282(36.25%)	300(38.56%)	1.94

续表

题目\选项	A.非常有效	B.比较有效	C.不太有效	D.基本无效	平均分
35 您认为劳动教育评价对提高学校的文明风貌的效果：	48(6.17%)	161(20.69%)	247(31.75%)	322(41.39%)	1.92
小计	426(6.84%)	1127(18.11%)	2033(32.66%)	2638(42.38%)	1.89

(3)劳动教育评价调查结果异质性检验

为研究性别、教龄、受教育程度的差异对于调查结果的影响,本研究采用SPSS软件描述统计交叉表分析功能进行卡方检验来分析。

①性别异质性检验

首先将原始数据选项按性别进行统计各选项的频次,并将整理后的数据导入SPSS软件,采用交叉表分析功能,得出表4-13数据。

表4-13 性别异质性卡方检验

	值	自由度	渐进显著性(双侧)
皮尔逊卡方	13.662ª	3	.003
似然比	13.596	3	.004
有效个案数	24128		

a.0 个单元格(0.0%)的期望计数小于 5。最小期望计数为 601.05。

根据表4-13数据,可以看出,"皮尔逊卡方"值为13.662,对应的显著性值 $P=0.003<0.05$,说明男性和女性在调查结果中有明显差异。

②教龄异质性检验

将原始数据选项按教龄进行统计各选项的频次,并将整理后的数据导入SPSS软件,采用交叉表分析功能,得出表4-14数据。

表4-14 教龄异质性卡方检验

	值	自由度	渐进显著性(双侧)
皮尔逊卡方	61.716ª	9	.000
似然比	61.407	9	.000
有效个案数	17894		

a.0 个单元格(0.0%)的期望计数小于 5。最小期望计数为 329.88。

根据表 4-14 数据,可以看出,"皮尔逊卡方"值为 61.716,对应的显著性值 P=0.000<0.05,说明不同的教龄人员在调查结果中有明显差异。

③学历异质性检验

将原始数据选项按学历进行统计各选项的频次,并将整理后的数据导入 SPSS 软件,采用交叉表分析功能,得出表 4-15 数据。

表 4-15　学历异质性卡方检验

	值	自由度	渐进显著性(双侧)
皮尔逊卡方	2184.501ª	6	.000
似然比	2230.427	6	.000
有效个案数	17894		

a. 0 个单元格(0.0%)的期望计数小于 5。最小期望计数为 104.27。

根据表 4-15 数据,可以看出,"皮尔逊卡方"值为 2184.501,对应的显著性值 P=0.000<0.05,说明不同的学历人员在调查结果中有明显差异。

(二)新时代学生劳动素养现状

劳动素养提升是劳动教育评价的目的,当前小学生劳动素养现状如何? 存在什么样的问题? 这是值得研究的问题。因此本研究专门调查了学生劳动素养的现状,以期窥一斑而见全豹。

(1)调查目的

本研究的主要目的是了解现阶段河南省小学高年级学生的劳动素养状况,在统计分析问卷调查数据的基础上,根据学生、家长、教师的访谈资料,分析小学高年级学生在劳动素养方面出现的问题,进而根据这些问题给出具体的解决对策。

(2)调查对象

本研究的调查对象是河南省新一线、三线、四线、五线城市共 10 所城市小学中的五、六年级学生,五、六年级学生家长,五、六年级学校教师以及学校领导。

(3)调查内容

本研究的调查内容主要包括小学高年级学生劳动素养,即小学高年级学生的劳动观念、劳动知识、劳动能力和劳动品质。

（4）调查方法

①问卷调查法

问卷调查法，是指由研究人员把调研问题汇编成问题表格，并采用电子邮件或面对面的问答方法进行，从而更清楚地掌握研究对象对所研究问题的态度与看法的一种科学研究方法。① 本次调查依据《第一财经》排出的中国城市商业魅力榜，其将河南省城市划分为新一线、三线、四线、五线，抽样选择河南省新一线、三线、四线、五线不同线级城市的10所城市小学，其中新一线城市2所、三线城市3所、四线城市3所、五线城市2所。（具体见表4-16）从一定意义上，调查结果可以体现目前河南省城市小学高年级学生劳动素养现状。本研究使用的自编问卷为《城市小学高年级学生劳动素养发展现状》学生卷，采取线下邮寄的方式进行问卷发放。问卷调查的主要目的是了解当前河南省城市小学高年级学生劳动素养的整体发展情况。问卷调查内容主要包含两部分：第一部分主要是了解被调查的小学高年级学生的基本情况，具体内容有年级、性别、是否为独生子女、学校处于几线城市。第二部分是小学高年级学生劳动素养基本指标的内容自量表，主要包括劳动观念层面、劳动知识层面、劳动能力层面和劳动品质层面。

表4-16　河南省不同线级城市统计

所处线级	城市
新一线	郑州
三线	洛阳、南阳、新乡、信阳、商丘
四线	许昌、开封、安阳、焦作、平顶山、周口、驻马店
五线	濮阳、三门峡、鹤壁、漯河

---

① 裴娣娜.教育研究方法论[M].合肥：安徽教育出版社，1995：167.

表 4-17 调查城市编码

城市编码	所处线级	调查学校个数
A	新一线	2
B	三线	3
C	四线	3
D	五线	2

②访谈法

访谈法是指研究者从被访谈者中通过对话的形式而获取资料的一种研究方法。[①] 本研究在问卷调查的基础上,对问卷调查样本中的小学高年级学生、教师及家长进行访谈。

编写访谈提纲,内容重点涉及学校劳动课程与实践活动的实施情况,以及家庭劳动教育的评价情况等。随机抽取了 3 所小学的高年级老师、学生和家长作为访谈对象,共访谈了 10 位学生家长,6 位教师,10 名学生。通过对与学生有紧密联系的不同所属人群进行访谈,从学校、家庭、学生自身等层面深刻分析影响小学生劳动素养发展的各种因素,为有针对性地制定培养小学生劳动素养的对策做铺垫。

表 4-18 教师信息编码

教师编码	职务	性别	任教科目	任教年级
A	教务主任	女	语文	六年级
B	教务副主任	男	数学	五年级
C	班主任	女	语文	六年级
D	班主任	女	语文	六年级
E	科任教师	女	综合实践课	五年级
F	科任教师	女	综合实践课	六年级

---

① 陈向明.质的研究方法与社会科学研究[M].北京:教育科学出版社,2000:165.

表 4-19　家长信息编码

家长编码	性别	年龄段	亲属关系	来自几线城市
A	男	85后	父子	四线
B	女	80后	母子	新一线
C	男	80后	父女	三线
D	女	80后	母女	五线
E	女	80后	母子	新一线
F	男	70后	爷孙	四线
G	女	90后	母子	三线
H	男	80后	父子	三线
I	男	90后	父女	四线
J	男	70后	爷孙	五线

表 4-20　学生信息编码

学生编码	性别	年级	来自几线城市
A	女	五年级	新一线
B	男	五年级	四线
C	男	六年级	五线
D	女	六年级	三线
E	男	五年级	三线
F	男	六年级	四线
G	女	六年级	五线
H	女	五年级	新一线
I	男	五年级	五线
J	男	六年级	三线

（5）调查工具

问卷编制：《城市小学高年级学生劳动素养现状调查》是在参考劳动教育文献和教育部相关文件的基础上自编而成。问卷内容主要包括两部分：第一部分主要是了解被调查者——小学高年级学生的基本情况，具体内容有年级、性别、是否为独生子女、学校处于几线城市。第二部分是从劳动观念、劳动知识、劳动能力和劳动品质四个层面调查小学高年级学生劳动素养。劳动观念10道题(问卷1-10题),劳动知识9道题(问卷11-19题),劳动能力9道题(问卷20-28题),劳动品质10道题(问卷29-38题)。问卷调查采用了李克特的5点计分法和自描述型设计,通过"不符合""不太符合""符合""比较符合""完全符合"来调查问卷填写者的反应程度,程度依次用1、2、3、4、5来表示,其中除第3题和第8题是反向题外,其余题目都采用描述性语言,得分越高,则表明小学高年级学生劳动素养水平越高,反之则越低。

问卷试测:正式调研之前,通过线下发放问卷的方式,向河南省某市小学发放110份问卷并回收,筛选无效问卷10份,有效回收率为90.9%。对100份有效问卷进行可靠性分析,其中内部一致性α系数为0.903。对劳动素养量表开展效度检验,KMO值为0.760>0.75,呈现良好的效度,表明变量间的相关性强,适合进行因子分析。具体结果见下表:

表 4-21　可靠性系数(N=100)

克隆巴赫 Alpha	项数
.903	38

表 4-22　KMO 和巴特利特检验(N=100)

	KMO 取样适切性量数	.760
巴特利特球形度检验	近似卡方	182.727
	自由度	6
	显著性	.000

问卷实测:本研究以河南省不同线级城市中的小学高年级学生为重点调查对象,采取分层随机抽样法,并根据河南省各线级城市经济发展水平与教育水平的不同,选取10所小学高年级学生作为调查对象,共派发1200份问卷,剔除信息缺失、选择性作答等无效问卷后,共获得1126份问卷,有效回收率为94%。将这10所学校1126名的小学高年级学生在年级、性别、是否独生子女以及学校所属几线城市做简单的样本描述性统计。如下表4-23所示。

表 4-23　城市小学高年级学生人口统计学变量的描述性统计

		性别		学校所在几线城市			
		男	女	新一线	三线	四线	五线
年级	五年级	304	326	165	148	112	205
	六年级	258	238	69	170	170	87
是否为独生子女	是	148	111	72	60	67	60
	否	414	453	162	258	215	232
	总计	562	564	234	318	282	292

2.城市小学高年级学生劳动素养的总体情况

将有效数据全部录入 SPSS22.0,并对这些数据进行分析与处理,研究结果具体如下:通过对《城市小学高年级学生劳动素养现状调查》总分和平均分进行计算,被试的 1126 名小学高年级学生在劳动观念、劳动知识、劳动能力和劳动品质四个层面有不同的表现。具体分析,从表 4-24 中可知:城市小学高年级学生劳动素养所呈现的 4 个维度,劳动观念均值为 4.15,劳动知识均值为 4.25,劳动能力均值为 3.94,劳动品质均值为 3.87,其中劳动知识、劳动观念高于平均水平,而劳动能力、劳动品质低于平均水平。

表 4-24　城市小学高年级学生劳动素养总体水平

维度	均值（M）
劳动观念	4.15
劳动知识	4.25
劳动能力	3.94
劳动品质	3.87
总体	4.05

（1）劳动观念的总体情况

将劳动观念 10 个项目得分进行对比分析,可以直观地看出城市小学高年级学生的劳动观念情况,劳动观念层面下的 10 个项目中,"我会积极参加小区的义务劳动,如清除墙壁污渍、当小志愿者""帮助同学们解决劳动中的困难让我自豪""如果我得到同学们的支持,参选为劳动委员我会感到非常的开心""我觉得进行脑力工作(会计员、计算机程序员)比从事体力劳动(清洁工、建筑工人)更光荣""科学家搞发明创造、在办公室办公、我们做的小实验、小制作,这些脑力活动都是劳动"这五个题项得分低于均值,"我认为做一定的家务是应该的""应该主动积极参加学校组织的各种劳动""我参加公益劳动是为了得到家长、老师的赞美""当我看到农民伯伯种植庄稼时,我会由衷地敬佩和尊重,感谢他们为我们提供粮食""打扫卫生、种地、洗衣服等这些体力上的活动属于劳动"五个题项得分较高。具体得分统计见下表。

表4-25 劳动观念

项目	均值
1.我认为做一定的家务是应该的	4.59
2.应该主动积极参加学校组织的各种劳动	4.44
3.我参加公益劳动是为了得到家长、老师的赞美	4.40
4.我会积极参加小区的义务劳动,如清除墙壁污渍、当小志愿者	3.91
5.帮助同学们解决劳动中的困难让我自豪	4.03
6.如果我得到同学们的支持,参选为劳动委员我会感到非常的开心	4.11
7.当我看到农民伯伯种植庄稼时,我会由衷地敬佩和尊重,感谢他们为我们提供粮食	4.64
8.我觉得进行脑力工作(会计员、计算机程序员)比从事体力劳动(清洁工、建筑工人)更光荣	3.89
9.科学家搞发明创造、在办公室办公、我们做的小实验、小制作,这些脑力活动都是劳动	3.27
10.打扫卫生、种地、洗衣服等这些体力上的活动属于劳动	4.18
总体	4.15

(2)劳动知识的总体情况

将劳动知识9个项目得分进行对比分析,可以直观看到城市小学高年级学生在家庭、学校以及进行服务劳动时所了解的劳动知识情况,在劳动知识的9个项目中,"我清楚明白二十四节气与农耕的关系""我知道一定的劳动过程中的技能知识(如何拔花生、挖红薯等)""我了解有关劳动模范的故事(铁人王进喜等)"三个题项得分低于均值。具体得分统计见下表。

表 4-26　劳动知识

项目	均值
11.我知道厨房用具的基本安全常识(如电饭煲等可以动的家电,用完除了关掉开关还应拔下插头)	4.57
12.我很清楚在擦灯管或灯泡时,要切断电源	4.57
13.我能时刻牢记拿劳动工具时,在路上不追跑打闹,同时手握工具把,使工具头朝下	4.49
14.我明白擦玻璃时,要站稳扶好,用来登高的桌椅要结实,要有人保护;二层以上不站在窗台上擦	4.47
15.我明白在劳动时,要量力而为,不逞强,不和别人攀比	4.44
16.我清楚明白二十四节气与农耕的关系	3.77
17.我知道一定的劳动过程中的技能知识(如何拔花生、挖红薯等)	3.88
18.我了解有关劳动模范的故事(铁人王进喜等)	3.64
19.我懂得在劳动之后要及时清理个人卫生,尤其是在劳动过程中接触有害物质后	4.44
总体	4.25

(3) 劳动能力的总体情况

将劳动能力 9 个项目得分进行对比分析,可以看到小学高年级学生在日常生活中的劳动能力情况,在劳动能力的 9 个项目中,"我知道怎样运用我所学到的知识和技能为别人和社区进行服务,比如参与了交通指挥、向福利院送关爱、街道卫生清洁、小小解说员等社会公益活动""我能动手做出些简单实用,有创造性的作品,比如笔筒、小扇子、小手电筒等""我喜欢自己搞一些小发明小实验"三个题项得分低于均值。具体得分统计见下表。

表 4-27　劳动能力

项目	均值
20.我每天起来之后都能够叠好被子,而且还能自己清理房间卫生	3.98
21.我懂得怎样整理房间、清洁衣物、将垃圾分类、并参与做简易的家常菜,且可以做得又快又好	4.01
22.我可以很熟练地进行值日、大扫除等校园活动	4.28
23.我能够正确运用扫把、墩布、铲子、衣架、菜刀、针线等劳动工具	4.12

续表

项目	均值
24.我知道怎样运用我所学到的知识和技能为别人和社区进行服务,比如参与了交通指挥、向福利院送关爱、街道卫生清洁、小小解说员等社会公益活动	3.85
25.在劳动过程中,当遇到困难,我能够积极与他人合作寻找方法并顺利完成任务	4.14
26.我在劳动中会与同伴进行交流沟通,交换想法	4.09
27.我能动手做出些简单实用,有创造性的作品,比如笔筒、小扇子、小手电筒等	3.74
28.我喜欢自己搞一些小发明小实验	3.29
总体	3.94

(4) 劳动品质的总体情况

将劳动品质10个项目得分进行对比分析,可以看到小学高年级学生在家庭、学校、社区服务劳动中的劳动品质整体情况,由数据可知,劳动品质层面的10个项目中,"我每天有规律的家务劳动时间""我有固定的时间参加社区的公益劳动""在做家务过程中,如果受了伤(手破了皮)我还会继续完成""当我身体劳累,感到身心俱疲,我也能够认真完成繁重的劳动任务(如植树等)"4个题项得分低于均值。具体得分统计见下表。

表4-28 劳动品质

项目	均值
29.劳动任务再困难,我也会坚持自己的事自己做	4
30.在每一次集体劳动过程中,自己都能够尽力贡献自己的能力,而不图什么报酬	4.22
31.每餐我都可以积极响应光盘行动	4.1
32.在日常生活学习中,我能够做到随手关灯,循环用水、用纸	4.3
33.我每天有规律的家务劳动时间	3.69
34.我不能接受脏乱差的生活环境,并且会主动整理	4.06
35.我有固定的时间参加社区的公益劳动	3.02
36.在做家务过程中,如果受了伤(手破了皮)我还会继续完成	3.6

续表

项目	均值
37.当我身体劳累,感到身心俱疲,我也能够认真完成繁重的劳动任务（如植树等）	3.74
38.做小实验反复失败,我也会一直坚持直到成功	4
总体	3.87

3.城市小学高年级学生劳动素养的差异分析

(1)性别差异分析

本研究分别对男性和女性进行了劳动观念、劳动知识、劳动能力和劳动品质四个层面的独立样本 T 检验,详细结果见下表。

表4-29　男女生劳动素养及其维度的差异比较

检验变量	性别	个案数	平均值	标准偏差	标准误差平均值	t	Sig.(双尾)
劳动观念	男	562	41.1192	5.03446	0.21237	-2.423	0.016
	女	564	41.8121	4.54542	0.1914		
劳动知识	男	562	37.9733	5.56097	0.23458	-1.887	0.059
	女	564	38.5727	5.08717	0.21421		
劳动能力	男	562	35.2402	6.26375	0.26422	-1.417	0.157
	女	564	35.7571	5.97028	0.25139		
劳动品质	男	562	38.694	6.82182	0.28776	-0.095	0.924
	女	564	38.7323	6.69012	0.2817		

由上表可知,男女学生在劳动观念层面上(t=-2.423,p=0.016)、劳动知识层面上(t=-1.887,p=0.059)、劳动能力层面上(t=-1.417,p=0.157)、劳动品质层面上(t=-0.095,p=0.924)的差异,男女学生在劳动观念层面上P值为0.016<0.05,存在显著差异,具体情况是,在劳动观念层面上男学生的平均分为41.1192,女学生的平均分为41.8121。综合而论,说明女学生在劳动观念层面上优于男学生。

(2)独生子女差异分析

为深入调查城市小学高年级学生的劳动素养在独生子女与非独生子女

之间是否具有显著差异,采用独立样本T检验进行统计分析。由表可知,劳动观念、劳动知识、劳动能力、劳动品质的P值分别为0.539、0.115、0.731、0.845,都大于0.05,说明在城市小学高年级学生之间,独生子女与非独生子女的劳动素养不存在差异。具体的分析结果见下表。

表4-30 独生子女劳动素养及其维度的差异比较

检验变量	是否为独生子女	个案数	平均值	标准偏差	标准误差平均值	t	Sig.(双尾)
劳动观念	是	259	41.305	4.95206	0.30771	-0.615	0.539
	否	867	41.5144	4.76353	0.16178		
劳动知识	是	259	37.8147	5.61666	0.349	-1.579	0.115
	否	867	38.4106	5.24347	0.17808		
劳动能力	是	259	35.6139	6.43615	0.39992	0.344	0.731
	否	867	35.4648	6.02743	0.2047		
劳动品质	是	259	38.6409	6.84423	0.42528	-0.196	0.845
	否	867	38.7347	6.7296	0.22855		

(3)不同级别城市差异分析

本研究问卷调查的样本学校有来自河南省新一线、三线、四线、五线的城市,分别代表了不同的办学水平,深入分析这些不同层次、不同办学水平的学校的高年级学生在劳动素养的四个维度上是否存在显著性差异,如表4-31、4-32、4-33所示,在对处于不同线级城市的学校进行单因素方差检验时,由于劳动观念、劳动知识、劳动能力、劳动品质的方差齐性检验没有均显著(劳动观念为0.237,劳动知识为0.003,劳动能力为0.001,劳动品质为0.010),表示总体方差不相等,因而有必要选择Brown-Forsythe程序来重新分析,并选择未假定方差齐性的Dunnett T3程序进行事后检验。

表 4-31　不同线级城市之间差异的描述统计

		个案数	平均值	标准偏差	标准错误	平均值的95%置信区间		最小值	最大值
						下限	上限		
劳动观念	新一线	234	41.4530	4.86998	.31836	40.8258	42.0802	27.00	50.00
	三线	318	40.5157	4.93408	.27669	39.9713	41.0601	24.00	50.00
	四线	282	41.9043	4.65783	.27737	41.3583	42.4502	29.00	50.00
	五线	292	42.0890	4.61273	.26994	41.5578	42.6203	20.00	50.00
	总计	1126	41.4663	4.80613	.14323	41.1852	41.7473	20.00	50.00
劳动知识	新一线	234	38.6923	4.67109	.30536	38.0907	39.2939	21.00	45.00
	三线	318	37.3459	5.84715	.32789	36.7008	37.9910	15.00	45.00
	四线	282	39.2128	4.97153	.29605	38.6300	39.7955	16.00	45.00
	五线	292	38.0411	5.42791	.31764	37.4159	38.6663	15.00	45.00
	总计	1126	38.2735	5.33498	.15899	37.9616	38.5855	15.00	45.00
劳动能力	新一线	234	35.8932	5.82223	.38061	35.1433	36.6430	16.00	45.00
	三线	318	34.3994	6.68637	.37495	33.6617	35.1371	15.00	45.00
	四线	282	36.1596	6.00765	.35775	35.4554	36.8638	20.00	45.00
	五线	292	35.7432	5.67739	.33224	35.0892	36.3971	16.00	45.00
	总计	1126	35.4991	6.12126	.18242	35.1412	35.8570	15.00	45.00
劳动品质	新一线	234	38.7308	6.75444	.44155	37.8608	39.6007	15.00	49.00
	三线	318	37.2296	7.18837	.40310	36.4365	38.0227	15.00	50.00
	四线	282	39.3227	6.74171	.40146	38.5324	40.1130	17.00	50.00
	五线	292	39.7260	5.98397	.35019	39.0368	40.4152	17.00	50.00
	总计	1126	38.7131	6.75319	.20125	38.3183	39.1080	15.00	50.00

表 4-32　不同线级城市之间差异的方差齐性检验

	莱文统计	自由度 1	自由度 2	显著性
劳动观念	1.416	3	1122	.237
劳动知识	4.774	3	1122	.003
劳动能力	5.190	3	1122	.001
劳动品质	3.805	3	1122	.010

表 4-33　不同线级城市之间差异的单因素方差分析

		平方和	自由度	均方	F	显著性
劳动观念	组间	454.713	3	151.571	6.661	.000
	组内	25531.504	1122	22.755		
	总计	25986.218	1125			
劳动知识	组间	579.215	3	193.072	6.890	.000
	组内	31440.537	1122	28.022		
	总计	32019.751	1125			
劳动能力	组间	561.335	3	187.112	5.048	.002
	组内	41592.164	1122	37.070		
	总计	42153.499	1125			
劳动品质	组间	1104.348	3	368.116	8.227	.000
	组内	50201.998	1122	44.743		
	总计	51306.345	1125			

如表 4-34 所示，采用 Brown-Forsythe 程序重新进行分析时，在劳动观念、劳动知识、劳动能力、劳动态度的检验上，检验的 P 值均小于 0.05，表明存在显著性。可见不同线级城市的小学高年级学生在劳动观念、劳动知识、劳动能力、劳动品质上均存在显著性差异。具体显著性差异情况如表 4-35 所示。

表 4-34　平均值相等性稳健检验

	统计[a]	自由度1	自由度2	显著性
劳动观念	布朗-福塞斯	6.660	3	1091.225	.000
劳动知识	布朗-福塞斯	7.049	3	1117.990	.000
劳动能力	布朗-福塞斯	5.109	3	1106.819	.002
劳动品质	布朗-福塞斯	8.253	3	1085.779	.000

a. 渐近 F 分布。

如表 4-35 所示，在劳动观念上，新一线城市小学高年级学生与三线、四线、五线城市小学高年级学生无显著差异，三线与四线、五线城市小学高年级学生存在显著性差异；在劳动知识上，新一线、四线城市小学高年级学生与三线存在显著性差异,四线城市小学高年级学生与五线存在显著性差异;在劳动能力上,三线城市小学高年级学生与新一线、四线、五线存在显著性差异;在劳动品质上,新一线与三线、四线、五线无显著性差异,三线与四线、五线存在显著性差异。

差异显著下的具体情况是:在劳动观念层面,排序为五线、四线、新一线、三线;在劳动知识层面,排序为四线、新一线、五线、三线;在劳动能力层面,排序为四线、新一线、五线、三线;在劳动品质层面,排序为五线、四线、新一线、三线。

从检验的结果可以看出,三线城市的小学高年级学生在劳动观念、劳动知识、劳动能力、劳动品质层面都低于其他线城市;且五线城市经济发展水平最低,注重对学生劳动观念、劳动品质层面的培养,缺乏对学生劳动知识、劳动能力层面的培养。

表 4-35　不同线级城市差异的多重比较(邓尼特 T3 检验)

邓尼特 T3

因变量	(I)4、学校所在几线?	(J)4、学校所在几线?	平均值差值(I-J)	标准 错误	显著性	95%置信区间	
						下限	上限
劳动观念	新一线	三线	.93727	.42179	.150	-.1767	2.0512
		四线	-.45126	.42224	.866	-1.5665	.6640
		五线	-.63605	.41740	.560	-1.7385	.4664
	三线	新一线	-.93727	.42179	.150	-2.0512	.1767
		四线	-1.38853*	.39178	.003	-2.4226	-.3545
		五线	-1.57332*	.38655	.000	-2.5935	-.5531
	四线	新一线	.45126	.42224	.866	-.6640	1.5665
		三线	1.38853*	.39178	.003	.3545	2.4226
		五线	-.18479	.38704	.998	-1.2065	.8369
	五线	新一线	.63605	.41740	.560	-.4664	1.7385
		三线	1.57332*	.38655	.000	.5531	2.5935
		四线	.18479	.38704	.998	-.8369	1.2065

续表

因变量	(I)4、学校所在几线？	(J)4、学校所在几线？	平均值差值(I-J)	标准 错误	显著性	95%置信区间	
						下限	上限
劳动知识	新一线	三线	1.34640*	.44806	.017	.1634	2.5294
		四线	-.52046	.42531	.776	-1.6437	.6028
		五线	.65121	.44062	.594	-.5123	1.8147
	三线	新一线	-1.34640*	.44806	.017	-2.5294	-.1634
		四线	-1.86685*	.44177	.000	-3.0329	-.7008
		五线	-.69518	.45652	.560	-1.9001	.5097
	四线	新一线	.52046	.42531	.776	-.6028	1.6437
		三线	1.86685*	.44177	.000	.7008	3.0329
		五线	1.17167*	.43422	.042	.0254	2.3179
	五线	新一线	-.65121	.44062	.594	-1.8147	.5123
		三线	.69518	.45652	.560	-.5097	1.9001
		四线	-1.17167*	.43422	.042	-2.3179	-.0254
劳动能力	新一线	三线	1.49379*	.53428	.032	.0831	2.9045
		四线	-.26641	.52235	.996	-1.6459	1.1131
		五线	.15001	.50522	1.000	-1.1844	1.4844
	三线	新一线	-1.49379*	.53428	.032	-2.9045	-.0831
		四线	-1.76020*	.51824	.004	-3.1281	-.3924
		五线	-1.34378*	.50097	.044	-2.6660	-.0215
	四线	新一线	.26641	.52235	.996	-1.1131	1.6459
		三线	1.76020*	.51824	.004	.3924	3.1281
		五线	.41642	.48823	.950	-.8724	1.7053
	五线	新一线	-.15001	.50522	1.000	-1.4844	1.1844
		三线	1.34378*	.50097	.044	.0215	2.6660
		四线	-.41642	.48823	.950	-1.7053	.8724

续表

因变量	(I)4、学校所在几线？	(J)4、学校所在几线？	平均值差值(I-J)	标准 错误	显著性	95%置信区间 下限	上限
劳动品质	新一线	三线	1.50121	.59788	.072	-.0776	3.0800
		四线	-.59193	.59678	.902	-2.1681	.9842
		五线	-.99526	.56356	.385	-2.4840	.4935
	三线	新一线	-1.50121	.59788	.072	-3.0800	.0776
		四线	-2.09314*	.56892	.002	-3.5947	-.5915
		五线	-2.49647*	.53397	.000	-3.9058	-1.0871
	四线	新一线	.59193	.59678	.902	-.9842	2.1681
		三线	2.09314*	.56892	.002	.5915	3.5947
		五线	-.40333	.53273	.972	-1.8097	1.0031
	五线	新一线	.99526	.56356	.385	-.4935	2.4840
		三线	2.49647*	.53397	.000	1.0871	3.9058
		四线	.40333	.53273	.972	-1.0031	1.8097

*平均值差值的显著性水平为0.05。

(4)学生年级差异分析

为深入调查城市小学高年级学生的劳动观念、劳动知识、劳动能力、劳动品质在年级之间是否存在差异性,采用独立样本T检验进行统计分析,由表可知五、六年级学生在劳动观念层面上($t=3.176, p=0.002$)、劳动知识层面上($t=1.158, p=0.247$)、劳动能力层面上($t=4.112, p=0.000$)、劳动品质层面上($t=5.749, p=0.000$)的差异。五、六年级学生在劳动观念、劳动能力和劳动品质的P值分别为0.002、0.000、0.000,都小于0.05,说明五六年级学生在劳动观念、劳动能力、劳动品质上存在明显差异。具体情况是:在劳动观念层面上,五年级学生(均值=41.8683)优于六年级学生(均值=40.9556);在劳动能力层面上,五年级学生(均值=36.1667)优于六年级学生(均值=34.6512);在劳动品质层面上,五年级学生(均值=39.7254)优于六年级学生(均值=37.4274)。综合而论,五年级学生的劳动观念、劳动能力、劳动品质优于六年级。具体分析结果见下表。

表 4-36　五、六年级劳动素养及其维度的差异比较

	年级	个案数	平均值	标准 偏差	标准误差平均值	t	Sig.（双尾）
劳动观念	五年级	630	41.8683	4.72958	0.18843	3.176	0.002
	六年级	496	40.9556	4.85861	0.21816		
劳动知识	五年级	630	38.4381	5.18974	0.20676	1.158	0.247
	六年级	496	38.0645	5.51214	0.24750		
劳动能力	五年级	630	36.1667	5.84069	0.23270	4.112	0.000
	六年级	496	34.6512	6.36573	0.28583		
劳动品质	五年级	630	39.7254	6.4012	0.25503	5.749	0.000
	六年级	496	37.4274	6.97287	0.31309		

4.城市小学高年级学生劳动素养相关分析

为了进一步探究城市小学高年级学生劳动素养中劳动观念、劳动知识、劳动能力和劳动品质四者之间是否具有相关性,对四个维度的均值进行相关分析,依据上表,城市小学高年级学生劳动观念与劳动知识存在显著性的正相关,两者之间的相关系数为 0.534;劳动观念与劳动能力之间同样具有显著性的正相关,两者之间的相关系数为 0.522;劳动观念与劳动品质之间具有显著性的正相关,两者之间的相关系数为 0.523;劳动知识与劳动能力之间具有显著性的正相关,两者之间的相关系数为 0.641;劳动知识与劳动品质之间具有显著性的正相关,两者之间的相关系数为 0.578;劳动能力与劳动品质之间具有显著性的正相关,两者之间的相关系数为 0.720。

由此可见,劳动素养的四个维度之间均具有较强的正关联性,彼此之间的相关系数都较高,能够相互影响。具体数据如下:

表 4-37　劳动观念、劳动知识、劳动能力、劳动品质的相关性

检验变量	劳动观念	劳动知识	劳动能力	劳动品质
劳动观念	1			
劳动知识	0.534**	1		
劳动能力	0.522**	0.641**	1	
劳动品质	0.523**	0.578**	0.720**	1

＊＊在 0.01 级别(双尾),相关性显著。

二、新时代劳动教育评价存在的问题

本研究通过对河南省小学高年级学生进行问卷调查,结合对学生家长、教师以及学校领导的访谈资料进行综合分析,总结河南省劳动教育评价以及学生劳动素养存在的问题,并分析其背后的原因,进而有针对性地提出改进策略。

(一)劳动教育评价目标界定模糊

教育评价,即按照一定的教育目标,运用系统的科学方法,对教育现象进行价值判断,从而使教育工作不断得到改进和提高的过程。[①] 早期的教育评价主要为了"选拔适合教育的儿童",而现代教育评价的目的则更注重"创造适合儿童的教育"[②],即由重视鉴定转向更加重视改进教与学,以最大限度地形成教育目标。本研究对于劳动教育评价的目的指标的调查共有8个问题,调查结果显示,以4分为满分的评分标准下,整体平均得分为1.92,整体评价不高。关于劳动教育评价目的调查问题中的8个问题,得分均未超过2分,认为不太明确的占比为33.85%,选择不明确的占比41.28%,二者合计占比高达75.13%。这一比例说明现有劳动教育评价目的并不明确,难以有效促进劳动教育的实施。

(二)劳动教育评价内容缺乏科学性

教育评价是对教育过程和结果的描述与价值判断。没有科学的评价就没有科学的管理,什么样的教育评价决定什么样的办学导向。教育评价在教育发展中具有重要战略地位,具有诊断、导向和激励的作用,发挥着指挥棒和风向标的功能。劳动教育评价主要涉及劳动教育课程评价、劳动素养评价和对各级各类教育机构实施劳动教育情况的评价。[③] 关于劳动教育评价内容调查共有8个问题,调查结果显示,以5分为满分的评分标准下,整体平均得分为1.94,虽然略高于评价目的的平均得分,但得分率只有不足40%。关于劳动教育评价内容调查问题中的8个问题,得分也均未超过2

---

① 李全柱.确立教育评价目标体系的最基本原则[J].河北师范大学学报(哲学社会科学版),1988(02):5.
② 吴军.小学生数学知识形成过程的评价[J].山西教育(教学版),2010(03):2.
③ 王雪双.劳动教育亟须构建评价体系[N].光明日报,2022-02-08.

分,认为不太科学的占比为34.37%%,选择不科学的占比40.05%,二者占比合计74.42%。这一比例说明现有劳动教育评价内容的科学性明显不足,在现有以升学为导向的教育体制中,难以引起基层教育机构的真正重视。

(三)劳动教育评价方式单一

劳动是需要个体持续不断努力的实践过程。教育部《大中小学劳动教育指导纲要(试行)》指出,要"将劳动素养纳入学生综合素质评价体系。以劳动教育目标、内容要求为依据,将过程性评价和结果性评价结合起来,健全和完善学生劳动素养评价标准、程序和方法,鼓励、支持各地利用大数据、云平台、物联网等现代信息技术手段,开展劳动教育过程监测与记实评价,发挥评价的育人导向和反馈改进功能"[①]。关于劳动教育评价方式的调查共有7个问题,调查结果显示,以4分为满分的评分标准下,整体平均得分为1.99,这一结果是本次所调查的四个变量中整体评价得分最高的,但得分率仍然未能超过40%。关于劳动教育评价方式调查问题中的7个问题,认为方法过于简单单一的占比高达71.34%。这一比例说明现有劳动教育评价方式过于单一,评价方式并不能满足劳动教育本身的要求。

(四)劳动教育评价效果不佳

劳动教育实践活动中及时进行评价,通过有效评价可以促进学生发展,帮助学生形成科学的劳动观念、劳动能力、劳动精神、劳动习惯和品质等劳动素养。[②] 关于劳动教育评价效果的有效性性调查共有8个问题,调查结果显示,以5分为满分的评分标准下,整体平均得分为1.89,这一结果是本次所调查的四个变量中整体评价得分最低的,得分率只有37.8%。关于劳动教育评价效果调查问题中的8个问题,认为不太有效的占比为32.66%,选择基本无效的占比42.38%,二者占比合计75.04%。这一比例说明现有劳动教育评价效果非常一般,现有评价体制无法促进劳动教育的实施和开展,也不能确实促进学生劳动积极性和劳动能力的提升。

---

① 中国政府网.教育部关于印发《大中小学劳动教育指导纲要(试行)》的通知[EB/OL].(2020-07-07)[2022-12-8].http://www.gov.cn/zhengce/zhengceku/2020/07/15/content_5526949.htm

② 周爽.依托劳动课程任务群 提升学生劳动素养:基于《义务教育劳动课程标准(2022年版)》[J].辽宁教育,2022(17):4.

(五)学生劳动素养水平不均衡

第一,学生劳动素养存在"知""行"错位。通过对劳动素养现状的分析,学生存在劳动观念较强、劳动能力较弱的现象。大多数学生未养成良好的劳动品质,劳动能力薄弱。第二,男生的劳动素养水平较低。从各维度均值比较和独立 T 检验结果中可以清楚了解,女生的劳动素养优于男生,女生的劳动观念、劳动知识、劳动能力、劳动品质均值高于男生,进一步分析明确男女学生在劳动观念层面上存在明显差异,女生在劳动观念层面上优于男生。第三,六年级学生的劳动素养低于五年级学生。在年级差异方面,五年级学与六年级学生在劳动观念、劳动能力和劳动品质上存在明显差异。五年级学生的劳动观念、劳动能力、劳动品质均优于六年级学生,说明随着年级的增长,相对来说是相关的劳动知识有所增长,劳动观念、劳动能力、劳动品质还有较大的提升空间。第四,经济发展水平低的城市小学劳动知识、能力培养缺乏。由统计结果可知,所处于不同线级城市的学生在劳动观念、劳动知识、劳动能力、劳动品质层面有显著差异。在劳动观念层面,排序为五线、四线、新一线、三线;在劳动知识层面,排序为四线、新一线、五线、三线;在劳动能力层面,排序为四线、新一线、五线、三线;在劳动品质层面,排序为五线、四线、新一线、三线。三线城市的学生在劳动观念、劳动知识、劳动能力、劳动品质层面都低于其他城市。

三、新时代劳动教育评价存在问题的成因

(一)应试教育导致劳动教育评价不受重视

劳动教育经常处于制度上重要,实施中被忽视的尴尬境地。学校对于劳动教育的重视程度不够,导致劳动教育评价本身的不足。甚至有些学校课表中虽有劳动课,但实际上并未实际开展。①

由于受传统应试教育的影响,多数学校还是非常注重升学率。虽然小升初不会再考试,小学高年级的考试压力相对减小。但实际上,在初中招生中,很多优质的学校都会考查学生小学 5、6 年级的文化课学习成绩。优先

---

① 于洪良.上好劳动教育这门"必修课",学校家庭社会一个都不能少[J].云南教育(视界综合版),2020(5):44-45.

选择成绩优秀的学生入学。所以,现实中小学高年级学生的升学压力并未减轻,小学也会以确保文化课程的成绩为主,而忽视劳动教育课程的开展。① 随着素质教育的不断推进,升学率虽然是衡量一个学校发展的重要指标,但已经不再是唯一指标。社会对于人才的评价也从单纯的文化课分数转变为更加多元的综合素质。但由于部分学校注重升学率,对于文化课特别看重,对劳动教育比较轻视。② 在实际的教学中,对学生的评价更注重学生的文化课程,对于学生的评价更多的是以学生的文化课成绩为基础,而不是以学生的全面发展或者说是综合素质进行评价。他们认为劳动教育本身的比重就比较小,在升学和期末考试中对劳动教育的考虑的比重也比较小,对学生整体成绩影响不大。劳动教育被认为是小学教育的点缀和陪衬,是可有可无的副科。这样的教育定位导致劳动教育评价无法获得足够的重视。

(二)劳动教育评价的总体目标定位不清晰

劳动教育旨在培养学生的劳动敬业精神、价值观和专业技能,以提高他们的劳动知识水平,让他们树立正确的劳动价值观。通过努力,他们可以更好地了解劳动是人类和整个社会前进的基础,意识到劳动是产生社会价值、产生富裕、创造美好生活的重要因素,并且尊重劳动者,意识到劳动是一种最荣耀、最高尚、最宏伟、最美丽的行为。③ 但是,现有的劳动教育评价,没有建立起总体的目标定位,其主要原因如下:一是教师对劳动教育政策学习不充分,部分教师对劳动教育评价及其政策不了解,甚至个别教师对劳动教育完全不知道、也不感兴趣。部分教师对劳动教育评价政策中的劳动教育理念和目标的把握不全面。二是教师参与劳动教育和对劳动教育进行评价的意愿不强烈,部分教师表示不太愿意从事劳动教育教学任务。教师受到应试教育考评制度的影响,缺乏对新时代劳动教育价值的认识,从而也会对学生劳动价值观和劳动态度教育教学和评价产生不良影响。三是部分学生

---

① 邢若琳.小学劳动教育实施现状调查研究:以石家庄市四所小学为例[D].石家庄:河北师范大学,2020.
② 姜宗慧.加强劳动教育,培养学生的劳动素质[J].中国科技纵横,2012(04):1.
③ 赖林琳.立德树人背景下高职院校劳动教育的价值意蕴与实践路径[J].才智,2020(30):101-102.

对劳动教育和评价存在认知偏差,有些学生还停留在劳动就是干体力活的层面。个别学生没有充分认识到劳动教育和评价的意义和价值。学生是劳动教育和评价的主要对象,学生对劳动教育越肯定,说明劳动教育和评价效果越好,学生的认识不到位,说明劳动教育和评价开展需要进一步加强。

(三)劳动教育评价内容设置不够全面

劳动教育旨在养成学生热爱劳动、尊重劳动者的精神,让他们在日常生活中体会到劳动的光荣,并且养成他们热爱劳动、热爱生活的态度。[1] 劳动教育评价工作内容是劳动教学评估的重要组成部分[2],但在实际操作中,第一,在传统教育理念的影响下,老师常常只注重显性的劳动工作目标,只评估"能评估的"部分,我国中小学劳动教育评价的内容偏重学生的劳动知识和技能,而忽视了劳动观念、态度、品质等内隐要素。第二,由于过于关注学生的劳动成果而忽视过程中的体验也是中小学劳动教育评价内容中存在的典型问题。第三,劳动教育过程中学生对于劳动独特的、深刻的体验也是劳动教育的成果。评价时只着眼于学生的劳动结果,而忽视学生的心灵成长和进步,忽略了劳动观念、劳动品质、劳动习惯等隐性因素,从而会导致难以促进学生劳动心理的发展。这种指标无法全面客观地体现学习者在劳动教育中的发展,也使得劳动教育的内涵变得单一,学习者只能从表面上学习手工制作、烹饪技能和家务劳动等,而忽略了劳动的意义和价值,从而导致劳动教育评价无法发挥应有的指导作用。

(四)劳动教育评价方式重量化轻质性

评价方法是劳动教育评价的组成部分,它不仅仅涉及评价的方法和手段,更涉及学习者的行为、思想、价值观等多个方面。[3] 传统的劳动教育评价往往是教师以考试的形式对学生的劳动知识技能进行测评。在劳动教育评价中,许多学校会采用学员提供的劳动成果的图片、录像等方法来评估学员的劳动能力,并根据这些信息给出相应的分数或等级。在这种传统评价

---

[1] 于秀华.加强劳动教育,促进小学生全面发展[J].北京教育研究,2006(01):2.
[2] 肖滢,李树忠,吴志坚.高等院校教学成效评估体系研究:以学生教学评估为例[J].中国劳动关系学院学报,2014,28(06):4.
[3] 韩光耀,石佳佳.劳动教育评价改革的价值意蕴、现实困境及实践路径[J].教育评论,2021(03):35-39.

方式的影响下,一律采取等级评定或考试打分的方式。然而,这种评价方法并不能真正反映学员在劳动教育中获得的多方面发展,也没有真正把学员当作一个成长中的人来看待,[1]无法评价学生在劳动情感、劳动态度、劳动价值观等方面的成长。

这就要求教育者重新定义劳动教育评价的标准,不再局限于重量化指标和轻质性分析,而是更加关注学生在劳动素养方面的可持续发展。[2] 此外,劳动教育评价应该重视形成性评价和发展性评价,以更好地帮助学生发展和提升自身能力。

(五)评价效果缺乏科学的价值导向

教学评估在实施过程中具有重要的工具价值和育人价值,前者旨在为外部服务,以促进该校的育人管理;而后者则是旨在促进学生的成长。[3] 劳动教育评价的结论可以作为证实学校组织了劳动教育行为、学生参与了劳动活动的有力依据,而不仅仅是用来应对上级部门的检查和各项评比,它更多地反映了该校的教育质量,以及他们的学习成果,以便更好地激发学生的学习热情,提升他们的能力,促进学生的全面发展。充分发挥评价的诊断、导向和激励作用,实现劳动教育"以劳树德,以劳增智,以劳强体,以劳育美,以劳创新"的目的。[4] 评估劳动教育已成为对其进行监督的重要手段。

劳动教育评价工作的工具性社会价值导向,但这也导致了一个主要问题:它被过度强调功利主义,从而忽视了其他重要因素。[5] "答卷"可能不是一份完美的评价结果,但它却是一种有价值的教育工具,它既能够反映出教育性,又能促进学生的发展。它能够激发学生的思考和成长,从而为他们提供一个更加完善的未来。教育工作者应该更加重视学生的内在需求,并结合评估结果帮助他们通过自我反思,发现自己的优势和不足,并在未来的教

---

[1] 黄琼,胡昆明.指向劳动素养培育的中小学劳动教育评价体系建设[J].中国德育,2022(09):4.

[2] 杨文杰,范国睿.基于"国际学生评估项目"成绩的学生发展审视[J].教育研究,2020,41(06):92-105.

[3] 田园,黄径舟.教育的工具价值和育人价值浅析[J].中国科教创新导刊,2012(14):1.

[4] 韩光耀,石佳佳.劳动教育评价改革的价值意蕴、现实困境及实践路径[J].教育评论,2021(03):35-39.

[5] 李子琳.当代公立学校功利主义文化困境及应对[J].时代人物,2023(02):4.

学和生活中不断改进。只有这样,才能让他们真正热爱劳动,学会劳动,并体验到劳动的快乐。

(六)环境因素的综合影响

马克思提出"人与环境之间是相互发生作用的"①,因此,对学生来说,劳动素养的形成并不是一个独立、自发的过程,而是学生自身的个体特征与其所处的自然环境、社会环境共同作用的结果。本研究将具体分析学生的家庭环境因素、学校环境因素、自身因素在何种程度上影响学生劳动素养的形成。详细分析如下:

1.家庭环境

家长是孩子的第一任教师,家庭环境直接影响孩子的劳动素养。一方面,家长劳动观念较为狭隘。马卡连柯认为:"儿童在家庭获得的劳动教育的正确与否,影响着完成自己的专门教育的程度。"②并且他提出"助力人类思想道德、文化精神上的成长,是劳动最重要的意义"③。由此可见,家庭教育也是培养儿童具有正确劳动观念的重要起点。但父母狭隘的劳动观念往往会抑制学生形成正常的劳动观念,并在一定程度上影响学生劳动习惯的形成,以及对社会上各种职业的认识和评判。另一方面,家庭劳动教育缺乏专业指导。如今很多家长都能认识到劳动教育对于孩子全面发展是非常重要的,家长现阶段所面临的问题有两个方面:一方面是如何激发孩子的劳动热情,让孩子主动积极参与劳动;另一方面则是对孩子劳动后如何进行有效评价,积极引导,使其发挥作用。对于如何激发孩子的劳动热情,有些家长给予物质奖励的方式,虽然采用这种方式短时间内会有效果,在一定程度上刺激孩子的劳动热情,但时间一长,孩子会认为做家务劳动得到奖励理所应当,会为得到奖励去做家务劳动,会产生功利心理,一旦奖励缺失,孩子的劳动热情大减,且很难再次唤醒。

2.学校环境

学校是学生发展的主要场所,学校环境决定了劳动教育的开展及评价。

---

① 马克思恩格斯选集(第一卷)[M].北京:人民出版社,1995:92.
② 马卡连柯.马卡连柯文集(下)[M].北京:人民出版社,2004:531.
③ 马卡连柯.马卡连柯文集(下)[M].北京:人民出版社,2004:531.

第一,"内容形式单一"与"学生需求"的脱节。在与老师的访谈中,了解到学校开展有综合性的社会实践活动,劳动教育形式包括校内劳动、主题班会、课外活动等。在有关学校学生对学校劳动教育的建议的访谈中,有学生说:"学校活动有种植花生、有种玉米,我想去参加别的劳动活动增加体验,希望学校所组织的活动涉及别的方面。"(学生 A)"我希望学校能组织一些让我们开阔眼界的劳动活动。"(学生 B)要体现劳动教育的价值,必须以尊重学生内心的发展规律和需求为基础,这样才能更好地促进学生的发展。

第二,劳动教育方式缺乏规范性。在问及老师"开展劳动课有何困难时",有教师 E(D 城市)反映:"当我们要求学生做的属于手工操作时,评判就是做出来就行",还有老师表示:"备课没有配套的教师参考书,我们需要在网上搜索相关资源",由此,劳动教育课缺乏统一规划,缺乏教参等。另外,班级卫生是靠值日学生来进行打扫,班主任很少列出在每学期学生需要掌握的劳动技能,只是开主题班会时偶尔会布置家庭劳动作业,让学生回家完成,缺少对于完成效果的评估、完成经验等的分享、交流和改进,也未对家长要做出怎样的配合提出要求,这样的劳动方式是缺乏连续性的,同样不利于学生劳动习惯的养成。

第三,劳动教育课程资源的匮乏。在对教师的访谈中,教师 F(D 城市)对劳动教材的回答是:"学校是有劳动教材的,因为每个班上的劳动课时间不一样,所以会对这套教材进行重复使用,为了避免学生在教材上乱写乱画,所以干脆后期上课就不给学生进行发放了。"这反映出学校关于劳动课程教材的缺乏,同时老师为图方便让学生离劳动课程的教材越来越远,上课根据老师下载的网络资料进行学习。在对学生提到"最喜欢劳动课干什么时"有学生表示:"最喜欢老师给我们播放视频,每次一看视频大家都很开心。"(学生 C)学生明确表示最喜欢的是看视频,在学生的眼中,没有教材的发放,进行视频播放学习导致学生产生劳动课是进行娱乐的错觉。教材可以说是最重要、直接的课程资源,没有教材的支撑,学生难于系统掌握劳动教育的知识。在提及校内的劳动教育场地主要在哪里,教师 A 表示:"我们学校处于老城区,难以扩充校内的面积,所以劳动教育的课程主要是在教室内进行,对于一些相关实践操作的学习,我们会让学生在操场完成。"有很多学校是由于地理区位条件的限制,修建专门的劳动教育场所缺乏一定的空间,因此校内的劳动教育场地多数安排在教学楼或者操场,在一定程度上影响了劳动教育教学的充分开展,难以发挥劳动教育的真正价值。

第四,教师不注重课前准备,专业性有待加强。当在提问"您认为学校的综合实践活动课可以达到劳动教育的哪些目标时?"老师 C 回答道"掌握劳动技能""使学生形成正确的劳动价值观"。而进一步提问"您在教学中如何实现您所提及的劳动教育目标时",有老师 D 提及"作为课程目标来实现的话会影响到教学进度,我会根据自己的理解及所查资料进行有选择地实现"。可见教师在课堂教学中对劳动教育目标有所忽视,过于注重教学进度,未充分考虑学生的需求。"如果在课堂上遇到简单的相关劳动知识,会略提几句,如果是一些引申的学生所不熟悉的领域的劳动知识,一般是不会进行解释,因为对这方面了解不够深入,较少关注学生在劳动素养方面的提升,只是一味地关注能力提升,这些我们作为教师需要反思。"F 老师指出,老师对学生的劳动素养提升起到了很大的影响,主要是由于学生目前正处于增长知识的重要阶段,学生们有着旺盛的求知欲,把老师当作能够获得劳动知识的主要源泉,因此会向老师提出各种问题来解答自身困惑。老师不仅传授知识、原理、技能,而且是问题解决能力的辅导者。[①] 因此,教师应该了解必备的劳动教育专业知识,并通过不断深入了解自己专业的理论知识,掌握专业的发展趋势和相关的前沿问题,将劳动教育有关专业知识融为一体,利用科学的教法,在课堂实践中给学生们答疑解惑,引起他们的浓厚兴趣,来进行高效的课堂教学。

(3)学生自身

学生是劳动素养评价的主体,在一定程度上决定着劳动教育评价的质量。第一,小学高年级学生自理能力较差。从前文的调查结果看,对于"我每天起来之后都能够叠好被子,而且还能自己清理房间卫生",在调查的1126 人中有 44.94%认为此项完全符合自身情况,还有超过一半的人并不能够做到上述情况;对于"我不能接受脏乱差的生活环境,并且会主动整理",在调查人中有 45.29%认为此项完全符合自身情况,有超过一半的人不会主动整理脏乱差的生活环境。由此发现,对城市小学高年级学生的个人而言,

---

[①] 赵立伯.教师论[M].北京:教育科学出版社,1992:122.

其自身的自理能力较差,未形成良好的劳动习惯,且对于自身所处的生活环境,缺乏主动整理意识,这不利于后期劳动素养的培养。

第二,中小学学生身心发展的特殊性影响。学生自我控制能力较弱,易受外界环境的影响,自我发展意识薄弱,这正需要家长、教师进行有目的、有意识的引导。可以说在整个劳动教育的过程中,学生的主观能动性是内生动力,能够促进学生劳动素养更好地发展。本研究发现,五、六年级的学生在劳动素养总体情况上有着显著差异,五年级学生的劳动观念、劳动能力、劳动品质优于六年级学生,说明随着年级的增长,相对来说是相关的劳动知识有所增长,劳动观念、劳动能力、劳动品质还有较大的提升空间,这正需要充分发挥学校、家长、教师的共同作用,给予学生支持、引导、帮助。

第五章　新时代劳动教育评价的目标

新时代的劳动教育评价目标使劳动教育回归本质,在2018年全国教育大会上,习近平总书记指出,"要努力构建德智体美劳全面培养的教育体系"①,劳动教育作为"五育并举"的一项重要内容重新被纳入我国的教育方针中,劳动素质和劳动教育第一次上升到党和国家教育方针的高度。以习近平新时代中国特色社会主义思想为指导,注重挖掘劳动在树德、增智、强体、育美等方面的育人价值,将培养学生的劳动观念、劳动精神贯穿课程实施全过程,引导学生树立正确的劳动价值观,崇尚劳动、尊重劳动,增强对劳动人民的感情,发展创新意识,提升实践能力和社会责任感,成为懂劳动、会劳动、爱劳动的时代新人。劳动教育作为一个教育热点问题,受到学校、家庭、社会等各个群体的关注,此次全国教育大会充分彰显了新时代劳动教育的价值和地位。

在劳动教育课程改革中,从之前的重视劳动变为淡化劳动教育,随后又重新将劳动列为正式课程。劳动教育的政策经历了越来越成熟的改革,政策内容在不断变化着,劳动教育成为贯彻教育方针和培养建设人才的重要途径。

本章将从新时代小学劳动教育评价目标、新时代初中劳动教育评价目标、新时代普通高中劳动教育评价目标、新时代职业院校劳动教育评价目标、新时代普通高等学校劳动教育评价目标五个方面进行阐述。

---

① 吴晶,胡浩.习近平在全国教育大会上发表重要讲话[J].陕西教育(高教),2018(10):80.

一、新时代小学劳动教育评价目标

从1950年开始,教育部颁布了《小学劳作课程暂行标准初稿》,1952年3月,教育部颁布《小学暂行规程(草案)》和《中学暂行规程(草案)》,2019年11月26日,中央深改委审议通过了《关于全面加强新时代大中小学劳动教育的意见》,由中共中央、国务院于2020年3月20日印发。《关于全面加强新时代大中小学劳动教育的意见》提出:健全劳动素养评价制度。将劳动素养纳入学生综合素质评价体系,制定评价标准,建立激励机制等等。《关于全面加强新时代大中小学劳动教育的意见》强调劳动教育是中国特色社会主义教育制度的重要内容,也明确提出要全面构建具有时代特征的劳动教育体系,把劳动教育纳入人才培养全过程,要求健全劳动素养评价制度研究,为新时代劳动教育评价改革与创新作出了指引。劳动教育是全面贯彻党的教育方针的基本要求,是实施素质教育的重要内容,也是培育和践行社会主义核心价值观的有效途径。[①]

(一)新时代小学劳动教育评价目标的学生考量

不同年级、不同学段的学生有适合自身的劳动教育规划,不同年龄段的青少年,劳动的频率、行为水平和成果会有个体差异,即便是同一年龄段也可能存在差异,因此不能简单地依据参加劳动次数的多少、劳动行为水平高低、劳动成果多少来评价劳动教育的成效,还要看个体是否愿意投入恰当的劳动活动中。[②]

小学低年级学生的劳动教育应以个人的生活起居为主进行,重视培养学生的劳动实践能力与劳动意识,在学生心中树起劳动最光荣、劳动最美丽的思想。小学中高年级学生的劳动教育,应以学校及家庭劳动为主。课程目标是教育目的的重要体现,小学劳动教育目标的制定必须回归到劳动教育本身,回到儿童自身,发展适合小学儿童的劳动教育,紧扣劳动教育目的,将书本与生活融合,引导学生从小参与劳动、尊重劳动,提升劳动品质并创造劳动。小学劳动教育评价的目标,应根据不同年级和学段设置不同的评

---

① 中共中央 国务院关于全面加强新时代大中小学劳动教育的意见[N].人民日报,2020-03-27(001).

② 张晓东.真实情境下的劳动教育评价:定位、设计与实施[J].现代教育,2021(11):12-15.

价目标。

皮亚杰提出了儿童心理发展阶段的理论,他认为儿童认知发展的特征有整体性、连续性、阶段性和差异性等,因此把儿童的心理划分为四个阶段,分别是感知运动阶段、前运算阶段、具体运算阶段、形式运算阶段,每个阶段都有其不同的特征,具体如表5-1所示:

表5-1 皮亚杰儿童心理发展阶段理论

阶段	大致年龄	特征
感知运动阶段	0-2岁	通过探索感知觉和动作之间的关系来获得动作经验,逐渐获得了客体永恒性;形成了因果联系。
前运算阶段	2-7岁	有自我中心倾向;认知活动具有相对具体性,还不能进行抽象的思维运算,具有不可逆性,不能用多维度去看问题;还不能很好地把自己和外界事物区分开。
具体运算阶段	7-11岁	思维具有可逆性;思维中形成了守恒的概念;"自我中心"程度下降。
形式运算阶段	11-15岁	能进行假设-演绎推理;认识命题之间的关系;具有抽象逻辑思维。

皮亚杰指出:认识结构的发展是一个连续的建构过程,其发展不是截然划分的,而是有一定的交叉和联系,前一阶段的发展为后一阶段的发展奠定了基础,儿童特征是影响劳动教育的主要因素,所以我们可以将小学阶段的劳动教育目标分为低年级目标和中高年级目标。①

1.小学低年级劳动教育评价目标

小学低年级学生的劳动教育目标应设定为重视启蒙学生的劳动意识,培养学生的自理能力和劳动乐趣的感知等。② 学校可以通过绘画和实践等形式,锻炼学生的动手能力,启发他们去了解劳动的价值,明白"自己的事情自己做""劳动最光荣"等意义。低年级的学生可以以观看劳动视频、观摩学习教师和家长劳动模样等多种方式,将视频和实践相结合,让学生养成勤动手的好习惯和劳动意识的思想,多开展自己动手收拾书包、学习用品自己

---

① 杨慧慧,石向实,郑莉君.皮亚杰儿童认识发展理论述评[J].前沿,2007(06):55-57.
② 刘长福,郑华恒.中小学劳动教育评价应注重三性[J].中国教育学刊,2021(05):105.

整理、扫地拖地、叠被子、收拾课桌等生活自理的劳动安排。教师对低年级的学生应多给予口头和小礼物表扬,对其劳动行为予以肯定,建立他们劳动教育的初步概念和自信,此学段主要由教师进行他人评价,学生若达到劳动教育目标,则可以进行鼓励评价。

2. 小学中高年级劳动教育评价目标

小学中高年级学生的劳动教育应设定以学校和家庭的劳动为主,教师应注重培养学生在劳动中的合作意识。在家庭中,学生应在自己力所能及的范围内帮助家人分担家务,整理自己卧室,这样可以让学生真正做到自己的事情自己做,并帮助家长做一些力所能及的家务;在学校里,班级内可以设置劳动卫生角,教导处还可以设立流动红旗,对各班级的卫生状况进行评比,以此来树立榜样,表扬先进的班级,鼓励学生热爱劳动,帮助学生养成良好的劳动习惯等等。学校在进行劳动教育时,还可以设置劳动教育课程,比如在课程中开设手工课、种花养花等等。一方面,老师根据学生完成劳动课程目标的程度进行等级划分,对于完成程度的不同,老师都应予以鼓励,对完成程度较好的学生可以作为榜样,让其他同学学习,对于完成程度较差的学生,教师可以在课下督促并促进增强其劳动教育的意识;另一方面,老师通过家长反馈,比如上传劳动前后图片等进行综合考量给出过程性和结果性评价。

(二)新时代小学劳动教育评价目标的政策定位

根据《义务教育劳动课程标准(2022年版)》(以下简称《课程标准》),对小学和初中劳动教育课程的目标有更为具体的要求,《课程标准》依据习近平总书记对教育的重要论述,从各方面落实教育目标。这些政策的颁布和具体要求标志着我国劳动教育进入了一个崭新的时代,劳动教育根据清晰的政策定位进而修改其评价目标,从较为不全面的方向逐渐变得具体,国家的政策定位也为劳动教育打下了坚实的基础,明确了实施的方向。

2020年7月颁布的《大中小学劳动教育指导纲要(试行)》(以下简称《指导纲要》)中进一步强调劳动教育评价要开展平时表现、学段综合评价以及学生劳动素养。在《指导纲要》中,其总体目标为准确把握社会主义建设者和接班人的劳动精神面貌、劳动价值取向和劳动技能水平的培养要求,全面提高学生劳动素养,具体要求学生树立正确的劳动观念。正确理解劳动是人类发展和社会进步的根本力量,认识劳动创造人、劳动创造价值、创造财富、创造美好生活的道理,尊重劳动,尊重普通劳动者,牢固树立劳动最光荣、劳动最崇高、劳动最伟大、劳动最美丽的思想观念;具有必备的劳动能力。掌握基本的劳动知识和技能,正确使用常见劳动工具,增强体力、智力和创造力,具备完成一定劳动任务所需要的设计、操作能力及团队合作能力;培育积极的劳动精神。领会"幸福是奋斗出来的"内涵与意义,继承中华民族勤俭节约、敬业奉献的优良传统,弘扬开拓创新、砥砺奋进的时代精神;养成良好的劳动习惯和品质。能够自觉自愿、认真负责、安全规范、坚持不懈地参与劳动,形成诚实守信、吃苦耐劳的品质。珍惜劳动成果,养成良好的消费习惯,杜绝浪费。

新时代小学劳动教育评价目标的政策定位从两个方面论述,一是根据《课程标准》对小学劳动教育的论述,二是《指导纲要》对小学劳动教育的论述。

1.《课程标准》对小学劳动教育评价目标的政策定位

根据小学的不同学段,将其划分为低中高三个学段。在不同学段的评价中,可根据不同学段的目标要求及学生的年龄特点,作出详尽的描述。[①]

(1)第一学段(1-2年级)的劳动教育目标

对于低年级的学生,劳动教育评价目标可以围绕以下几方面展开,一是懂得人人都要劳动、劳动成果来之不易的道理。初步感知劳动的艰辛与乐趣,学会尊重他人的劳动付出。喜欢劳动,具有主动劳动、积极参加劳动的愿望。二是完成比较简单的个人物品整理与清洗,居室、教室等卫生保洁、整理与收纳,以及垃圾分类等劳动任务,参与简单的家庭烹饪。形成"自己的事情自己做"的意识,具有初步的个人生活自理能力。三是关心、照顾身边常见动植物,初步形成关爱生命、热爱自然的意识。参与简单的手工制作活动,初步学会规范使用相应工具。对工艺制作具有一定的好奇心。四是参与班级集体劳动,主动维护教室内外环境卫生,初步形成以自己的劳动服务他人的意识。五是在劳动过程中遵守纪律,不怕脏、不怕累,具有初步的

---

① 阮瑜.立德、笃行、培能的劳动教育评价体系建构与实施[J].人民教育,2022(12):54-56.

劳动安全意识,初步养成有始有终、认真劳动的习惯。①

低年级阶段的劳动教育评价目标多为评价学生是否能够做一些基础的劳动任务,是否形成自己要劳动的观念等,若能做到以上几点,老师和家长对其劳动行为要进行正向反馈和评价,以促进劳动教育评价的达成。

(2)第二学段(3-4年级)的劳动教育目标

对于中年级的学生,劳动教育评价目标可以围绕以下几方面展开,一是要懂得"一分耕耘,一分收获"的道理。体会劳动光荣、劳动无高低贵贱之分的道理,认识到美好生活离不开各行各业的劳动者。尊重劳动,尊重普通劳动者,初步形成热爱劳动的态度。二是养成良好的个人清洁卫生习惯。认识常用家用器具,掌握家用小器具的使用方法,具有家用电器使用安全意识和初步的器具保养意识。主动分担家务,协助参与家庭环境卫生清洁,能制作简单的日常饮食,初步学会简单的家务劳动技能,形成生活自理能力。三是初步体验简单的种植、养殖、手工制作等生产劳动,能规范地使用常用的劳动工具,了解常用材料的作用与特征,对劳动过程中遇到的问题具有好奇心和探究欲望。四是参加校园卫生保洁、垃圾分类处理、绿化美化等劳动,适当参加社区环保、公共卫生维护等力所能及的公益劳动,初步体验简单的现代服务业劳动,初步形成公共服务意识。五是懂得在劳动中遵规守约,初步学会与他人合作劳动。珍惜劳动成果,初步养成有始有终、专心致志的劳动习惯和品质。六是在劳动过程和日常生活中做到勤俭节约、不怕困难。②

中年级的学生在劳动中较低年级相比变化最为明显的一点就是拓展到学生应学会使用家用小电器,以及尝试去社区进行劳动服务,从最开始将个人卫生打扫好逐渐到对社会有所用,逐步提升自己的劳动品质。

(3)第三学段(5-6年级)的劳动教育目标

对于高年级的学生,劳动教育目标有以下规定,一是懂得劳动创造财富、劳动来不得半点虚假、"业精于勤荒于嬉"等道理。认识到劳动者是国家的主人,"三百六十行,行行出状元",体会普通劳动者的光荣与伟大。初

---

① 中华人民共和国教育部.义务劳动教育课程标准[S].北京:北京师范大学出版社,2022.
② 中华人民共和国教育部.义务劳动教育课程标准[S].北京:北京师范大学出版社,2022.

步树立劳动最光荣、劳动最崇高、劳动最伟大、劳动最美丽的观念。二是掌握家庭生活中常用的清洁与卫生、整理与收纳基本技能。了解家庭常用器具的功能特点,规范、安全地操作与使用。初步掌握基本的家庭饮食烹饪技法,制作简单的家常餐,具有食品安全意识。进一步增强生活自理能力和家务劳动能力,初步具有家庭责任感。三是进一步体验种植、养殖、手工制作等生产劳动,能根据劳动任务选择合适的材料和工具、技术与方法,安全、规范、有效地开展劳动,初步养成持之以恒的劳动品质。四是主动参加校园卫生保洁和环境美化等劳动,积极参加社区环保、公共卫生维护等力所能及的公益劳动,进一步体验新技术支持下的现代服务业劳动,形成关爱他人、积极参与社区建设的劳动意识和能力,增强公共服务意识,初步形成社会责任感。五是根据劳动目标确定劳动任务,制订劳动计划,并根据劳动过程的进展情况适时优化调整,初步形成劳动效率意识和劳动质量意识,初步形成爱岗敬业、乐于奉献的精神。六是在集体劳动中团结协作,提升与他人合作劳动的能力。在劳动过程中自觉遵守劳动纪律,形成诚实劳动、合法劳动的意识。七是在劳动中主动克服困难,初步形成不怕辛苦、积极探索、追求创新的精神。[①]

《课程标准》对高年级学生劳动教育的评价更为严格,对学生的劳动品质和精神有更深一层的要求,不仅是要学生养成劳动习惯,更要勇于对社会进行奉献,有所发展和创新。

2.《指导纲要》对小学劳动教育评价目标的政策定位

对小学低年级学生劳动教育评价目标的规定有以个人生活起居为主要内容,开展劳动教育,注重培养劳动意识和劳动安全意识,使学生懂得人人都要劳动,感知劳动乐趣,爱惜劳动成果。《指导纲要》指导学生做到以下几点:(1)完成个人物品整理、清洗,进行简单的家庭清扫和垃圾分类等,树立自己的事情自己做的意识,提高生活自理能力;(2)参与适当的班级集体劳动,主动维护教室内外环境卫生等,培养集体荣誉感;(3)进行简单手工制作,照顾身边的动植物,关爱生命,热爱自然。

对于中高年级学生劳动教育评价目标的规定有以校园劳动和家庭劳动

---

① 中华人民共和国教育部.义务劳动教育课程标准[S].北京:北京师范大学出版社,2022.

为主要内容开展劳动教育,体会劳动光荣,尊重普通劳动者,初步养成热爱劳动、热爱生活的态度。《指导纲要》指导学生做到以下几点:(1)参与家居清洁、收纳整理,制作简单的家常餐等,每年学会1-2项生活技能,增强生活自理能力和勤俭节约意识,培养家庭责任感;(2)参加校园卫生保洁、垃圾分类处理、绿化美化等,适当参加社区环保、公共卫生等力所能及的公益劳动,增强公共服务意识;(3)初步体验种植、养殖、手工制作等简单的生产劳动,初步学会与他人合作劳动,懂得生活用品、食品来之不易,珍惜劳动成果。①

二、新时代初中劳动教育评价目标

根据不同的年龄阶段,每个阶段的学生有不同的年龄、生理和心理特点,其发展皆不相同,注重劳动教育评价对象的差异性是尤为重要的,各学段劳动教育的具体内容、方式和要求也应有所不同,相对应的劳动教育评价指标也应有所差异。②

(一)新时代初中劳动教育评价目标的学生考量

初中生已具有独立思考的意识,独立性高,因此,作为初中生应妥善安排家校劳动与学习,感知劳动创造的快乐,养成吃苦耐劳、不怕困难、认真负责的品质。初中生正值青少年时期,独立性较高于小学阶段,是身心发展的关键阶段,是学生学习成长的重要阶段,但劳动观尚未完全形成。这一阶段的劳动教育评价目标应是培养初中生吃苦耐劳、认真负责的品质以及提升初中劳动教育的质量,这个阶段教师不能只是简单地教会学生劳动教育就是扫地拖地、擦窗等常见的劳动活动实现的,而是教师带领学生初步感受劳动的价值,感受具有特色化的劳动教育。

由于初中生作业日渐增多,在这种情形下,学生在家、在校都缺乏劳动的机会,得不到相应的劳动锻炼,难以达到劳动教育的目的,所以初中生需要在学业和劳动中合理规划好时间,教师可以规定每学期的劳动作品,注重评价学生的劳动知识与劳动技能的情况,而且初中阶段的学生有能力去参

---

① 教育部关于印发《大中小学劳动教育指导纲要(试行)》的通知[J].中华人民共和国教育部公报,2020(Z2):2-11.
② 刘长福,郑华恒.中小学劳动教育评价应注重三性[J].中国教育学刊,2021(05):105.

加社会劳动。劳动成果需要学生自己发散思维,学生可以通过提交种植绿植等不同的成果类型,在学期结束前上交自己的劳动作业,教师要结合学生在日常生活中的表现给出过程性评价和结果性评价。中学应该重视劳动教育评价结果的运用,将评价结果作为评优评先、升学录取的重要参考,通过公开公正的制度保障劳动教育的真实性。在新的评价体系中,不仅可以在学生发展指标里增加"劳动素养",还要增加"劳动素养"的评价占比,将劳动教育从学校边缘的地位拉回来。[①]

基于 CIPP 课程评价模式,学校不仅要注重对学生的评价,也要关注对老师和其他对象及背后因素的评价。CIPP 评价模式是由美国学者斯塔弗尔比姆在泰勒行为目标模式反思的基础上提出来的,此评价模式由四部分组成,分别是背景评估、输入评估、过程评估和成果评估。CIPP 评价模式更为专注对象的过程性,不仅仅是绝对看结果的评价,更为关注其背后过程的因素,对整个评价过程进行监控,而且它真正地将评估活动贯穿于整个过程的各个环节。那么,如何将 CIPP 评价模式运用到新时代初中劳动教育评价目标中?具体来说,一是对学校的评价,要考虑学校劳动教育课程目标是否符合《指导纲要》,学校的劳动教育评价目标是否符合学生劳动素养的提升,学校的劳动教育评价目标是否满足学生对劳动知识的学习;二是对于老师的评价,教师在开设劳动教育课程时,是否能够顺利开展,在教学过程中是否根据学生不同的情况进行不同的教学目标转化,激发学生热爱劳动的兴趣,是否对课程内容进行反思等;三是对于学生的评价,学生是获得劳动知识的体现,是最终受益者,需要查看评价目标是否体现学生的地位,学生是否真正理解劳动的价值,是否积极关注社会和国家的劳动问题并服务于国家的情怀;四是对劳动教育过程中的评价,在劳动课程开设时,有没有其他环境等因素影响,学校的设施、家长的态度、社区人员的参与等都会影响劳动教育评价是否达到了目标。

(二)新时代初中劳动教育评价目标的政策定位

新时代初中劳动教育评价目标的政策定位从两个方面论述,一是根据

---

① 郝天聪.关于新时代职业院校劳动教育若干基本问题的思考[J].中国职业技术教育,2021(34):65-69+86.

《课程标准》对初中劳动教育的论述,二是《指导纲要》对初中劳动教育的论述。

1.《课程标准》对初中劳动教育评价目标的政策定位

学生要懂得:一是劳动创造人的道理,认识到劳动是推动人类社会进步的根本力量,理解"劳动托起中国梦"的重要意义,领会"劳动是一切幸福的源泉""幸福是奋斗出来的"的道理,牢固树立劳动最光荣、劳动最崇高、劳动最伟大、劳动最美丽的观念。二是主动承担一定的家庭清洁、烹饪、家居美化等日常生活劳动,进一步加强家政知识和技能的学习与实践,理解劳动创造美好生活的道理,提高生活自理能力,增强家庭责任意识。三是适当体验金工、木工、电子、陶艺、布艺等项目的劳动过程,体会其中蕴含的独特智慧和人类创造力。尝试进行家用器具的简单修理,参与种植、养殖等生产劳动,体会运用所学知识分析和解决实际问题的过程。获得初步的职业体验,形成初步的职业意识和生涯规划意识。四是定期参加校园包干区域的保洁和美化,以及助残、敬老、扶弱等公益劳动,体验以自己的劳动服务他人、服务社区的自豪感和幸福感,初步形成对学校、社区负责任的态度。体验融合一定智能技术的现代服务业劳动,提升现代服务技能,充分认识现代服务业劳动的性质、特征与独特的社会价值。进一步增强公共服务意识,提升以自己的劳动创造美好生活的社会责任感。五是根据个体、家庭、学校、社区的发展需要,提出具有一定创造性的解决方案,制订合理的劳动计划,并安全规范地加以实施,能对劳动过程与劳动成果进行反思和总结,进一步提高创造性劳动能力、合作能力。六是强化诚实劳动的劳动习惯和品质,形成劳动效率意识和劳动质量意识。七是初步具有为社会发展和国家建设付出辛勤劳动的意愿,形成不畏艰辛、锐意进取、精益求精、不断创新的精神。[①]

初中的劳动评价目标相较于小学更为具体,在小学的基础上延伸了许多内容,每一项要求的最后都上升为对劳动态度的评价,在进行劳动时要有明确的计划,劳动过程中若遇到问题,要会妥善解决,并进行反思。

2.《指导纲要》对初中劳动教育评价目标的政策定位

兼顾家政学习、校内外生产劳动、服务性劳动,安排劳动教育内容,开展

---

① 中华人民共和国教育部.义务劳动教育课程标准[S].北京:北京师范大学出版社,2022.

职业启蒙教育,体会劳动创造美好生活,养成认真负责、吃苦耐劳的劳动品质和安全意识,增强公共服务意识和担当精神。《指导纲要》指导学生应做到以下几点:(1)承担一定的家庭日常清洁、烹饪、家居美化等劳动,进一步培养生活自理能力和习惯,增强家庭责任意识;(2)定期开展校园包干区域保洁和美化,以及助残、敬老、扶弱等服务性劳动,初步形成对学校、社区负责任的态度和社会公德意识;(3)适当体验包括金工、木工、电工、陶艺、布艺等项目在内的劳动及传统工艺制作过程,尝试家用器具、家具、电器的简单修理,参与种植、养殖等生产活动,学习相关技术,获得初步的职业体验,形成初步的生涯规划意识。①

三、新时代普通高中劳动教育评价目标

《意见》指出,普通高中要注重丰富职业体验,开展服务性劳动、参加生产劳动,使学生熟练掌握一定的劳动技能,理解劳动创造价值,具有劳动自立意识和主动服务他人、服务社会的情怀。② 在劳动教育评价过程中,教师应面向全体学生积极评价,而不能只惠及优秀学生。关注"每一个",才能有效地激发学生的劳动兴趣和主动性,教师要从多个角度评价不同学生在劳动实践中取得的进步,使每一名学生都能体会到进步的快乐,切实达到以评促学的效果。③

(一)新时代普通高中劳动教育评价目标的学生考量

普通高中是学生学业最为重要的一个阶段,也是学生进入何种大学的重要转折点。普通高中应在中小学的基础上让学生理解劳动的意义,主动创造劳动的价值,锻炼并磨炼意志,全面发展良好的劳动素养。

但是普通高中阶段的劳动教育目标和内容尚不完善和具体,所以此阶段的劳动教育评价目标应多为过程性评价,放在整个学期的过程中。在不耽误课程的情况下,教师在每周的班会中应普及劳动教育的知识,学校规定

---

① 教育部关于印发《大中小学劳动教育指导纲要(试行)》的通知[J].中华人民共和国教育部公报,2020(Z2):2-11.
② 中共中央 国务院关于全面加强新时代大中小学劳动教育的意见[N].人民日报,2020-03-27(001).
③ 章振乐.新时代劳动教育评价改革的思考与实践[J].中小学德育,2020(04):63-64.

每个班级的卫生区,打扫干净,作为评选优秀班级的前提,要求学生自觉监督本班和其他班级,若表现较差,可进行批评,并增加劳动量。虽然劳动课程还没有加入高考分数,但却是学习生活中不可或缺的一部分,学校需要将学生的劳动表现纳入综合素质评价。

高中阶段劳动教育评价目标更具灵活性,因为此阶段学生的学习任务量更多,其课余空闲时间也并不像中小学那样充足,所以高中生的劳动成果评价相较于初中与小学应是不同的。在课程设置中,可以将劳动教育贯穿到整个教育过程中。对于评价目标,一是学校可以设置劳动主题的讲座,在学期末的时候,让学生上交讲座感悟,以数量规定,感悟篇数多的学生其分数比例也相对较高,完成具体目标的同学可以获得满分;二是高中学生已经具备良好的思维能力,可以规定高中阶段的学生设计一项自己的劳动活动,并作为劳动成果供学校和老师评价,并激发学生的创造能力,"创造性劳动"是在劳动过程中运用智慧创造性地解决问题,产生创新性劳动成果的一种活动,此活动可以通过学生间的互评看其是否达到劳动教育目标;三是学校规定必须完成的教育目标,如最基础的打扫班级和学校卫生区的卫生等;四是考查学生是否完成对社会和国家进行自主服务于劳动的目标,学校可以进行社会实践活动,完成的同学可以申请向社区证明。

在对高中生进行劳动教育的过程中,教师要充分认识劳动教育的重要意义,从而推动学生的发展,实现对劳动的热爱和对劳动成果的尊重,从而促进学生的全面发展。新时代普通高中强化劳动教育,是贯彻党的教育方针的重要举措和要求。

(二)《指导纲要》对普通高中劳动教育评价目标的政策定位

根据《指导纲要》,注重围绕丰富职业体验,开展服务性劳动和生产劳动,理解劳动创造价值,接受锻炼、磨炼意志,具有劳动自立意识和主动服务他人、服务社会的情怀。《指导纲要》指导学生做到以下几点:(1)持续开展日常生活劳动,增强生活自理能力,固化良好劳动习惯。(2)选择服务性岗位,经历真实的岗位工作过程,获得真切的职业体验,培养职业兴趣;积极参加大型赛事、社区建设、环境保护等公益活动、志愿服务,强化社会责任意识和奉献精神。(3)统筹劳动教育与通用技术课程相关内容,从工业、农业、现代服务业以及中华优秀传统文化特色项目中,自主选择1—2项生产劳动,经历完整的实践过程,提高创意物化能力,养成吃苦耐劳、精益求精的品质,增强生涯规划的意识和能力。

对于普通高中劳动评价目标,在这个阶段的劳动是多为学生提供将来就业方向上的选择,注重培养学生的兴趣,强化学生的动手操作能力,提高技术能力,用劳动创造价值。

四、新时代职业院校劳动教育评价目标

(一)新时代职业院校劳动教育评价目标的学生考量

国内外现如今多为重视中小学的劳动教育,高校的劳动教育意识较为淡薄。随着我国教育体系的不断优化,大学生的核心素养能力逐渐被关注,劳动教育正是培养核心素养的关键过程,因此,加强高校劳动教育评价目标应加快脚步,此阶段的劳动教育评价目标应以学生学习劳模精神和工匠精神,综合培养高校学生劳动知识、技能素养、劳动价值观等为目标。

《意见》指出,充分利用现有综合实践基地、青少年校外活动场所、职业院校和普通高等学校劳动实践场所,加快建设校内劳动教育场所和校外劳动教育实践基地,加强学校劳动教育设施标准化建设。① 但是,需要明确的是,职业院校具体的劳动并不等同于体力劳动等,可能会有人认为职业院校本身就强调实操,锻炼学生的动手能力,所以认为并不需要专门再开设一门独立的劳动教育,这种观点是错误的,体力劳动并不等同于劳动教育,虽然职业院校的学生有很强的实践能力,但是更要加强对劳动教育深一步地探索,使其共频。

职业学校应依据学校特点,将劳动实践与学校专业相结合,为学生提供广阔的实践平台,培养他们积极向上的劳动意识。职业院校要通过劳动教育增强学生职业荣誉感,培育学生精益求精的工匠精神和爱岗敬业的劳动态度。② 职业院校劳动教育的开展应该围绕以技术技能人才的需要,作为目标供学生学习,学校不仅应该继续重视实践的作用,更需要理论的支撑,开展学科知识系统的学习,如通过劳动教育使学生了解与劳动力市场相关

---

① 吴晶,胡浩.习近平在全国教育大会上发表重要讲话[J].陕西教育(高教),2018(10):80.
② 郝天聪.关于新时代职业院校劳动教育若干基本问题的思考[J].中国职业技术教育,2021(34):65-69+86.

的知识、职业生涯发展的知识等。高职院校的劳动教育应该以学生劳动素养评价为主要内容，将劳动教育目标更为具体地分为三个部分，首先是"劳动观念"，劳动观念在小学阶段就已经提过，劳动观念是前提，在每个阶段都应该引导学生树立劳动观念，感受劳动带给人们的成就感和幸福感；其次是"劳动知识与技能"，根据《指导纲要》，职业院校需要开设16课时的劳动专题教育必修课，围绕劳动教育目标，将劳动教育渗入课程之中，达到育人效果，学生通过汲取知识，逐渐转变为自己的劳动能力；最后是"劳动习惯与品质"，职业院校通过劳动教育，最终目的是培养学生的劳动习惯与品质，帮助学生养成诚实守信、爱岗敬业、艰苦奋斗等优秀的劳动品质，全面提高职业院校劳动教育教学质量。

（二）《指导纲要》对职业院校劳动教育评价目标的政策定位

职业院校劳动教育评价目标需要重点结合专业特点，增强职业荣誉感和责任感，提高职业劳动技能水平，培育积极向上的劳动精神和认真负责的劳动态度。《指导纲要》指出，职业院校的劳动教育目标如下：(1)持续开展日常生活劳动，自我管理生活，提高劳动自立自强的意识和能力；(2)定期开展校内外公益服务性劳动，做好校园环境秩序维护，运用专业技能为社会、为他人提供相关公益服务，培育社会公德，厚植爱国爱民的情怀；(3)依托实习实训，参与真实的生产劳动和服务性劳动，增强职业认同感和劳动自豪感，提升创意物化能力，培育不断探索、精益求精、追求卓越的工匠精神和爱岗敬业的劳动态度，坚信"三百六十行，行行出状元"，体认劳动不分贵贱，任何职业都很光荣，都能出彩。①

职业院校的劳动教育评价目标，学生应尊重不同的职业，恪尽职守，运用所学专业和技能发挥出自己的优势，提升自己认真刻苦的劳动精神，认真做好每一项劳动任务。

五、新时代普通高等学校劳动教育评价目标

2020年10月，中共中央、国务院印发的《深化新时代教育评价改革总

---

① 中国政府网.教育部关于印发《大中小学劳动教育指导纲要（试行）》的通知[EB/OL].(2020-07-07)[2022-12-8].http://www.gov.cn/zhengce/zhengceku/2020-07/15/content_5526949.htm

体方案》提出:"加强劳动教育评价。探索建立劳动清单制度,明确学生参加劳动的具体内容和要求,让学生在实践中养成劳动习惯,学会劳动、学会勤俭。加强过程性评价,将参与劳动教育课程学习和实践情况纳入学生综合素质档案。"这就要求无论是高校还是中小学,都要重视劳动教育,所以不能忽视普通高等学校的劳动教育,需要将劳动教育评价贯彻落实。

(一)新时代普通高等学校劳动教育评价目标的学生考量

大学生世界观、人生观、价值观在大学阶段逐步确立与稳定,大学是大学生接触社会、认识世界的重要平台和场所,所以大学生完成劳动教育也必不可少。普通高等学校课程种类众多,评价是一个综合性很强的工作,高校劳动教育最本质的评价目标是培养学生劳动价值观,增强大学生社会实践能力,抓好劳动教育是当前我国普通高等学校的重要内容。

根据大学的特点,主要关注评价目标是否能够培养大学生劳动价值,增强其价值认同,也要关注目标的实施是否增强学生的劳动情感认同,实现高校学生发自内心地由衷尊重劳动者并珍惜其劳动成果,最终成为有大情大爱之人。[①] 在大学课程设置中,学生更多关注的是自己的专业课程,大一大二有一些选修课程供学生选择与学习,但其现状是学生草草了事,没有认真学习,而且劳动课程开设较少,缺乏劳动锻炼,劳动理论与实践脱节,高校重视智育,缺乏劳动教育,所以学生表现出来的劳动水平相对较低,参差不齐。

高校劳动教育目标应该在上级的统筹下合理安排,由学校、家庭、社会等方面共同协力,促进学生的劳动发展,评价目标应该跳脱传统的课程目标,找出与中小学评价目标不同的地方,根据大学生人群的特性,提升学生劳动认知度。高校劳动教育应该补齐其短板,深入探讨劳动课程的开设,提升高校劳动教育教学质量。

(二)《指导纲要》对普通高等学校劳动教育评价目标的政策定位

强化马克思主义劳动观教育,注重围绕创新创业,结合学科专业开展生产劳动和服务性劳动,积累职业经验,培育创造性劳动能力和诚实守信的合法劳动意识。《指导纲要》指导学生应做到以下四点:(1)掌握通用劳动科

---

① 于秋叶,于兴业.新时代高校劳动教育质量评价的四重维度[J].学校党建与思想教育,2022(12):39-42.

学知识,深刻理解马克思主义劳动观和社会主义劳动关系,树立正确的择业就业创业观,具有到艰苦地区和行业工作的奋斗精神;(2)巩固良好日常生活劳动习惯,自觉做好宿舍卫生保洁,独立处理个人生活事务,积极参加勤工助学活动,提高劳动自立自强能力;(3)强化服务性劳动,自觉参与教室、食堂、校园场所的卫生保洁、绿化美化和管理服务等,结合"三支一扶"、大学生志愿服务西部计划、"青年红色筑梦之旅""三下乡"等社会实践活动开展服务性劳动,强化公共服务意识和面对重大疫情、灾害等危机主动作为的奉献精神;(4)重视生产劳动锻炼,积极参加实习实训、专业服务和创新创业活动,重视新知识、新技术、新工艺、新方法的运用,提高在生产实践中发现问题和创造性解决问题的能力,在动手实践的过程中创造有价值的物化劳动成果。①

  普通高等学校的劳动教育评价目标不仅要注重学习专业理论,更要着手实践,强化劳动带来的价值,不能忽视劳动的实践意义,合理评价劳动教育目标,学校应加强对劳动教育的课程安排,增加丰富的劳动实践课程。

  总之,不同学段的劳动教育评价有不同的目标定位,在目标评价上要依据学生的特点,政策要求需要落实,但是一定要注意大中小学一体化实施劳动教育评价,做好不同学段劳动教育评价目标的有效衔接,逐步提高劳动教育评价目标。

---

① 中国政府网.教育部关于印发《大中小学劳动教育指导纲要(试行)》的通知[EB/OL].(2020-07-07)[2022-12-8].http://www.gov.cn/zhengce/zhengceku/2020/07/15/content_5526949.htm

第六章 新时代劳动教育评价的内容

新时代劳动教育评价内容是落实劳动教育评价的载体,解决的是"评什么"的问题。虽然在具体的劳动教育中,评价的内容会因活动的不同而不同,但核心是不变的,即学生的劳动素养。本章将从我国近现代教育家、学者们所主张的劳动教育理论中,汲取先进的教育思想理念,对涉及的"劳动素养"进行概念界定,进而明确学生劳动素养的内容框架。

一、新时代劳动教育评价内容体系构建的理论基础

构建新时代劳动教育评价内容体系需要坚实的理论基础,本研究主要以具身认知理论、冰山素质模型为基础,为评价内容体系的构建寻求坚实的基础。

(一)具身认知理论

1.具身认知理论的基本观点

认知科学发端于 20 世纪五六十年代,当时出现的第一代认知科学认为心智是离身的,这导致当时的教学深受"信息加工"思想的影响,倾向于知识传递,教学过程是程序化的,忽视了人、经验和教学,也无法解释人的主观能动性。随着经典认知科学局限性的不断加深,从七八十年代开始,认知科学的研究中逐渐涌现出诸如具身性、情境性、生成性、动力性等一系列新的概念和理论,一次重要的观念变革也开始在认知科学内部酝酿发生,即由传统的离身认知观转变为当代的具身认知观。

首先提出"具身主体性"概念的是法国现象学家梅洛-庞蒂,他认为人

们的知觉是不可能独立于身体和世界而存在的，它是身体和世界一个整合的产物。这冲击了笛卡尔身心二元论在认识论的研究以及认知科学研究中的重要地位，消解了心与物或者说精神实在与物质实在之间的二元对立。正因为如此，心理学家莱考夫和约翰逊以具身认知为标志，将传统的 disembodied cognition 称为"第一代认知科学"，将 embodied cognition 称为"第二代认知科学"。具身认知代表了认知科学一个新的研究纲领和研究取向，重新界定了身体、认知和世界的关系，由此带来了变革教育教学的崭新视角，为教育教学实践与方法的改进提供了新的契机与路径。

具身认知是人们在批判离身认知的基础上发展而来，离身认知是基于身心二元论，认为身体和认知是两个独立的个体，注重对信息的加工和对符号的表征，但忽视身体与经验的一种认知模式，而具身认知反对心智活动是独立于身体之外，认为身体，心智，与认知环境是动态交互的关系。正是由于离身认知的种种局限，具身认知逐步兴起，发展至今也逐渐成为认知科学中的经典理论之一。梅洛-庞蒂的知觉现象学是具身认知最重要的思想渊源，他认为身体是直觉活动的主体，而非知觉的对象，同时也认识到身体与环境在认知活动中的重要意义。拉考夫和约翰逊从认知语言学的角度提出了三个著名命题：心智是具身的；思维是无意识的；抽象概念是隐喻的，并在其合著的《肉身的哲学：具身心智及其对西方思想的挑战》一书中第一次明确提出具身认知的概念，他们认为，认知不是脖颈以上的大脑抽象思维的产物，而是基于具身感知和经验的，与人类的感知觉情绪、本能、直觉密切相关。杜威以心理学为基础，通过对传统反射弧的批判，为具身认知理论的产生和发展起到了推动作用。一方面，他认为传统认知心理学中对于反射的解释是一种身心二元的简单性思维，进而强调反射弧是以身体运动为主的感觉运动回路；另一方面，他认为研究反射弧应该考虑有机体的情境性，这一点与具身理论强调的情境性不谋而合。

2.具身认知理论对新时代劳动教育评价内容体系构建的启示

人类通过身体劳动，进而改变环境和自身。劳动教育的立足点是人，要注重学生身心的统一，让学生参与实际的劳动情境，通过身体与环境的互动交流，获得真实的劳动经验和劳动技能，从而培养学生的劳动素养。学生在劳动体验的过程中，身体通过"在场"的劳动、体验、亲临劳动教育发生的现场,参与知识瞬间的形成,从而实现身心合一。学生在对劳动与劳动相关的人、物(劳动者、劳动产品)做出价值判断时,具有自身的立场和原则,从而产生劳动观念,到经过日常生活实践积累经验与学校的教育多样化情境下,系统掌握、深刻领会有关劳动安全常识、生产知识等,大脑、身体、情境三者在交流、碰撞、互动的过程中,促进劳动基本技能和一般技能的提高,最终形成良好的劳动品质,逐渐内化成个体人格结构中的稳定的部分。

(二)冰山素质模型理论

1.冰山素质模型理论的基本观点

1973年,美国著名心理学家麦克利兰(D.C. McClelland,1917-1998)提出了个人能力素质"冰山模型",如图6-1所示。该模型按照能力素质的不同表现方式,划分为表面的"冰山以上部分"和隐藏的"冰山以下部分"。"冰山以上部分"包括知识和技能,知识指个体在特定领域具备的事实性或经验性信息;技能指运用结构化的知识解决具体问题的能力。"冰山以下部分"包括角色定位、自我认知、品质和动机,角色定位是与人们的社会地位、身份相一致的权利、义务与行为规范模式,是人们对具有特定社会角色的人的行为期望;自我认知是对自己的身份、个性和价值观的认识;品质是个体行为层面相对稳定的特征,如坚毅、果敢等;动机能够驱动和引导个体行为的发生和发展方向,是一种反映个体偏好和需求的行为驱动因素。"冰山以上部分"是显性的,是个体的外在表现,易于辨识、了解与测量的,这部分的能力素质可以通过教育来改变、发展和提升;"冰山以下部分"是隐性的,是人内在的、相对隐蔽且难以测量的,对人的行为与表现起着关键性的作用,对人能力素质的发挥具有更加本质性的影响。

2.冰山素质模型理论对新时代劳动教育评价内容体系构建的启示

冰山素质模型理论启示我们,仅仅以学习者个人是否掌握了相关的劳动知识和劳动技能来确定学习者个人是否具有劳动素养是片面的,必须考虑劳动态度、劳动情感、劳动价值观、劳动习惯等这些潜藏于冰山下的个体劳动素养中最为关键的组成部分,正是在冰山下这些无形的个体劳动品质决定着个体的劳动知识和技能。在此基础上,在研究学生劳动素养的提升时,需要充分考虑冰山以上、冰山以下两个方面。

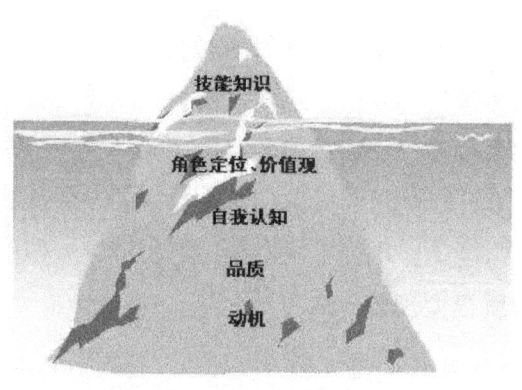

图 6-1 冰山能力素质模型图

二、新时代劳动教育评价内容的结构

随着我国基础教育新课程改革的进一步开展和学生发展核心素养体系建设,劳动教育课程越来越丰富。那么,新时代劳动教育评价包含什么样的指标,根据这些指标,对于提升学生劳动素养有什么帮助。根据教育部有关文件和相关文献,采用列表法,总结了关于学生劳动素养的基本指标,并分析了学生劳动素养应具备的内容和要求。另外,在此基础上,运用问卷调查的方法,把河南省不同线级城市小学的高年级学生劳动素养的总体情况作为论述的重点内容进行探讨。

进入新时代,劳动教育提升到一个新高度,与德智体美形成五育并举的新局面,受到理论界和实践工作者的较多关注,基于对重要文献的梳理,进行归纳分析,可以探究出当前研究的共同特征。基于此,在知网中对劳动教育以及劳动教育评价的文献进行检索研究,选有代表性的文章进行分析,探究不同研究者的主要观点,为本研究提供参考。同样对于文件中相关重要表述也进行列举,2020年7月在教育部《关于印发大中小学劳动教育指导纲要(试行)》通知中对劳动观念、劳动能力、劳动精神、劳动习惯与品质等几方面都加以阐述,将此提取进行说明,统计结果如表6-1所示。

表 6-1　14 篇文献中有关劳动素养重要观点以及指标的统计

文献代码	主要指标					
1	劳动知识	劳动态度	价值观	劳动能力		
2	劳动价值观	劳动情感品质	劳动知识技能	劳动实践习惯		
3	劳动观念	劳动能力	劳动习惯和品格			
4	劳动的价值观（态度）	劳动的知识	劳动的能力			
5	劳动能力	劳动观念	劳动精神	劳动习惯和品质		
6	劳动观念	劳动精神	劳动知识	劳动技能	劳动习惯	
7	劳动态度	劳动能力	劳动习惯	劳动精神		
8	劳动观念	劳动精神	劳动知识	劳动技能	劳动习惯	
9	劳动价值观	劳动知识	劳动技能	创新劳动		
10	劳动观念	劳动能力	劳动习惯和品质	劳动精神		
11	劳动意识	劳动认知	劳动情感	劳动意志	劳动行为习惯	劳动创造力
12	劳动认知	劳动情感	劳动意志	劳动行为习惯		
13	劳动观念	劳动能力	劳动品质			
14	劳动观念	劳动能力	劳动精神	劳动习惯与品质		

（文献代码：1.王倩，纪德奎.中小学课堂教学中劳动素养培育的困境与路径探析[J].当代教育论坛，2021（06）：108-114. 2.余江舟.新时代劳动素养的四重维度[J].中国高等教育，2021（Z2）：53-55. 3.王泉泉，刘霞，陈子循等.核心素养视域下劳动素养的内涵与结构[J].北京师范大学学报（社会科学版），2021（02）：37-42. 4.檀传宝.劳动教育的概念理解——如何认识劳动教育概念的基本内涵与基本特征[J].中国教育学刊，2019（02）：82-84. 5.纪德奎，陈璐瑶.劳动素养的内涵、结构体系及培养路径[J].天津师范大学学报（基础教育版），2021，22（02）：16-20. 6.张进财，高芳芳.新时代劳动素养评价的价值意蕴与实践路径[J].思想理论教育导刊，2021（10）：130-134. 7.龚春燕，魏文锋，程艳霞.劳动素养：新时代人才必备素养[J].中小学管理，2020（04）：9-11. 8.顾建军.加快建构新时代劳动素养评价体系[J].人民教育，2020（08）：19-22. 9.王正青，刘涛，杜娇阳，罗昆，刘许，何

泽坤.新时代大学生劳动素养测评模型构建与测度研究[J].现代教育管理,2021(06):81-89. 10.顾建军.建构素养导向的劳动教育体系[J].教育发展研究,2020,40(24):3. 11.赵志慧.小学生劳动素养现状及教育对策研究[D].华中师范大学,2020. 12.杨慧.小学生劳动素养测评研究[D].山西师范大学,2020. 13.李家邦.小学生劳动素养测评模型构建研究[D].西南大学,2021. 14.中共中央,国务院.中共中央 国务院关于全面加强新时代大中小学劳动教育的意见[EB/OL].[2020-03-26].http://www.gov.cn/zhengce/2020-03/26/content_5495977.html,2020-03-26.)

由上表可知,劳动能力8,劳动观念7,劳动知识6,劳动精神6,劳动价值观4,劳动习惯5,劳动态度2,劳动认知2,劳动创造力1,劳动习惯1等,通过对文献及文件梳理进一步发现,劳动能力、观念、精神、知识等出现的次数较多,研究发现,有些词语尽管表达方式有所差异,但本质是一样的。

依据冰山素质模型理论,对个人而言,其综合能力素质可划分为看得见部分及不可见部分,分别处于冰山以上及以下。而劳动素养则可以说是作为个人综合素质中的极其重要组成部分,也应该按照此逻辑进行结构划分。

具身认知理论中强调要重视学习者身心统一,使学习者参与实际的劳动情景,通过身心环境之间的交流逐步掌握实际的劳动经验和劳动技巧,同时也是在大脑、身体、情境的交流与碰撞过程中,认知发生变化,呈现一个不断生成发展的过程。

在文献分析的基础上,根据《义务教育劳动课程标准(2022年版)》对劳动素养内涵的阐释,本研究把学生劳动素养划分为四个维度,即劳动观念、劳动能力、劳动习惯和品质、劳动精神。劳动观念属于认知层面,是学生个体劳动素养的灵魂;劳动能力属于显性层面,是其关键,主要体现在学生个人日常生活中的实际行动方面;劳动习惯和品质是培养、发展个体劳动素养的根本;劳动精神则是学生劳动素养的核心内容。如图6-2所示,劳动素养是学生个体在这四个维度上的综合表现。

劳动观念总体表现为学生内心对劳动的整体认识,基于学生的亲身经历以及环境的熏陶所形成,这种认识在思想层面是指在脑海中形成对劳动现实的直接反应。由于"行为是由意识所决定",学生所存在的不同的劳动观念,会对学生的劳动态度和行为方式产生不同的影响。本研究在对劳动

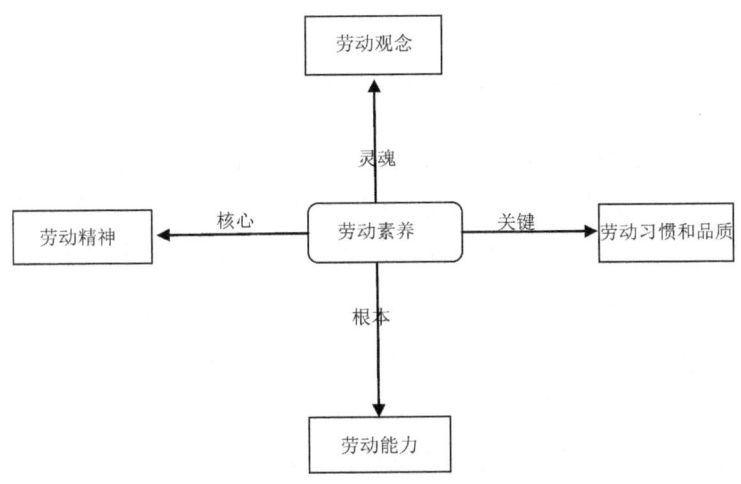

图 6-2 学生劳动素养结构

观念这一维度分析时,重点从三个方面加以说明,即劳动态度、劳动情感、劳动价值观。

劳动能力是作为劳动者完成劳动活动的本领,可以说是劳动者具备劳动要素的体现。主要强调学生的实践参与,既包括具体的劳动的技能,如工具的使用、自我服务的能力,也包括完成劳动需要具备的补充条件,如在劳动过程中的问题解决、创造性的劳动。在本研究中,劳动能力从劳动情感、劳动态度、劳动价值观三个方面进行说明。

《现代汉语规范词典》对品质从两个方面作出了阐述:①指人的言行、作风中所体现的思想、认识、品性等本质;②指物品的质量。① 本研究的品质是第一种解释,指劳动者在劳动过程中的行为、作风在其思想和行动中的体现。这种体现既表现在劳动的精神、意志,同时也体现在一些实际行动中,比如劳动过程中的行为习惯。概言之,劳动习惯和品质是指学生通过经常性劳动实践而巩固下来的行为方式和稳定内化的人格特质。本研究主要从劳动诚信、劳动意识、劳动品质对其进行说明。劳动精神是指劳动者在劳动实践过程中所展现出来的精神状态和精神面貌,也是劳动者关于劳动观念、劳动能力、劳动习惯和品质的集中体现。弘扬劳动精神、强调正确认识劳动是人类的本质活动,本研究主要从辛勤劳动、诚实劳动、合作劳动三个

---

① 李行健.现代汉语规范词典[Z].北京:外语教学与研究出版社,语文出版社,2004:1009.

方面对劳动精神的内涵加以阐释。

三、新时代劳动教育评价内容要素

对于新时代劳动教育的评价最终要落实到学生劳动素养的提升上,因此,为了科学、有效地进行新时代劳动教育评价,必须正确理解劳动素养的概念及内涵,基于劳动素养的内涵确定新时代劳动教育评价的要素。

(一)劳动素养的概念及内涵

"劳动素养"一词,最初是由苏联教育家苏霍姆林斯基(B.A.Cyxomjnh-cknn,1918-1970)所提出,并且他还指出劳动教育的最终目标是提高人的劳动素养,以实现真正完整的人。其关于劳动素养的内涵认识主要有以下两点:一是要掌握丰富的实际技能或技巧;二是指出这种技艺是经由长辈们的训练获得,同时还包含个体对于劳动价值的认识,要运用智力进行创造性劳动来体会劳动丰富的道德意义并担当起社会公民的责任。[①] 檀传宝则更加偏向实践性,指出劳动素养要经过生活和教育活动而形成,是与劳动有关的人的素养,包括劳动的价值观(态度)、劳动的知识与能力等维度,广义的"劳动素养"包含"劳动价值观",狭义的劳动素养则专指与劳动有关的知识、能力、习惯等。[②] 纪德奎、陈璐瑶则提出劳动素养具有综合性、体验性、社会性和阶段性等特点,其基本构成体系包含了劳动能力、劳动观念、劳动精神、劳动习惯和品质。[③] 杨慧在硕士论文中将劳动素养界定为经学校教育和后天家庭、社会环境长期影响下形成的一种稳定、综合的有关劳动的内在品质和能力的总和,包括劳动观念、劳动情感、劳动习惯和劳动能力等。[④]

可见一个人的劳动素养发展需要同时符合以下三个特点:一是在认识层面,必须通过在日常活动中不断积累劳动知识,提高自身劳动认知水平;二是在实际操作层面,要提升自己的劳动能力,养成良好的劳动习惯,这都要借助劳动问题的解决过程来实现;三是在反思层面,要树立积极的劳动价

---

① 鲍·塔尔塔科夫斯基.苏霍姆林斯基的一生[M].唐其慈,等译.北京:教育科学出版社,1986.
② 檀传宝.劳动教育的概念理解:如何认识劳动教育概念的基本内涵与基本特征[J].中国教育学刊,2019(02):82-84.
③ 纪德奎,陈璐瑶.劳动素养的内涵、结构体系及培养路径[J].天津师范大学学报(基础教育版),2021,22(02):16-20.
④ 杨慧.小学生劳动素养测评研究[D].临汾:山西师范大学,2020.

值观,这要求对劳动问题进行深入思考。

本研究对劳动素养的界定,更加侧重于个人和社会外部环境的相互作用,强调了个体劳动素养的培养提升要由原始劳动观念的形成到个人劳动能力的提升,再到个体劳动习惯品质的养成,直至将劳动精神内化于心、外化于行的这种内外交互作用的上升发展过程,所以本研究提出劳动素养是经学校教育和后天家庭教育、社会环境长期影响下产生的一种稳定、综合的有关劳动的内在品质和能力的总和,是最终内化为个体人格结构中稳定的组成部分,包括劳动观念、劳动能力、劳动习惯和品质、劳动精神。

(二)劳动素养的内容分析

根据前文对劳动素养的界定,以下将从劳动观念、劳动能力、劳动习惯和品质、劳动精神四个维度展开对劳动素养评价内容的分析。

1.劳动观念

劳动观念将直接影响学生劳动行为的表现,对学生劳动素养的发展将产生不可估量的影响。阐明劳动观念的内容尤为重要。通过对文献的进一步研读与剖析,本研究从劳动情感、劳动态度和劳动价值观三个方面分析了劳动观念的具体内涵。

劳动情感是一种体验感受,是对待劳动的情绪表现,是在劳动过程中所产生的,存在主体差异性。"一粥一饭,当思来之不易;半丝半缕,恒念物力维艰",可借此教导孩子来体会劳动成果的来之不易,继而在内心深处产生对劳动人民的尊重崇敬之情。

劳动态度是人们对劳动本身所表现出来的一种态度,即个体对劳动产生的肯定或否定的一种评价性反应。要引导学生端正劳动态度,树立劳动最光荣的观念。

劳动价值观包含对显性劳动价值和潜在劳动价值的认识。要意识到正确的劳动价值观的重要性,尤其针对小学生来说,要指导其形成正确的劳动价值观,从而调动学生们自身的劳动热情,助力学生创新劳动能力的培养。

2.劳动能力

能力是借助个体外在劳动行为得以表现。劳动能力是包括劳动基本技能、劳动一般技能、职业劳动技能。劳动基本技能对于个体而言,可以解决自己基本生存和工作需求,体现在日常生活和工作方面,日常生活方面是指像洗衣服、烹饪、整理房间等指向自己日常生活中自理能力的活动,工作方面则指无论从事任何岗位都所需的基本技能,如读写算等。劳动一般技能则指促进自身发展的能力,如创新能力、合作能力、沟通能力、问题解决能力等,可以说是在劳动基本技能基础上的进一步发展与提高,犹如"助推器",提高个体劳动过程中的满足感。本研究从劳动基本技能的生活方面与劳动一般技能进行分析,主要是从劳动知识、劳动技能、劳动创造三方面进行分析。

首先,要使学生掌握必备的劳动知识。根据学生所接触的主要劳动场域的不同,劳动知识主要分为家庭劳动知识、校园劳动知识、田园生产性劳动知识、社区服务劳动知识。学生在理解劳动任务的相关知识的基础上,能够更好地掌握劳动技能,有助于在实践中解决问题。

其次,帮助学生形成一定的劳动技能。对于学生来说,劳动技能的培养旨在培养其独立生活的自理能力,如独立整理物品、生活自理等,劳动技能是他们进行劳动的本领。

最后,培养学生的劳动创造能力。劳动创造的培养是指着重培养学生的创新意识,例如在劳动过程中,学生遇到问题能够进行积极思考,调动自身知识在不同事物中寻找相似点,寻求解决问题的办法。学生自身知识能力有限,可以借助材料进行创意性的劳动:改造笔筒、剪纸等。

3. 劳动习惯和品质

劳动习惯和品质是指个体经过长期积累已经形成的与劳动有关的稳定的行为倾向和人格特征,本研究结合教育部所颁布的文件,从三个方面对劳动习惯和品质进行阐述:劳动诚信、劳动意识、劳动品质。

劳动诚信旨在培养学生良好的劳动态度和品德,要求学生在劳动过程中不投机取巧、偷奸耍滑,养成诚实劳动、吃苦耐劳、勤俭节约等行为品格。

学生的劳动意识相对薄弱,尤其是小学生,遇到困难易轻易放弃,需要对他们进行积极教育,增强自觉性,实时进行自我监督调整,在劳动的过程中不轻易放弃,尽自己最大能力完成劳动任务,培养他们坚忍的劳动意志。

劳动品质是指学生在完成劳动任务时表现出来的劳动实践质量和表现水平,是决定个体能否顺利完成劳动任务的关键。

4.劳动精神

劳动精神是指学生在劳动实践过程中所展现的精神状态和精神风貌,它指导与规范着个体外在劳动行为的表现。在学生群体中弘扬劳动精神,引导学生崇尚劳动、尊重劳动,懂得劳动最光荣、劳动最伟大、劳动最美丽的道理,从而帮助学生树立正确的劳动观和择业观,提升学生服务社会、服务他人的奉献情怀和服务意识。本研究主要从辛勤劳动、诚实劳动、合作劳动三个方面阐释劳动精神的内涵。

首先,要涵养学生不畏艰辛、辛勤劳动的精神。通过组织和开展形式多样的劳动实践,让学生动手实践、出力流汗、接受锻炼、磨炼意志,在活动中教育学生用勤劳双手创造自己的美好生活。

其次,要使学生能够诚实劳动。诚实劳动要求学生在劳动的过程中不投机取巧、不破坏劳动工具、不偷奸耍滑、遵守劳动纪律、勤勤恳恳。

最后,培养学生合作劳动的精神。合作劳动则是指在劳动过程中,每一个团队成员能够发挥自身优势,促进劳动任务的完成,更加强调每个人的参与性及在此过程中的获得感。合作劳动,强调劳动过程中每一个成员能够各司其职、发挥优势,让劳动任务顺利完成,在此过程中每个人都能获得集体荣誉感、满足感、归属感。

第七章　新时代劳动教育评价的方法：写实记录

加强劳动教育，培养能劳动、会劳动、爱劳动的青少年劳动者，是新时代下对劳动教育提出的根本要求。① 劳动教育评价是劳动教育的方向盘和指挥棒，对保障劳动教育目标实现、提高劳动教育质量具有重要意义。在劳动教育评价中，学生的劳动观念、劳动意识具有抽象性和隐蔽性，无法使用定量的方法进行测量。写实记录作为一种质性评价方法，既通过形成性评价关注学生的个体发展过程，也通过终结性评价关注到劳动教育的结果，能够了解到劳动教育的效果以及学生的进步情况，及时改进劳动教育工作。因此，可以采用写实记录来对新时代劳动教育进行评价。

杜威曾说："所有的行为举止，只要不是盲目地仅凭感情冲动行事或只是机械地例行公事的话，似乎都包含评价。"② 评价涉及人们生活的方方面面，承担着教育生活的重要角色。然而受"泰勒评价模式"的影响，许多人认为劳动教育的评价就是通过测量或评估，给学生评分或划分等级加以区别开来，重视结果导向而忽略了过程，重视劳动教育评价的工具价值而忽视了人的发展。同时，我国教育评价观存在着突出"五唯"的顽瘴痼疾，由于劳动教育很少需要进行考试，所以老师和学生就忽视了劳动教育的重要性。当前我国劳动教育评价体系还没有形成，劳动教育形式化严重，教育实践意义缺失，劳动教育的价值也没有得到充分发挥。2020年3月，中共中央、国

---

① 李珂,曲霞.1949年以来劳动教育在党的教育方针中的历史演变与省思[J].教育学报,2018,14(05):63-72.
② 杜威.评价理论[M].冯平,等译.上海:上海译文出版社,2007:50.

务院颁布的《关于全面加强新时代大中小学劳动教育的意见》提出,全面构建具有时代特征的劳动教育体系,应健全劳动素养评价制度。将劳动素养纳入学生综合素质评价体系,把劳动素养评价结果作为衡量学生全面发展情况的重要内容。[1] 劳动教育呼唤一种行之有效的评价方式。

综合素质评价不仅关注学生的学习结果,重视学生的自我评价与教育,也关注学生的成长过程。写实记录作为综合素质评价的一部分,基于客观事实对学生劳动过程中的典型事件进行记录,发挥着选拔和育人的双重功能,是学生综合素质评价的重要方法。《义务教育劳动课程标准(2022年版)》指出,利用劳动任务单记录某项劳动任务的方案设计、劳动过程、劳动成果、劳动体会等情况。劳动任务单可作为评价学生劳动学习与实践效果、劳动目标达成情况的依据。[2] 写实记录对学生劳动教育的成长进行动态描述,对学生成长经历进行真实评价,为新时代劳动教育评价提供了新方法。

一、写实记录与新时代劳动教育评价的关系定位

理性分析写实记录与新时代劳动教育评价的关系,对实现劳动教育目标,促进学生发展有重要作用。以写实记录为载体对新时代劳动教育评价进行动态化评价,有助于促进学生劳动素养的提升。同时对写实记录进行"扬弃",促进写实记录的发展。二者相辅相成,把落脚点放在了促进学生发展上。

(一)写实记录是新时代劳动教育评价的载体

《现代汉语词典》中载体是指承载知识或信息的物质形体,如语言文字是信息的载体。[3] 后随着不断发展,载体即为中介,凡概念、思想的沟通形式以及借以沟通所使用的工具,都可以称之为载体。在劳动教育领域,载体是指承载、传导劳动教育因素,能为劳动教育评价所运用且能借此相互作用的一种教育活动形式。

---

[1] 中共中央 国务院.关于全面加强新时代大中小学劳动教育的意见[EB/OL].http://www.gov.cn/zhengce/2020-03/26/content_5495977.htm.

[2] 教育部.义务教育劳动课程标准(2022年版)[EB/OL].http://www.moe.gov.cn/srcsite/A26/s8001/202204/W020220420582367012450.pdf.

[3] 中国社会科学院语言研究所.现代汉语词典[M].北京:商务印书馆,1996:158.

劳动教育是一个长期的过程,它需要一种载体能够反映学生劳动教育过程的持续性成长过程。写实记录作为新时代劳动教育评价的载体,使学生自己记录劳动的过程及感受,承载了学生的劳动教育知识与能力,为学生提供一个展示自我、发现自我的平台,从而实现自我提高。此外,写实记录所呈现的内容是衡量劳动教育评价的参考依据,它可以真实地反映学生在劳动教育中内隐的劳动素养及外显的行为表现,通过这一载体,家长、教师可以发现学生劳动教育存在的优势与不足之处,形成教育合力,更好地促进学生劳动素养的提高。

(二)新时代劳动教育评价为写实记录使用效果提供反馈

反馈是控制论的基本概念,指将系统的输出返回到输入端并以某种方式改变输入,进而影响系统功能的过程。根据反馈对输出产生影响的性质,可以把它分为正反馈和负反馈。写实记录到底好不好、适不适用于劳动教育评价,还需在实践中检验。

通过使用写实记录对新时代劳动教育进行评价,来检验写实记录使用的可行性。根据使用效果来保留和发挥其积极的、合理的因素,促进正反馈;剔除和改进其消极的、不合理的因素,促进负反馈。从而在整体上实现新时代劳动教育评价对写实记录使用效果的"扬弃",即辩证的否定,促使写实记录的进一步发展,实现服务于劳动教育效果的最大化。

(三)写实记录与新时代劳动教育相辅相成、相互促进

劳动教育具有育人性、实践性、过程性、综合性、系统性和发展性[①],劳动教育是一个长期的、发展的过程,因此劳动教育评价并非一成不变的。写实记录具有真实性、教育性以及动态性,能够有效切合新时代劳动教育评价的需要。写实记录呈现在人们面前的不是一个简单的分数,而是体现学生劳动教育经历的第一手资料,为多主体相互交流提供平台。通过翻阅学生的写实记录,能够了解到学生在劳动教育方面的发展状况,对比前后的行为表现和体验感受来衡量学生是否达到劳动教育的目的,从而改进劳动教育,提高劳动教育质量,提升学生劳动教育效果。通过新时代劳动教育评价又能够检验写实记录的使用效果,从而促进写实记录研究的进一步丰富和完

---

① 李臣之,梁舒婷.新时代劳动教育的内涵与特征[J].课程教学研究,2021(08):4-10.

善,更好地指导学生的发展。

写实记录是新时代劳动教育评价的载体,新时代劳动教育评价又为写实记录的使用效果提供反馈,因此二者是相辅相成、相互促进的关系,共同致力于学生的生命成长。

二、写实记录应用于新时代劳动教育评价的理论构建

由于劳动教育的特殊性,不宜采用传统量化方式来进行评价,写实记录对劳动教育评价具有必要性和可行性,因此构建写实记录评价体系至关重要。

(一)写实记录的目的:促进学生发展

一方面,写实记录必须坚持以促进学生发展为根本目的。写实记录要在新课程理念的指导下,改变传统评价的弊端,将过去评价"选拔合适的儿童"转变为"建立适合学生发展的教学环境"。为学习者创设良好的教育环境,让其从自己的角度感知世界、理解世界,鼓励学习者发挥自身经验、激发创造潜能,强调学生通过自我评价衡量自己的劳动过程与结果,体现学生的自我反思与成长,促进学生学习方式的转变。"写实记录促进学生的自我反思、自我教育和自我成长。学生本人撰写、记录自己的成长经历和'故事'的过程,其实也是一个自身不断总结、体悟、内省、改进和提升的过程。在此过程中,学生能够不断发现自我、建立自信、克服不足,进而也就促进了自身的持续成长和进步。"[1]要倡导学生形成积极主动的学习态度,主动参与、勤于动手,培养分析和解决问题、交流与合作等能力,发挥评价促进学生发展的功能。

另一方面,写实记录要坚持以提高学生的劳动素养为基本目的。现实中,不少青少年不想劳动、不会劳动、不珍惜劳动成果,甚至有部分青少年渴望不劳而获,因此如何对症施治便显得十分重要。劳动教育具有长期性,学生的劳动素养并不只是得到一个成绩那样简单,它是学生的劳动意识、劳动技能、劳动情感的整体表现。成长记录通过让学生对自己经历过的活动、获

---

[1] 王宏伟,刘志军.综合素质评价中的活动写实记录:误识与匡正[J].中国教育学刊,2016(09):47-50.

得的奖励进行回顾和收集,总结和反思自己的实践状况,并积极调整自己来实现自我提高。① 要想真正提升学生的劳动素养,就需要让学生清楚知晓自身劳动素养的优势与不足之处。从学生角度衡量自身劳动教育的效果,使学生认识到劳动教育的意义,自觉历练满足自身生存发展所需要的基本劳动能力,培养强健的身体素质和健康的心理素质,养成良好的生活方式,培育积极的劳动精神。

(二)写实记录的原则:可操作、多元和有效性

把握写实记录在新时代劳动教育评价中的运用原则,能够为新时代劳动教育评价科学化、规范化实施提供必要的理论基础。

1.写实记录运用于新时代劳动教育评价要有可操作性

写实记录能不能真正应用于学生的劳动教育评价,可操作性具有关键作用。为此,写实记录的评价方式应该是动态的、开放的,没有标准的答案。在使用写实记录时要注意减轻学生的心理负担,营造出轻松愉悦的氛围,让学生"自由发挥"、自主记录。同时,教师要重视提高学生的"主人翁"意识,充分发挥学生的评价积极性,加强对学生写实记录的过程指导,让学生清楚地明白如何使用写实记录来实现自我提高。

写实记录必须淡化评价的选拔功能,突出评价对学生发展的促进作用。在设计内容时要结合新时代劳动教育的目的和要求,根据劳动教育类型的不同,设计不同的评价侧重点。充分考虑学生的认知特点和身心发展规律,设计简洁、使用方便,不宜复杂过多,设置的内容要能够引起学生的反思和启发。

2.写实记录运用于新时代劳动教育评价要有多元性

这里的多元主要是指评价内容和评价主体的多元化。评价内容方面,不同于语文、数学等学科课程强调基础知识和基本技能为主要评价内容,劳动教育评价的焦点是学生劳动素养,如劳动态度、劳动精神、劳动价值观等,这就需要采用质性的评价方法。因此写实记录要有多元性内容,通过收集活动记录表、学生作品、活动照片等,如实记录学生在劳动过程中所承担的角色、完成的任务、个人的表现等,提供真实的材料。

---

① 罗祖兵,邹艳.高中综合素质评价的矛盾探析[J].教育理论与实践,2013,33(08):27-29.

评价主体方面,学生是学习的主体,在评价活动中,学生是积极的参与者和合作者。写实记录要以自我评价为主,鼓励学生、同伴、家长、教师共同参与评价,做到评价主体的多元化,帮助学生在自我评价、他人评价中不断认识自我,积极调整自我,从而实现自主学习和发展。

3.写实记录运用于新时代劳动教育评价要有实效性

写实记录的实效性是指写实记录要有实施效果的目的性,要真正达到劳动教育评价的目的。学生是一切活动的出发点和归宿,教育评价的一切措施都要服务于学生的成长。不同学生参加同样的劳动教育活动可能会有完全不同的体验和感受。如果评价只剩下"优秀、合格、良好等"空泛的语言时,教师对于学生的了解就会显得片面,与完整的人的发展相去甚远。

鉴于此,写实记录的评价方式要以学生的自我描述为主来呈现自我发展,要求学生在进行写实记录时要以诚信为本,客观呈现活动的具体情况,保证结果的真实有效。由于学生的先天禀赋、生活环境等方面均不相同,其发展方向和发展速度不同,建构知识的意义也不同,因此要承认学生之间的差异性,不追求学生的同步和平均发展。在了解学生的成长与进步、多样化需求后,采取多样化的评价方式,及时有效地引导学生学会自我教育,最终达到促进学生成长的目的。

(三) 写实记录的评价主体:自我评价+他人评价

为充分调动学生在写实记录评价中的积极性,减轻教师的工作压力,使评价结果更具备真实性,写实记录运用于新时代劳动教育评价要以学生自我评价为主,他人评价为辅,自评与他评相结合的方式,做到评价主体的多元性。

写实记录要充分调动学生的内驱力,强调学生直接参与评价过程,成为评价的主体,使写实记录作为一种自我评价方式赋予学生更鲜活的生命意义。自我评价体现在个体对自己心理、思维及行为活动的内容、过程及结果的自我体验与再认识过程。[①] 在这一过程中,学生不是被动地复制信息,而是主动解释信息,建构知识的意义,帮助学生发现自我、认识自我,及时改正缺点。

---

① 陈琦,刘儒德.当代教育心理学[M].2版.北京:北京师范大学出版社,2007:134.

他人评价与自我评价相对,这里的他人主要有教师、家长、同伴、社会人士,教师贯穿于评价的全过程。在生产劳动中,同伴为重要他人;在生活劳动中,家长为重要他人;在服务性劳动中,社会人士为重要他人。同伴、教师、家长、社会人士站在客观角度对学生的表现及时地做好记录与评定,促成评价者与被评价者之间的交流,形成对学生更客观、完整、清晰的认识,做到主客观相结合,以达到导向和鼓励的作用,以评价促发展。

(四)写实记录的评价内容:发展性、差异性

《义务教育劳动课程标准(2022年版)》指出,评价内容要紧扣课程内容要求和劳动素养要求,客观准确地反映学生在真实情境下劳动素养的表现水平。① 由于劳动教育的内容具有高度的开放性,因此把握基本的内容结构非常重要,不仅要充分考虑其内容的类型结构、场域结构,而且要考虑性质和层次结构。② 中小学劳动教育评价内容的设计要兼顾发展性与差异性,体现评价内容的全面性,以促进中小学生劳动素养的提升,达到劳动教育目标。③ 学生要先参与到真实的劳动场域中,亲身经历、切身体会,形成自己的经验。学生是具有差异性的独立个体,评价内容要符合劳动教育特征及学生成长特点,尊重学生在不同劳动评价内容上的个性化表达。

如表7-1,新时代劳动教育评价的写实记录可以包括基本信息、活动主题、活动时间、活动准备、活动过程、活动成果、自我评价、教师评价、其他评价(家长评价、同伴评价、社会评价)。在写实记录中,可以根据不同类型的劳动教育进行个性化评价。在评价时,要能够表现出学生劳动知识与技能的掌握、参与劳动教育活动的积极性、热爱劳动的态度、交流与合作能力、反思与改进能力。

---

① 教育部.义务教育劳动课程标准(2022年版)[EB/OL].http://www.moe.gov.cn/srcsite/A26/s8001/202204/W020220420582367012450.pdf.
② 顾建军.加快建构新时代劳动素养评价体系[J].人民教育,2020(08):19-22.
③ 陈含笑,徐洁.中小学劳动教育评价的意义、困境与对策[J].教师教育论坛,2020,33(12):12-15.

表 7-1　写实记录表

班级		姓名	
活动主题		活动时间	
活动准备			
活动过程			
活动成果			
自我评价			
教师评价			
其他评价			

（五）写实记录的评价结果：客观记录+反思评语

在手段方面，可以通过实物资料和电子资料来呈现学生劳动教育活动的写实记录。实物资料主要有评价表、手抄报、优秀作品等。电子资料主要有美篇、活动照片、活动视频等。按照每次劳动教育活动来分配，保管的形式要集中统一。实物资料可以按班级和活动归类由学校保管，电子资料可以由教师统一打包记录，家长辅助保管。

在制度方面，要制定写实记录评价的展示制度，注重平时表现和阶段性综合评价。首先，可以采取小结制度。"3-4 年级及以上可鼓励学生采用多种方式分享交流，如写劳动周志，记录自己的心得体会和任务完成情况等，并指导学生依据各项评价标准对自己和他人在劳动过程中的表现作出评价。"[1]在劳动教育课程、活动结束后，学生整理自己的写实记录材料，与学生们互相交流学习。其次，也可以采取评比鼓励制度，学生根据写实记录来推选出"劳动之星""劳动小能手"等荣誉称号，让评比起到刺激、巩固、强化

---

① 教育部.义务教育劳动课程标准（2022 年版）[EB/OL].http：//www.moe.gov.cn/srcsite/A26/s8001/202204/W020220420582367012450.pdf.

的作用。最后,采取写实记录展示制度,可以通过线上线下定期举行写实记录的展示活动,线上利用班级群、学校公众号来举办活动,线下可以在学校或班级进行展出活动,例如汇报展览、演出活动、黑板报展示、班级文化墙等。

三、写实记录应用于新时代劳动教育评价的典型案例

为深入研究写实记录在劳动教育评价中的运用现状,探索更加行之有效的运用策略,帮助学生取得更大进步,本次研究的对象选取河南省两所小学,收集了一些学生的代表作品、活动记录等200份事实材料,分析了教师、学生、家长在写实记录中的评价,以案例的形式呈现出来。并以小学教师和学生为样本,对两所小学进行写实记录在小学劳动教育评价中的运用的现状进行访谈,此次访谈随机抽取7位教师和13位学生。主要收集教师和学生对写实记录的认识、内容、使用和效果的评估,以及对小学劳动教育中写实记录运用的看法,实施过程中出现的问题、原因和对于写实记录方式进行劳动教育评价建议的感性材料。

H小学位于河南省开封市,拥有一流的办学理念、教学条件、教师队伍和教育质量,是开封市首批合格小学。学校坚持科研兴校,从2014年开始实施综合素质评价,写实记录是劳动教育评价的重要方式,劳动教育评价是综合素质评价的一个组成部分,其经验对写实记录在劳动教育评价的实践有研究意义。D小学位于河南省开封市,学校深入发掘整合劳动教育资源,引导学生尊重劳动、参与劳动、热爱劳动,充分发挥劳动综合育人的作用,是第二批河南省中小学劳动教育特色学校,其在劳动教育评价方面的经验具有研究价值。

表7-2 教师信息编码表

教师编码	性别	任教科目	任教年级
A	女	语文	三年级
B	女	语文	四年级
C	女	语文	五年级
D	女	语文	六年级

续表

教师编码	性别	任教科目	任教年级
E	女	语文	六年级
F	女	语文	四年级
G	女	语文	三年级

表 7-3 学生信息编码表

学生编码	性别	年级
A	女	三年级
B	男	五年级
C	男	三年级
D	女	四年级
E	男	五年级
F	男	六年级
G	女	三年级
H	男	三年级
I	男	五年级
J	男	四年级
K	女	五年级
L	男	四年级
M	女	三年级

在收集教师、学生的访谈结果和相关案例后,进行合理的整合、分析,以此来发现这些简单数据背后蕴含的真实情况。按照劳动教育实践活动的类型,将其分为生产劳动写实记录、生活劳动写实记录、服务性劳动写实记录三部分。

(一)生产劳动写实记录

1.生产劳动写实记录的内容

生产劳动写实记录一般包括学生基本信息、劳动基本信息、劳动过程、心得体会、自我评价、他人评价等内容。学生基本信息包括班级、姓名等;劳动基本信息包括劳动时间、劳动地点、劳动主题等;劳动过程主要是详细介绍劳动开展的经过和劳动实施的步骤;心得体会主要是学生在生产劳动活动过程中或活动后的收获、反思、经验、教训等;自我评价是个人对自己的整体评价;他人评价主要是教师作为主要见证者对学生的整体评价。学生通过写实记录评价表,对假期参与的学农活动的实践进行总结。通过表格的方式来记录学生的基本资料、劳动内容、劳动过程、心得体会、自我评价、家长评价等活动信息。

2. 生产劳动写实记录的主体

学生本人是写实记录的最重要主体,基本资料、劳动过程、心得体会、自我评价部分都由学生本人完成。他人是写实记录的评价主体。他人包括同伴、家长、活动见证者等。在生产劳动教育中,同伴是重要他人。由于社会认知能力发展水平相近,同伴能更好地理解学生的动机和目的,对学生的劳动情况进行反馈。良好的同伴关系有利于学生自我概念和人格的发展,可以提供诊断、榜样、激励和强化的作用。教师是写实记录的鉴定主体。他们通过对写实记录的内容的真实性、完整性进行审核,进行学校层面的鉴定,可以以签字或加盖公章的形式呈现。生产劳动写实记录主体遵循多元化原则,由学生本人记录了基本信息、劳动基本情况、活动过程、活动感受;同伴作为重要他人对学生进行客观评价;学校通过加盖公章的形式对写实记录进行审核。

3. 生产劳动写实记录的效果

(1) 优点

第一,促使学生掌握劳动技能。通过分析学农活动记录表中学生的活动感受与体会,我们可以看出,生产劳动写实记录的运用具有实效性,它使学生回顾自己在生产劳动中的操作步骤,强化劳动技能的掌握,关注到自我在劳动教育中的体会和成长,能够真正让学生学有所获。

如学生 F 表示:"在这次收花生的过程中,我掌握了一些动作要领:1. 手握着花生叶子的根部。2. 用脚踩一踩。3. 左右一扭,花生就全部出来了。并且我也体会到了农民伯伯的辛苦。在炎热的夏天,我们都在家里吹着空调,吃着美味的食物,农民伯伯却在太阳底下为我们种粮食。我们一定要珍惜粮食。"

第二,提高学生的交流与合作能力。写实记录为学生搭建了良好的沟通平台,通过同学之间的沟通交流和互相评价,培养合作精神和合作能力,使学生体会到团队协作的重要性。

如学生 C 表示:"拿着花生往家走我很开心,很有成就感,因为这是我们共同付出的心血。在团结中感受幸福,在活动中体验快乐。"

学生 D 表示:"我深刻体会到劳动的不易,坚定了自己在以后的生活中能够吃苦耐劳的决心。团结就是力量,团队协作的重要性在这次活动中充分体现,每个同学都能认真负责地完成任务,大家都能够和睦相处、互相体谅。"

学生 E 表示:"通过这次收花生实践活动,我感受到了自己动手的快乐,自己摘的花生吃着才香。也懂得了'人心齐,泰山移'的道理,只要我们团结一致,共同努力,就会获得回报。"

第三,促使学生养成珍惜粮食、热爱劳动的品质。学生从写实记录中回顾参与劳动的过程,体会到劳动成果的来之不易,养成了珍惜和节约粮食、热爱劳动的好习惯。

如学生 A 表示:"我感受到了农民伯伯种地的辛苦,以及每一颗花生的来之不易。所以我们以后一定要尊重他人的劳动成果,不能再浪费粮食。"

学生 B 表示:"这次活动很好地锻炼了我们的动手能力,也告诉了我们什么叫'自己动手,丰衣足食。'不劳而获是不可能的,天上掉馅饼更是不可能的,有付出才会有收获。我很喜欢学农实践活动。"

(2)缺点

第一,反思意识不足。反思能力是影响学生成长的重要因素之一,是学生自身发展的需要。学生反思意识不足,导致生产劳动写实记录收效甚微。如学生 G 提到:

"中秋节放假前日,我们全校老师带领同学们一起去采摘农作物。我高兴极了!到了那里我们先去参观果园和菜地,我看见了花生、毛豆、玉米、小麦。之后我们去了花生地开始拔花生,我抓住花生秧,一下子拔出来好多花生装进袋子里,我开心极了!"

学生 G 对学农活动进行了简单回顾,只记录了学农活动的过程,没有就活动进行总结体会,缺少自我评价、他人评价,记录空泛表面不够深入,反思意识不足。

第二,他人评价较为混乱。家长对学生的生产劳动活动状况缺乏了解,难以对学生参与劳动实践活动过程的表现进行有效评价。如家长 A 在学生的学农活动写实记录中写道:

"在家长心里是个听话的孩子,尊敬老人,经常帮忙干一些家务,懂得理解父母的辛苦,能够坚持不懈地做好每一件事情。"

家长 A 的生产劳动写实记录评价并未针对学生此次学农实践活动,而是简单地评价学生在家表现,文不对题,对学生的帮助较小。

(二)生活劳动写实记录

1. 生活劳动写实记录的内容

生活劳动写实记录一般包括学生基本信息、劳动基本信息、劳动过程、心得体会、自我评价、他人评价等内容。学生基本信息包括班级、姓名等;劳动基本信息包括劳动时间、劳动地点、劳动主题等,其中劳动主题是一些基础性生活劳动,如整理房间、清洗衣物、扫地拖地、煮饭洗碗等;劳动过程主要是详细介绍生活劳动开展的经过和实施的步骤;心得体会主要是学生在生活劳动活动过程中或活动后的收获、反思、经验、教训等;自我评价是个人对自己进行生活劳动的整体评价;他人评价主要是家长作为主要见证者对孩子生活劳动效果的整体评价。如图 7-1 所示,生活劳动写实记录实现了内容多元化。它以评价记录表的方式,记录了班级、姓名、性别、时间、劳动内容、劳动过程、心得体会、自我评价、家长评价

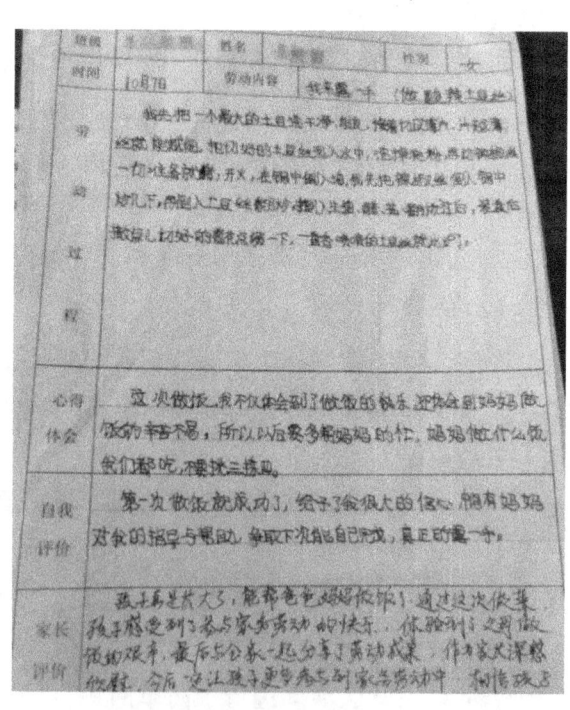

图 7-1 生活劳动写实记录评价表

等信息。

2.生活劳动写实记录的主体

学生本人在生活劳动写实记录中处于主导地位,主要记录基本资料、劳动过程、心得体会、自我评价。家庭在劳动教育中发挥着基础作用,家长是贯穿于孩子一生的重要角色。在生活劳动写实记录中,家长是学生生活劳动的主要见证者。家长评价发挥着家庭教育功能,直接影响了孩子的健康成长,发挥了诊断、激励和强化的作用。教师扮演着指导者的角色,根据学生和家长的记录,客观评价学生在生活劳动中的表现,促进学生改正和提高自己。如图7-2所示,生活劳动写实记录中学生本人记录了劳动时间、主题、证明人、活动内容、感受与收获。评价主体具有多元性,家长作为重要他人对孩子进行评价,成长导师根据家长和学生的记录来评价学生生活劳动效果。

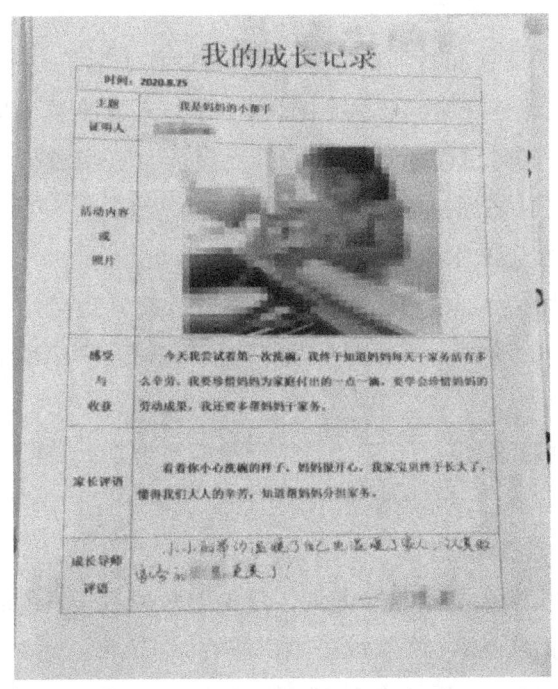

图7-2 生活劳动写实记录评价表

3.生活劳动写实记录的效果

(1)优点

第一,拉近了亲子关系。生活劳动加强了父母与孩子之间的沟通交流。

通过分析生活劳动写实记录中的家长评语,我们可以看出,家长认识到了生活劳动的重要性。父母与孩子共同参与劳动,与孩子聊天、谈心,拉近父母与孩子之间的距离,推动构建和谐的家庭关系。

如家长 D 表示:"通过劳动锻炼了生活技能,有助于孩子身体和大脑发育,减少电子产品的使用时间。"

家长 C 表示:"孩子在劳动中表现得很棒,劳动就要持之以恒。虽然身体有些不舒服,但是也不能阻挡孩子劳动的热情。看到孩子从一楼认真擦栏杆直到四楼,额头微微渗汗,证明他从心底里是认真的、仔细的,不怕脏、不怕累,希望孩子在以后继续发扬吃苦耐劳的品质。"

家长 E 表示:"这次面做得色香味俱全,除了面片宽窄厚薄不均匀,其他都接近完美。以后一定要多加锻炼孩子的厨艺,学会生活、享受生活,柴米油盐也是一种成长和修行。"

第二,有利于家长和教师更好地指导、帮助孩子成长。生活劳动是培养孩子劳动素质的绝佳课堂,在生活劳动中,写实记录加强了学生与家长、教师的沟通交流。同时也使家长和教师看到孩子的点滴成长与进步,教师在学生和家长的记录之后进行评价,能够加强家校沟通,使家校形成教育合力,共同致力于学生的生命成长。

如家长 B 表示:"通过自己动手整理房间才能知道劳动的重要性,才能有保持房间整洁的动力。以后需要做好计划再进行,事半功倍!"

(2) 缺点

第一,学生的总结反思不足。总结反思既是劳动教育的一部分,也是促进劳动教育优质高效开展的途径。学生总结反思不足影响了劳动教育评价的实效性。如学生 H 写道:

在假期里,我学会了做花样馒头。首先把两种不同颜色的面团发酵,然后各取出一份,搓成条状,像编辫子一样编在一起,将面团辫子盘在一起就成为花样馒头。将花样馒头蒸熟就可以吃了。吃着自己亲手做的花样馒头,心里别提有多高兴了。

学生 H 只是简单记录了生活劳动的过程,没有对此次生活劳动进行总结反思,缺少最基本的自我评价,没有把握到写实记录的精髓所在。

第二,评价过于简单、套话居多。单一的评价方式忽略了学生的个体差

异,容易使评价结果片面,使学生失去成长发展的原动力。例如成长导师 A 写道:

"小小的举动温暖了自己也温暖了家人,认真做家务的你更美了。"

如图 7-3、7-4 所示,家长评价多为"很好、一般、太棒了"等模糊性词汇,不仅未能体现学生的劳动效果,还会让学生失去写实记录的兴趣,对学生帮助不大。

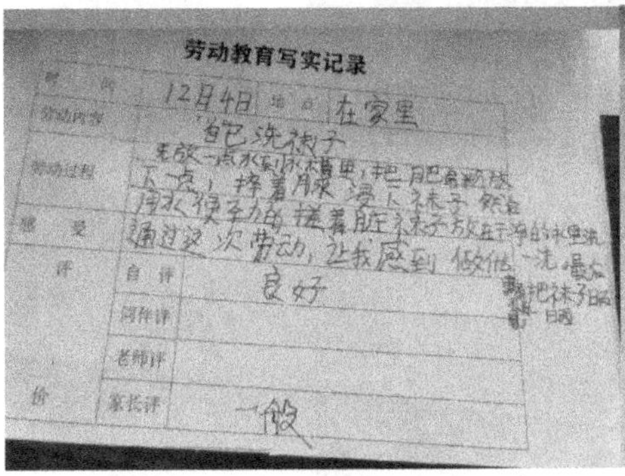

图 7-3　生活劳动写实记录 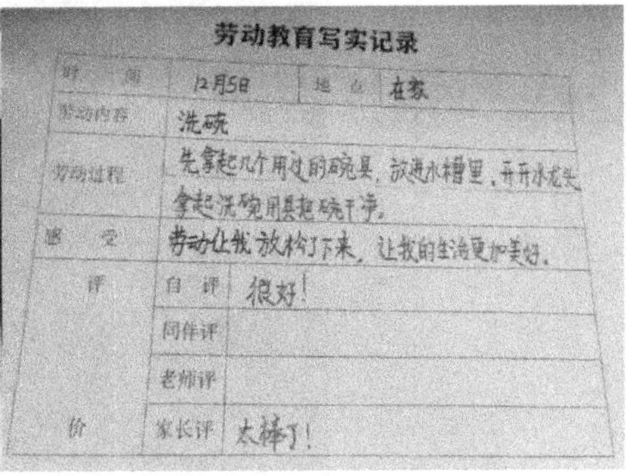　　　图 7-4　生活劳动写实记录

(三)服务性劳动写实记录

1.服务性劳动写实记录的内容

服务性劳动写实记录一般包括学生基本信息、劳动基本信息、劳动过程、心得体会、自我评价、他人评价等内容。学生基本信息包括班级、姓名等;劳动基本信息包括劳动时间、劳动地点、劳动内容等,其中劳动内容主要有社区活动、环境保护等;劳动过程主要是详细介绍服务性劳动活动开展的经过和实施的步骤;心得体会主要是学生在服务性劳动活动过程中或活动后的反思、经验、教训等;自我评价是个人对自己进行服务性劳动的整体评价;他人评价主要是社会人士作为主要见证者对学生生活劳动效果的整体评价。总体而言,服务性劳动写实记录内容多元,以评价记录表的方式,记录了班级、姓名、性别、时间、劳动内容、劳动过程、心得体会、自我评价、家长评价等信息。服务性劳动写实记录的形式多样,除了文字记录外,还可以结合电子平台制作美篇。如图 7-5 所示,美篇主要以图文结合的方式,加入背景音乐,记录志愿活动的时间、地点、劳动内容、劳动过程、总结体会等。学生、教师制作完美篇后上传至班级群和学校网站,从而加强交流。

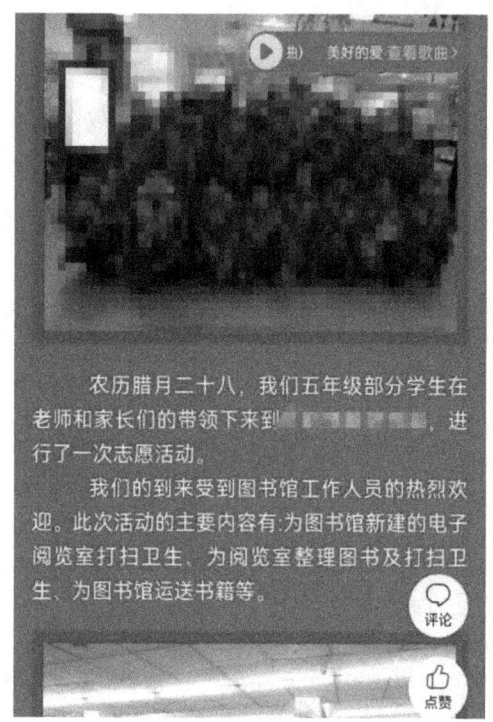

图 7-5 服务性劳动美篇

2.服务性劳动写实记录的主体

在服务性劳动写实记录中,学生依然是记录的主体,主要记录自己在服务性劳动中的劳动过程、心得体会、自我评价等。社会人士是学生服务性劳动的关联者,作为学生服务性劳动的重要他人,社会人士的评价具有激励作用,促使学生积极向上以追求更高的社会期望,因此社会人士也应该参与评价当中。但已有的资料显示,服务性劳动写实记录的评价主体较为单一,评价大多是家长和教师作为见证人,并没有社会人士对学生的劳动情况进行评价,这也反映出社会评价具有一定的难度。大多是教师客观评价学生在服务性劳动中的表现,促进学生更好地认识自我、改正自我。如图 7-6 所示,服务性劳动写实记录中学生本人记录了时间、班级、姓名、主题、活动内容、感受与收获。家长和成长导师针对服务性劳动中学生的表现情况对学生进行客观评价,寄予期望。

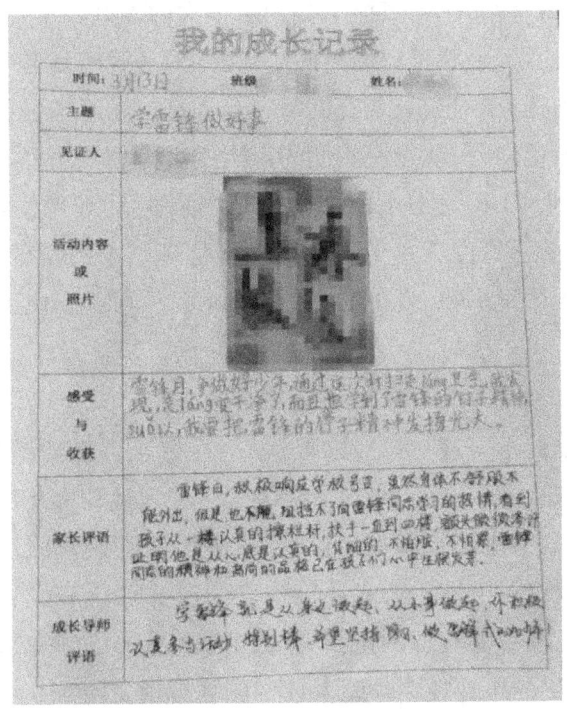

图 7-6　服务性劳动写实记录

3.服务性劳动写实记录的效果

(1)优点

从学生对服务性劳动活动的自我评价可以看出：服务性劳动写实记录使学生对自己在劳动过程的表现进行反思，从过去的被动接受评价变为主动自我评价。它的优点表现在：

第一，促进自我反思。在服务性劳动过程中及时整理回顾自己的劳动表现，强化了从活动中获得的宝贵经验体会，从而促进自我提高。

如学生 I 表示："在植树期间，我发现我出现了以下几点问题：1.工具选择不合适，我的铲子太小，挖坑很慢。2.浇水浇得不够。3.在放树苗时，总是不正，歪歪扭扭地很不美观。"

第二，激发了乐于奉献社会的价值观。服务性劳动活动为学生提供了一个与社会全方位交流的真实场域，使学生开阔了眼界。通过回顾完成服务性劳动写实记录，使学生认识到自身的社会价值，践行了志愿服务"奉献、友爱、互助、进步"的志愿精神，理解劳动价值的内涵，强化社会责任意识、规则意识、奉献意识，使学生自身能力得到了很大的提升。

如学生 J 表示："虽然植树的时间比较短，但是我感到非常的快乐，平常都没有机会去种树。我想，只要我们每一个人都行动起来爱护环境，种一棵树、节约用水、绿色出行，就能使我们的家园变得更加美丽。"

学生 K 提到："'我是小小图书管理员'活动，让我的生活变得更加有趣，我感受到了图书管理员每天都在图书馆整理图书的辛苦。在参加社会实践活动中让我认识书籍、爱护书籍、喜欢阅读。同时也体会到了工作的辛苦与责任。"

（2）缺点

写实记录设计不合理。一般来看，学生在记录自己活动收获时会使用大量的拼音，由此可知文字记录对低年级学生来说还较有难度，这也从侧面反映出，低年级的写实记录形式不合理，没有把握好可操作性原则。

他人评价具有局限性。他人评价中多为家长评价和成长导师评价，社会人士作为服务性劳动教育的重要客体没有参与评价当中来，缺少社会角度的评价，使学生的服务性劳动教育评价的客观性受限。

对目前写实记录在生产劳动、生活劳动和服务性劳动教育评价中的运用情况进行分析，我们能够看出，写实记录围绕劳动活动，引导学生回顾劳动过程进行价值体认，理解劳动实践的价值与意义，体验到劳动成果的来之不易，养成了主动反思、加强合作交流的习惯。同时，它也存在着设计不合理、反思不足等问题，还需进一步探讨和研究。

四、写实记录用于新时代劳动教育评价的建议

写实记录是一个新兴事物，如何让其落地生根，在"应试"与"育人"之间找到一个平衡点，发挥其应有的教育价值，是我们需要重点关注的问题。写实记录在劳动教育评价中运用的探索还"在路上"，为了更好地实现写实记录的意义与价值，我们需要提高对写实记录的认识；加强对小学劳动教育中写实记录的科学指导；改革评价，优化写实记录应用的环境；合理应用写实记录，以评促学。

（一）提高对写实记录的认识

写实记录这一新的评价方式既体现了形成性功能，又兼顾了总结性功

能,它体现了教育评价发展的走向,为开展中小学劳动教育评价工作提供指导。因此,我们必须对它进行全面的认识,只有在充分认识的基础上才能更好地将之运用。

1. 树立正确观念

近些年来,写实记录被广泛运用,在基层工作中,写实记录也叫"痕迹管理",通过保留下来的文字、图片等工作材料,有效还原服务群众的工作状况,供日后查证。在劳动教育活动中,写实记录通过学生自己记录活动过程、活动感受等来促进自我反思和自我教育,检验学生是否达到劳动教育目标,获得劳动素养。观念问题是写实记录的核心问题,如果评价理念没有得到真正的更新转变,评价的效果就会不理想。

教师和家长都应该明白写实记录的开展并不意味着知识学习的忽视。正确认识写实记录,就要了解写实记录的定义、基本特征、用途、功能及其意义。学校要充分调动家长参与写实记录评价的热情,引导家长尊重学生主体地位,避免家长包办现象发生。教师要有针对性地提高自己处理问题的能力和效率,帮助学生清楚地了解写实记录的功能和价值。学生自我评价的重要作用就在于引领自我教育,使评价从外在的要求转变为内部的需求,切实增强学生自我评价的能力。在运用写实记录评价时,要把握真实性原则,不仅将自己的优势、亮点展现出来,还要将自己的不足展示出来,避免话语装扮、言行相悖。

2. 重视使用写实记录对劳动教育进行评价

多元智能理论提出,人与人之间没有智力上的好坏高低之分,只有多种智力不同组合形成的差异。教育必须尊重学生的客观差异,多一把衡量的尺子,为每一位学生的成长创造机会。劳动素养是内在的,不能直接观测,需要以活动为载体进行间接分析。《义务教育劳动课程标准(2022年版)》指出,利用劳动任务单记录某项劳动任务的方案设计、劳动过程、劳动成果、劳动体会等情况。劳动任务单可作为评价学生劳动学习与实践效果、劳动目标达成情况的依据。[①] 写实记录作为学生评价的手段,可以记录学生的

---

① 教育部.义务教育劳动课程标准(2022年版)[EB/OL].http://www.moe.gov.cn/srcsite/A26/s8001/202204/W020220420582367012450.pdf.

劳动教育情况,具有鉴定、监督、激励、教育等功能,重视写实记录的使用对提高学生劳动素养有积极意义。

写实记录的评价方式也要注意多元主体的参与,由于各个评价主体关注的角度不同,价值判断标准不同,在评价过程中会有不同的观点,要注意各评价主体之间的交流,促进劳动教育的不断完善和发展。在运用写实记录进行劳动教育评价的过程中,要注重根据学生身心发展的特点,在把握小学劳动教育的目的和基本要求的基础上突出劳动教育活动过程中学生综合能力的提高,制订适合他们的劳动教育评价计划。

3.加强对写实记录的研究与培训

伴随着新课程改革的深入推进,传统评价方式已不适合当前劳动教育评价的发展,写实记录作为一种质性评价方式越来越受到关注。但我国关于写实记录的研究相对匮乏且质量参差不齐,不能为写实记录在劳动教育中运用提供强有力的理论支撑。对写实记录的基本理念、操作步骤的了解不足,缺少统一规范、培训指导,导致写实记录在实践中"走弯路",影响了实际应用效果。

因此,要加强对写实记录的理论研究,从建构主义、多元智能、自主学习、元认知、教学民主、真实性评价等不同视域进行基本理论分析,找出促进学生发展的作用机制和具体操作的关键技术。同时研究者还要深入基层,与中小学教师一起开展行动研究,形成先进经验和优秀案例。最后在此基础上开发理论与实践相结合的培训教材,加强教师的理论培训与实践指导,引领教师在实践中合理、高效地应用。[①] 只有教师具备专业的写实记录评价能力,才能更好地指导学生,帮助家长和学生正确认识和对待写实记录评价,更好地开展劳动教育评价工作。

(二)加强对写实记录的科学指导

1.提高学生应用写实记录的能力

威金斯(Wiggins)在《教育性评价》中强调,教育性评价的根本目的是改进学生的表现。教育评价的主要目的是引导和激励学生不断完善自己,让

---

① 赵德成.成长记录袋应用的回顾与反思[J].课程·教材·教法,2012(32):21-26.

他们能够面对未来社会的困难与挑战。① 不同于学科课程强调把基础知识和基本技能当做评价的主要内容,写实记录评价聚焦于学生的通用能力和自我成长,如提出问题、分析问题、解决问题、合作交流等。因此,要充分体现学生第一记录人的主体地位,重视自评的组织,明确学生在写实记录各个环节的权利和职责,要求学生真实呈现劳动教育活动的情况,如实记录劳动教育过程中自己所完成的任务、个人的表现等,形成相应的写实记录评价制度。

学生不仅要注重评价过程,即在劳动教育中做了什么,也要关注评价结果,即做了以后有什么变化,关注学生关键的、典型的行为,突出学生的关键劳动素养。一方面,在记录时,学生要先学习记录标准,明确记录方法。写实记录内容主要分为客观记录和内心体验两部分,客观记录包括常规性记录和个体性记录,常规性记录要求学生准确记录活动的时间、地点、主题、人员、承担任务、经过、结果,个体性记录是指自己与以往表现不一样的经历;内心体验指学生在活动过程中的情感情绪和活动后的想法感受。另一方面,在评价时,要掌握自评与他评的标准和方法,避免使用"很好、真棒"等模糊性评价。要采用"事例+评价"的方法,使评价者和被评价者都能清晰明白自己或他人因为某种表现而获得的相应评价。② 比如,学生 L 在收花生学农实践活动记录表中对同学的评价:

柴*同学是一位出色的"农业手"。这次,她充分展示了自己的特长:爆发力很好的她不愿休息,一抓一大把,拔的花生都堆成了小山。

L 同学用具体事例评价了同学的勤劳,促使被评价者将评价追溯到行为本身,强化了该学生的行为。最后,写实记录评价的实施要有一定的时间保障。在学生熟悉规则以后教师可以适当放手,给足学生记录的时间,确保记录的真实性。

2.加强教师的过程性指导

为了充分发挥写实记录的评价功能,让学生用好、用活写实记录,真实体现学生的成长过程,成为学生发展的指挥棒,写实记录要在教师的指导

---

① Grant Wiggins.Moving to Modern Assessments[J].Phi Delta Kappan,2011(7):63-67.
② 唐帅.综合素质评价促进小学生发展的质性研究:以开封市 F 小学为例[D].开封:河南大学,2019.

下,以学生为主体,同伴、家长、教师等共同参与。

教师要从管理者变成指导者,通过参与、观察、记录、分析、反馈、改进方式,跟踪指导学生的活动全程,以口头语言、轶事记录、同伴评价等多种评价方式不断激发学生,超越最近发展区而达到下一个发展区的发展,促进学生在活动过程中的各种能力得到有效提高。① 教师要注重写实记录与劳动教育的紧密结合。例如,教师 G 指导学生开展《学农劳动教育实践活动》时,在活动准备阶段,引导学生了解玉米的种植时节、生长过程,如何选种、播种、管理、采摘等相关知识,制作成手抄报、研究报告等在班内交流,帮助学生确立个人劳动教育发展目标;在活动实施阶段,对学生在活动过程中遇到的困难及时给予帮助,确保劳动教育活动顺利展开;在活动总结阶段,引导学生回顾自己的劳动过程,了解自身的特点和潜力所在,记录自己的体会与反思,邀请他人进行评价。在运用写实记录进行劳动教育评价的具体实施策略上,首先要明确写实记录的使用目的,教师要结合劳动教育的目标要求,使学生对使用目的有清晰的认识;其次要介绍写实记录的情况,包括重要意义、主要项目、收集方式等,使学生逐步了解并积极参与;最后要建立写实记录的评价团,将自评与他评相结合,发挥自评、互评对学习的促进作用。在完成写实记录后教师要科学解读学生的记录材料,把握学生的成长动态。当学生出现问题和错误时及时进行点拨与指导,从而实现学生发展,深化劳动教育效果。

3.多样化设计写实记录的内容与形式

多元智能理论批判传统的以纸笔测验和简单的成绩考察为评价方式,多元智力评价强调评价主体的多元化,强调评价内容的多面性和评价标准的多维化。② 学校可以按照劳动教育指导意见、写实记录基本要求,结合区域引领指导、制度规约,充分利用区域的教育资源,采取多种形式积极进行自主探索,在此基础上形成学校特色,促进写实记录在劳动教育评价运用的校本化实施。

---

① 王孝龙.综合素质评价视域下综合实践活动评价体系构建策略:以福建省福鼎市第六中学为例[J].福建教育学院学报,2020,21(06):61-62.

② Gibbs,Jennifer C & Taylor,Jim D.Comparing Students Self-Assessment to Individualized Instructor Feedback[J].Active Learing in Higher Education,2016(07):154-158.

写实记录要植根于学生的真实生活情境,加强写实记录与学生日常生活的联系。在写实记录的内容方面,不仅要包括客观的学生劳动教育发展状况和结果,例如劳动主题、劳动时间、劳动过程、劳动成果。还要有学生参与劳动教育的反思以及对自我意识的关注等主观的自我成长需要。其内容应该进一步精简和凝练,避免复杂烦琐。在写实记录的形式方面,采取实物写实记录和电子平台相结合的形式。校级电子平台以互联网平台为载体,具有开放、超链接、可存储、可查询等技术特征,可视化的表现形式来展示学生发展的变化,凸显评价的过程性与学生成长的连续性,解决写实记录的操作、保存和整理等问题。① 利用电子平台的可超越时空限制、查阅便捷的优势,使写实记录评价更高效实用,减轻师生负担。

(三)优化写实记录应用的环境

1.转变传统的评价观念

纵观近些年来教育评价发展状况,教育评价的最终目的已由过去的"选拔适合于教育的儿童"变为"创造适合学生发展的教育环境"。"唯分数论"中的一个分数决定学生入学、就业机会甚至人生,显然是不合理的。劳动教育不考试,并不代表它不重要。考试答卷上的劳动知识写得好,并不代表就掌握了劳动实践的能力。因此,劳动教育评价首先应该是评价理念的更新,理性看待劳动教育的意义。教育评价目的的变化体现了学生发展在教育评价中由边缘向中心转移。从学生在教育活动的地位来看,学生是一切教育活动的出发点和归宿,教育评价的一切措施应是服务于学生发展,它也是"以人为本"在教育评价活动中的重要体现。②

教育评价本就是在反思批判"测量运动"的基础上诞生的,全社会形成发展性的教育评价观是教育评价观念转变的重要内容。发展性评价把发展对象的现实情况和过去状态进行比较,体现出学生评价的发展性教育功能。通过系统地收集评价信息,对教育活动做出价值判断,指导学生更好地完善自我,从而实现评价对象的发展。③ 写实记录不是评定学生劳动教育的等

---

① 冯永华,曾巍.省、校级综合素质评价电子化管理平台的差异与比较[J].教育科学研究,2017(09):29-33.
② 刘志军.发展性教育评价探微[J].基础教育课程,2005(02):51-52.
③ 马云鹏,刘学智.发展性学生评价的理论与方法[M].长春:东北师范大学出版社,2007:243.

级,给学生贴上相应的标签,而是进行自主评价、师生评价、生生评价的重要依据,为学生提供个性发展的机会。当写实记录能够有效发现每位学生的潜能和区别于他人的不同特征时,就会发现其有血有肉的个性。① 学校要转变传统的评价观念,树立"以评价促发展"的新评价理念,端正教育为社会主义现代化建设培养合格的建设者和接班人的方向。

2. 加大写实记录对劳动教育评价运用的支持力度

写实记录能否在劳动教育评价中落地生根,与学校及相关部门的支持是密不可分的。评价是学生通过回顾自己的教育活动经历和体验,对自己的阶段性表现进行反思,在认识自我的基础上采取适当的方法实现自我提高。② 要认识到写实记录的实施不是在教育教学活动外强加给学生的额外任务,而是要将其融入日常劳动教育实践中。学校要把关注点"下移"到如何通过写实记录促进劳动教育以及学生的个性化发展上来,建立形成性教育评价制度,保障评价工作正常、有序开展,教育行政部门、优秀学校等要在财政、人力、舆论等方面提供支持。

学校可以定期向学生、家长宣讲使用写实记录进行劳动教育评价的目的、意义和途径,引导家庭协同开展劳动教育。采用一系列有效措施,吸引学生参与评价,自觉、认真地对待写实记录评价工作。"学校可邀请社区管理人员和相关企事业单位代表,共同参与学校劳动教育计划的制定、劳动项目清单的研制、劳动课程的评价,以及劳动文化环境的创设等。"③与此同时,要建立激励与制约机制,营造出积极向上的氛围,让学生在劳动教育评价中不仅能相互竞争、取长补短,还能互相勉励、共同进步。通过写实记录发现劳动教育存在的优势与不足,使劳动教育组织人员及时解决问题、调整更适合学生的劳动教育活动方案。

3. 加强监督,确保评价真实有效

2014 年《教育部关于加强和改进普通高中学生综合素质评价的意见》明确指出"学校要建立健全学生成长记录规章制度,明确本校综合素质评价

---

① 柳夕浪.综合素质评价:引导学生成为他自己[J].人民教育,2016(01):64-67.
② 罗祖兵,邹艳.高中综合素质评价的矛盾探析[J].教育理论与实践,2013,33(08):27-29.
③ 教育部.义务教育劳动课程标准(2022 年版)[EB/OL].http://www.moe.gov.cn/srcsite/A26/s8001/202204/W020220420582367012450.pdf.

的具体要求。要注重在日常教育教学活动中,指导学生及时收集整理有关材料,避免集中突击"①。要不断加大对劳动教育评价督导评估的工作力度,督促学校做好学生劳动教育质量评价工作,不能敷衍了事。不用一个标准评价学生,不拿一个框框限定学生,充分体现并尊重学生个性特长发挥。

写实记录要保证记录的信息真实有效,确保能从中分析把握学生具体的潜能、本质。学校要建立人与人的平等关系,使学生坦诚、真实地记录劳动教育情况,建立一定的公开审查机制,确保内容真实可靠。要将劳动教育评价结果纳入综合素质评价体系当中,作为学生评优、奖励的基础条件;作为评价教师教学水平和学校教育和质量的重要内容;作为评价学校全面实施素质教育的依据,从而提高学校、教师、学生、家长和社会各方面对学生劳动教育的重视程度,为推进劳动教育营造良好氛围。

(四)合理应用写实记录以评促学

1.唤醒学生主体性发展意识

美国社会心理学家约瑟夫·勒夫特和哈林顿·英格拉姆提出"约哈里窗户",把人的内心世界比作一个窗子,它共有四个区域,如图7-7所示:

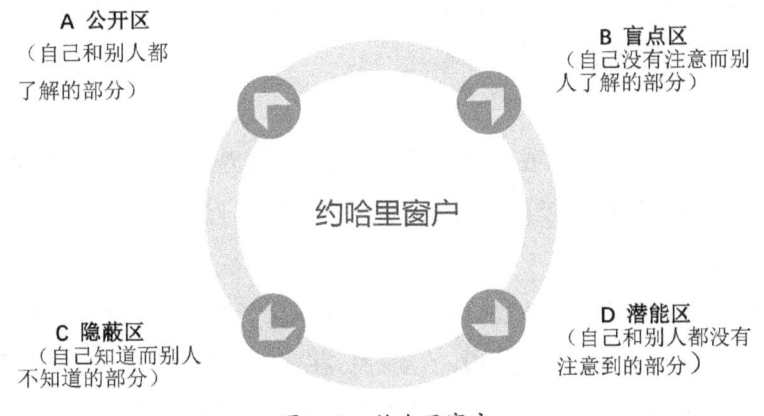

图7-7 约哈里窗户

每个人的内心都存在着不同占比的四个区域,每个区域究竟要达到什么程度,对此尚未定论。对人属性的认识是开展教育活动的前提,人的属性

---

① 中华人民共和国教育部.教育部关于加强和改进普通高中学生综合素质评价的意见[EB/OL].http://www.moe.gov.cn/srcsite/A06/s3732/201808/t20180807_344612.html.

具有社会性,从综合素质评价的需要出发,就要适当增加公开区域,减少隐蔽区和潜能区,克服盲点区。① 教育学上一般从认识论的角度来理解主体,把主体看作认识和实践活动的承担者,为达到这四个区域的协调,就要发挥人的主体性。"主体性是指实践主体在社会实践活动中所表现出来的自主性、主动性、创造性和社会性的总和。"②"主体性指的是人求真、求善、求美、追求自由的积极性、自主性和创造性。"③学生的成长并不是被动的,而是主动形成的,学生学习的过程是动态变化的过程,是对知识进行"再创造"的过程,也就是学生作为独立的个体主动发展的过程。

学生能动性的发挥需要在劳动教育活动与交往中实现,如果没有能动性,也就没有学生的责任感、创造性。在劳动教育评价中,写实记录是发挥学生能动性的必要环节,因此,学生参与劳动教育活动是能够进行写实记录评价的前提条件。"写实记录的第一责任人是学生",要重视提高学生的参与意识,在实践中不断培养自我反思、自我管理、自我教育的能力,充分发挥学生主动参与评价的积极性。要让学生在实践中探求知识,在练习中理解知识,在应用中巩固知识,让学生主动获取知识,全程参与知识的发生、发展过程。学生要在积极参与劳动教育活动的基础之上,对劳动过程、劳动成果、劳动体验等收集相关事实材料并记录下来。

2.发挥写实记录的反思与指导功能

"通过反思活动后形成的体验才是有意义的,否则就是无意义的。"④写实记录评价的过程就是反思、重构并赋予意义的过程,它的反思与指导功能主要体现在两个方面:

其一,通过写实记录呈现出劳动教育的发展状况,在评价过程中帮助学生自我教育。元认知是主体对其活动的自我意识、自我监控和自我调节,即对认知的认知,强调主体的认知活动需要其元认知知识、元认知体验和元认知监控的相互作用。它要求学生要不断自我反思与评价,诊断自己的学习

---

① 柳夕浪.学生成长记录:如何解释与分析[J].人民教育,2015(07):52-55.
② 陈朝晖,刘志军.高中综合素质评价中学生主体性的发挥:基于主体性发展理论的视角[J].中国教育学刊,2016(10):33-37+55.
③ 赵平俊.促进学生的主体性发展[M].北京:中央民族大学出版社,2004:1.
④ 舒茨.社会世界的意义构成[M].游淙祺,译.北京:商务印书馆,2012:10.

情况,提高学习效率。通过对写实记录的合理运用,让学生认识和调整自我,最终起到自我发展的目的。评价不是学生必须完成的任务,而是学生认识自我、完善自我的平台。建构主义学习观认为一切知识都要通过主体的建构才能完成,在主体的知识建构过程中,反思是一个重要环节。教师要创设反思条件,增强学生的反思意识,在交流与合作中提高反思效果。

其二,促进学校反思和改进教学。通过分析评价结果,反思教学、反思教育,保障学校有效提高教育教学的质量和水平,充分落实学校教育目标。① 让写实记录作为学校检验劳动教育教学成果,开展劳动教育评价的手段,不断反思和调整学校劳动教育的课程和活动,转变学校劳动教育的培养模式,促进学校特色化发展。

3.开展评价结果的展示交流

学校如果缺乏学生之间的展示交流环节,那么写实记录的有效性就难以发挥。劳动教育评价应该是一个长期的过程,评价结果不是评价的结束,如果能够有效利用写实记录的评价结果,那么就能使写实记录评价向纵深方向进行。新时代的劳动教育必须注重探索建立评价的长效机制,给学生提供展示写实记录的评价成果机会和平台。对每个学生来说,写实记录都是他们成果的积累,写实记录的内容是每位学生值得骄傲的东西,建立展示制度对提高学生的积极性起到至关重要的作用。②

因此,学校要定期抽查写实记录的运用情况,选择恰当的时机举办活动成果展示会,组织师生进行主题班会、汇报展览、演出活动等多种形式来呈现学生的劳动作品和劳动成果,其成果可以是手抄报、活动记录表,也可以是影像资料。学生要对自己在活动中的表现、完成的作品、个人的感受体验等进行交流和研讨,反思自己的劳动教育过程、劳动成果,总结自己在劳动教育中存在的不足,合理规划未来的行动。教师可以用"劳动之星""劳动小能手"等荣誉称号代替原来的"优秀、良好、合格"等级。通过学生互评、教师点评等环节引导学生能与同伴分享活动的乐趣和进步的喜悦,促进学生的自我教育。同时引导学生了解其他同学的劳动教育情况,让同学之间

---

① 柳夕浪.学生成长记录:如何解释与分析[J].人民教育,2015(07):52-55.
② 田亚飞.小学综合实践活动中"写实记录"评价体系建构与实践[J].教育观察,2019,8(41):76-77.

互相激励、取长补短,发挥集体教育的作用。劳动教育是全面发展教育体系的重要组成部分,构建具有时代特征的劳动教育体系、健全劳动素养评价制度,是新时代对教育的新要求。写实记录是质性评价的一种方法,能够弥补传统纸笔测验评价的不足,在学生思维、情感态度的培养等方面具有显著优势,它可以与传统的纸笔测验方法相互补充,使评价结果更加客观准确。写实记录在劳动教育评价中运用的目的就在于学生通过对劳动教育活动进行回顾与总结,学会自我评价与反思,为学生装上成长的发动机。它的评价过程是学生主体意识觉醒的过程,通过写实记录去认识和完善自我,锻炼劳动技能,为将来的生活做好充足准备。相信在基础教育改革不断推进下,写实记录的质性评价方法终会被大众接受和认可,发挥出评价的指向、反思、协作、调控的功能,从而推动新课程改革的进程。

第八章　新时代劳动教育评价的方法：表现性评价

劳动教育评价体系是新时代劳动教育体系建设的重要组成部分,对于引导劳动教育的实施走向、促进劳动教育的目标实现等具有极为重要的意义。① 评价方法是劳动教育评价体系的重要组成部分,科学合理的评价方法能够检验劳动教育的成效,有助于评价者以恰当的方式呈现劳动教育评价结果。② 表现性评价作为新时代劳动教育评价的重要组成部分,对于促进劳动教育课程的实施发挥着重要的作用。

一、表现性评价与新时代劳动教育评价的关系定位

理性分析表现性评价与新时代劳动教育评价的关系,对实现劳动教育目标、促进学生发展有重要作用。表现性评价作为新时代劳动教育评价的重要组成部分,对于促进劳动教育课程的实施发挥着重要的作用。而新时代劳动教育评价为表现性评价的运用提供新的方向,促进其发展。二者相互影响,相辅相成。

(一) 表现性评价是新时代劳动教育评价的重要方法之一

2020年教育部颁布的关于《大中小学劳动教育指导纲要(试行)》中提到以劳动教育目标、内容要求为依据,将过程性评价和结果性评价结合起来,健全和完善学生劳动素养评价标准、程序和方法。加强平时表现评价,

---

① 顾建军.加快建构新时代劳动素养评价体系[J].人民教育,2020(08):19-22.
② 陈含笑,徐洁.中小学劳动教育评价的意义、困境与对策[J].教师教育论坛,2020,33(12):12-15.

要在平时劳动教育实践活动中及时进行评价,以评价促进学生发展。关注学生在劳动教育活动中的实际表现,注重从行为表现中分析把握劳动观念形成情况。①2022年颁布的《义务教育劳动课程标准(2022年版)》明确"劳动课程的评价方法以表现性评价为主",以劳动素养为导向,培养学生"劳动观念、劳动能力、劳动习惯和品质、劳动精神"②。

"义务教育新课程方案指出,劳动课程评价对促进目标实现、保障实施效果发挥重要意义。为此课程评价不能局限最终结果,而是要关注学生的平时表现和阶段成果。这就要求设计良好的表现性评价。"③

表现性评价强调创设真实情境,即便是模拟情景,也必须能激发学生在真实情境中相似的反应,以考查学生在现实生活中分析问题和解决问题能力。④表现性评价可以在真实情境中评价学生在劳动教育教学中对实践知识的掌握和运用等各方面的情况。"为进一步落实劳动教育,全面提高学生劳动素养,在真实情境中关注和发展学生能力与素养的表现性评价成为劳动教育在学生层面落地的关键技术。"⑤可见,表现性评价是适用于劳动教育评价的一种方法。

(二)表现性评价有助于解决当前劳动教育评价中的弊端

当前劳动教育评价存在着评价方法缺乏、评价主体单一、评价结果功利化等问题。不同地区的学者基于不同地区的学校劳动教育现状调查发现,各地的学校劳动教育存在着评价机制不完善的问题。徐琤对上海市三所小学教师访谈发现,很多教师表示认为对于劳动实践的评价仅仅是一个终结性评价。在日常教学和生活中,教师不知道如何进行评价,而对学生的评价大都以口头评价的形式进行。但这样并不能对学生的劳动进行一个有效的

---

① 教育部.关于印发《大中小学劳动教育指导纲要(试行)》的通知[EB/OL].http://www.moe.gov.cn/srcsite/A26/jcj_kcjcgh/202007/t20200715_472808.html,2020-07-09.

② 中华人民共和国教育部.义务教育劳动课程标准(2022年版)[S].北京:北京师范大学出版社,2022.

③ 靳玉乐,胡月.义务教育新课程方案中劳动课程的几个问题[J].课程·教材·教法,2022,42(07):19-26.

④ Popham W J.促进教学的课堂评价[M].国家基础教育课程改革"促进教师发展与学生成长的评价研究"项目组,译.北京:中国轻工业出版社,2003.

⑤ 董泽华,蒋永贵.指向劳动素养的表现性评价[J].人民教育,2022(19):60-62.

反馈和激发学生的劳动热情。① 向秋菊对重庆市的六所小学研究发现,教师评价方式较单一。大部分教师以口头表扬的形式来评价学生。"做得很好"等这种普遍空洞化的评价语并不能激发学生劳动的兴趣,反而会影响他们的积极性。而物质奖励的方式则会导致学生为了获得奖励而功利性地劳动,无法培养学生自主劳动的意识。②

可见,只关注结果进行劳动教育的评价,会导致评价浅表、评语空洞等问题。而表现性评价关注学生在劳动过程中的表现,有辩证的情境性,能有效解决当前劳动教育评价中的弊端。

(三)表现性评价在劳动教育中的实践价值

对于表现性评价在劳动教育教学中的实践价值有两方面:一方面是促进教师在劳动课堂中的教学,另一方面是促进学生在劳动课堂中的学习。

1.促进教师在劳动课堂中的教学

《义务教育劳动课程标准》的颁布对于教师运用表现性评价促进劳动教育提供了相应的依据。马扎诺认为基于标准的教学需要对学生应该知道什么和做什么做出清晰的界定,而基于标准教学的运动就是出于这样的假设:唯一能确保学生获得具体的知识和技能的途径是界定并教给学生所期望的具体知识和技能的表现水平。教师要求学生通过完成表现性任务实现清晰界定的标准。③ 学生在评价中的表现可以看出学生是否达到预期的学习目标。教师可以利用学生在劳动任务中的表现进行评价,并制定相应的教学决策,促进劳动课堂教学水平的提高。

教师可以利用根据学习结果设计的表现任务和明确规定的评分规则得出推论的结果以重新审视自己的教学,从而调整教学。可见课堂中的表现性评价融合了诊断、推论、反馈和评价等多个教学过程,从而为教师的教学决策提供了高质量的信息。④ 教师在劳动课堂中通过表现性评价得到相应的教学反馈,并不断进行改进,从而促进劳动课堂教学质量的提高。

---

① 徐琤.民办小学开展劳动实践的难点调查及对策研究[D].上海:华东师范大学,2022.
② 向秋菊.小学劳动教育实施的现状调查研究[D].重庆:西南大学,2022.
③ Marano, Robert J.Debra Pickering, Jay McTighe. Assessing Student Outcomes: Performance Assessment Using the Dimensions of Learning Model.1993,56.
④ 周文叶.学生表现性评价研究[D].上海:华东师范大学,2009.

2.促进学生在劳动课堂中的学习

"在众多课堂评价中,表现性评价在接近于现实的情境中实施,让学生面对真实的问题解决情境,综合运用已有的知识和经验来解决问题。就此而言,评价的过程实际上相当于一个学习过程。在这一学习过程中,学生能够全方位地展示自己的能力。同时,众多的表现性评价还容纳了学生本身对学习的反思,因此能够起到改善学习的作用。"①这些方面决定了表现性评价在促进学生在劳动课堂的学习方面发挥着重要作用。

"新时代劳动教育承载着价值创造、知识学习与能力提升等复合作用,强调在掌握基本劳动知识技能的过程中,感悟劳动的意义价值,塑造劳动观念,形成勤俭、奋斗、创新、奉献的劳动精神,彰显的是对知、情、意、行的关照,指向学生完整的人格发展。"②表现性评价中对学生提供的反馈便于学生获取和利用可了解自己表现的各种机会,从而可以不断地根据评价目标对自我表现进行自我评价和自我调整,逐步完善自己的表现。③ 在表现性评价中,教师通过评分规则所提供的有效反馈极大地帮助了学生在劳动课堂中的学习,让学生在掌握基本劳动知识技能的过程中,发挥新时代劳动教育劳动育人的作用。

二、表现性评价应用于新时代劳动教育评价的理论构建

表现性评价的实践及其精进,可以为新时代劳动教育评价的发展奠定基础。因此,表现性评价应用于新时代劳动教育评价的理论体系尤为重要。

(一)表现性评价的理论基础

表现性评价应用于新时代劳动教育评价的理论基础为建构主义理论和情境认知理论。二者对于表现性评价在劳动教育中的运用具有指导意义。

1.建构主义理论

建构主义理论是产生于20世纪80年代的哲学心理学理论流派,它的产生具有皮亚杰、维果斯基等心理学基础,杜威经验性学习理论的教育学基

---

① 周文叶.中小学表现性评价的理论与技术[M].上海:华东师范大学出版社,2014:137.
② 顾建军,管光海.系统建设劳动课程落实劳动教育:义务教育劳动课程标准(2022年版)解读[J].基础教育课程,2022(09):65-71.
③ 周文叶.学生表现性评价研究[D].上海:华东师范大学,2009.

础以及社会对传统教育批判的现实基础。它在发展过程中存在着不同的取向,形成了不同的流派,主要有激进建构主义、社会建构主义、社会文化取向、信息加工建构主义等,不同流派间的具体观点存在差异,但在学生、知识、教学等方面达成了一定的共识。

(1) 建构主义理论的基本观点

第一,学习是积极主动的意义建构过程。建构主义理论抛弃了之前行为主义与信息加工认知主义的知识观,否定了知识的客观性与准确性。激进建构主义代表人物 Von Flaserfled 认为"知识存在于人的头脑中,人只能根据已有经验来建构自己的知识"[①],知识是一种解释与假设,并非准确表征。知识在被个体接受之前是没有权威可言,不能拿来即用,要根据不同的情境进行再造。所以,拥有不同经验背景的人对于同一知识有着不同的理解,教师无法强制学生接受某一知识,即使强制也无法取得实际的效果。相应地,学生的学习并非对既定知识的简单接受,"知识不能仅通过教师将其转化为文字并由学生接受而直接在师生之间转移……知识的获得是学生内在的认知重组"[②],学习需要学生发挥主动性,通过同化与顺应引发新旧知识的冲突,通过新旧知识经验间反复的、双向的相互作用过程而建构意义。[③]

第二,情境创设是意义建构的前提。建构主义提出情境认知的相关理论,认为知识是情境性的社会实践。学生对知识的掌握离不开具体的情境。我们在学习的时候常常会遇到学会了知识却不会用,因为在学习者头脑中知识是孤立存在的,"去情境"的教学方式使得固定的知识难以灵活运用于真实情境中。建构主义认为知识存在于不同的活动情境中,学生的学习离不开具体的情境,情境是学习环境的四大要素之一。

(2) 建构主义理论对表现性评价的启示

在劳动课堂教学中,使用表现性评价对学生进行评价,让劳动任务随着

---

① Ernst von Glasersfeld. Radical Constructivism: A Way of Knowing and Learning [M]. London: The falmer Press, 1995: 1.
② Joldersma, Clarence W. Ernst von Glasersfeld's Radical Constructivism and Truth as Disclosure [J]. Educational Theory, 2011, 61(03): 275-293.
③ 冯忠良等. 教育心理学[M]. 北京: 人民教育出版社, 2010: 156.

学生学习程度的不同而有所变化,促使学生在学习的过程中以灵活开放的方式自己主动构建和重组自身的劳动经验,从而促进学生学习方式的改变。而在表现性评价的使用过程中,需要为学生的学习创造尽可能合乎现实生活的任务情境,这为学生能够利用现实生活中的知识和经验提供了便利。学习者的一部分能力需要在与同伴的合作交流中体现出来,所以需要在学习评价中关注学生之间的合作与交流。

2.情境认知理论

情境认知理论是当代西方学与教理论领域研究的热点,也是继行为主义"情境-反应"学习理论与认知心理学的"信息加工"理论后的又一个重要研究取向。

(1)情境认知理论的观点

第一,"知识是一种高度基于情境的实践活动,是个体与环境交互作用过程中建构的一种交互状态,是一种人类协调一系列行为、去适应动态变化发展的环境的能力。情境认知理论高度重视工具在人类学习中的作用,强调把知识视作工具并试图通过真实实践中的活动和社会性互动促进学生的文化适应"[1]。情境认知与学习不仅改变了知识的假设,而且把"情境性"视为知识的首要特征,从一个更宽泛的视野中去理解"知识的产生",认为知识是作为活动、情境以及文化的副产品出现的,知识的产生不仅仅是一种"建构"和"互动",还是一种文化适应。[2]

第二,"学习是一种文化适应,是实践共同体中合法的边缘性参与。学习要求学习者参与真正的文化实践,将参与视作学习的关键成分和重要特征,并要求学习者通过理解和经验的不断相互作用,在不同情境中进行知识的有意义协商,在不同的实践共同体中,通过"合法的边缘性参与"获得意义和身份的建构"[3]。情境认知理论认为个体不仅建构了个体的"知识"或"主观世界",共同体中的"意义"和个体的"身份"也是在互动中建构的,这

---

[1] 王文静.情境认知与学习理论:对建构主义的发展[J].全球教育展望,2005,34(04):56-59+33.
[2] Hilary Mclellan. (1996). Situated Learning Perspectives. Educational Technology Publications. (Ed).19-43.
[3] 王文静.情境认知与学习理论:对建构主义的发展[J].全球教育展望,2005,34(04):56-59+33.

些意义和身份的建构受到其所依存的更广泛的情境的极大影响,同时,多个层面个体参与的共同体在更广泛的意义上建构了自身持久的发展。①

(2)情境认知理论对表现性评价的启示

基于"知识是镶嵌于具体的情境与活动中"的知识观,情境认知理论对传统评价采用缺乏与真实生活联系的孤立的问题和测验项目的做法并不满意,认为由此得到的测验分数对学生未来生活中的表现难有预测价值,而更注重对学生在解决真实情境中的问题时的表现进行评价。② 所以,教师在运用评价时创设真实的情景,重视学生参与学习过程和学习体验,通过学生在真实情境中解决问题的表现来考查学生问题解决、交流合作等多种复杂能力的发展状况。

(二)表现性评价目标确定的方法

核心素养导向下的表现性评价目标要与劳动课程核心素养相适应,评价目标在整个评价中发挥着导向作用,而表现性评价与核心素养的结合也受到广泛的关注。传统纸笔测验的目标是为了按照学生最终的学习结果对其进行分类,而表现性评价目标的确立不仅能够测量教学目标的完成度,还可以指导学生更好地完成表现性评价的任务,并且通过学生在完成任务中的表现来判断学生素养水平以及能力的变化。③ 因此,一个完整的劳动教育表现性评价首先要有一个清晰的评价目标。在表现性评价目标的指导下,学习者可以明确在何种情境下完成何种任务,评价者也能够根据评价目标了解学生的行为表现是否达到要求。④ 因此,清晰且容易被教师和学生理解的表现性评价目标,才能为劳动教育的表现性评价任务设计提供相应的指导,并为表现性评价的设计与实施奠定良好的基础。

劳动素养导向下表现性评价目标的确定有两种方式,分别是自上而下确定和自下而上确定。一方面,自上而下的方式指的是通过解读和分解相

---

① David H.Jonassen&Susan M.Land. Theoreticcal Foundations of Learning Environments. Lawrence Erlbaum Associates,Inc,2000:47.
② 周文叶.中小学表现性评价的理论与技术[M]上海:华东师范大学出版社,2014:29.
③ 姜佳言.核心素养导向下项目学习表现性评价设计与应用研究[D].海口:海南师范大学,2019.
④ 徐刘杰,韩美玲,汪凡淙.创客教育中表现性评价的设计与实现研究:以"创A2.0:力所能及"创客课程中的"远古武器"单元为例[J].现代教育技术,2018(04):95-101.

应的课程标准确定表现性评价的目标,并在劳动素养的融合下与学习的教学目标保持一致。《义务教育劳动课程标准(2022年版)》是指导劳动课堂教学的纲领性文件,它提出义务教育劳动课程以丰富开放的劳动项目为载体,重点是有目的、有计划地组织学生参加日常生活劳动、生产劳动和服务性劳动,让学生动手实践、出力流汗,接受锻炼、磨炼意志,培养学生正确的劳动价值观和良好的劳动品质。① 因此,劳动素养导向下表现性评价目标的确定要与课程标准的要求相契合,关注学生对劳动的兴趣以及学生在对劳动学习过程中表现出来的综合能力。另一方面,自下而上的方式指的是借助已经开发的劳动教育表现性评价标准来确立表现性评价的目标。通过归纳的方法,从实践中不同的劳动教育表现性评价标准提取评价目标中学生预期表现的共性维度。

(三)表现性评价任务设计的思路

劳动素养导向下的表现性评价任务是指教师根据教学方案以及课程标准的要求,在劳动素养框架的指导下设计一定情境的教学项目及任务。这种教学项目或任务一般以活动的形式呈现。在劳动课程的学习中,表现性评价任务要与评价的目标相契合,与劳动素养相融合,设计适合学生的表现性评价任务进行劳动课程的学习。表现性评价是基于真实的情境对学生完成任务过程中的行为表现进行的评价,因此,表现性评价任务的设计是实施评价不可或缺的关键环节。

1.表现性评价任务类型的选择

明确评价任务的类型是设计劳动教育表现性评价任务的前提,合适的任务类型有助于劳动教育表现性评价的实施。斯蒂金斯认为表现性任务的类型包括建构反应题、书面报告、作文、演说、操作、实验、资料收集和作品展示。② 尼克则认为表现性任务包括:结构性表现任务、自然发生或典型的表现任务、学生个人或小组的长期项目、档案袋、演示、实验、口头表达或戏剧

---

① 中华人民共和国教育部.《义务教育劳动课程标准》(2022年版)[S].北京:北京师范大学出版社,2022.

② Stiggins,Richard J..Design and Development of Performance Assessments[J].Educational Measurement:Issues and PRACTICE,1987(03).

表演、情景模拟等。① 美国学者 Diane Hart 认为依据任务的时长和难度的不同将表现性任务划分为简短性任务、事件性任务以及延续性任务三大类。② 我们可以看到,不同学者对于表现性任务的类型有不同的观点。因此,在选择劳动素养导向下的表现性评价任务时需要注意一些方面的内容。一方面是评价任务类型的选择要与评价目标和项目学习目标紧密相连,以目标为导向,选择具有一定的可操作性的任务,促使学生精准地掌握教学目标,选择与目标一一对应的任务。另外一方面是在劳动素养的导向下,评价任务的选择要符合不同学段学生的认知水平,选择能够引起学生兴趣、贴合学生真实生活情境、准确评测学生具体行为表现及能力的表现性任务。

2.表现性评价任务的特点

首先是表现性评价任务要具备情境性。在劳动项目学习中设计的表现性任务需要能够观察学生在任务过程中表现出的能力,而创造真实的情境是设计表现性任务的要求。在真实情境中的表现性任务能够引起学生的学习兴趣与动力,提升学生对知识和技能的熟练程度,促进学生各方面能力的发展。其次是表现性评价任务要以学生为主体。学生是表现性评价任务的主体,劳动素养导向下的表现性评价任务需要考虑到不同学段学生的身心发展特点,增加趣味性和一定的挑战性,在学生对教师所布置的任务理解的前提下,学生能在任务中运用所学的知识和技能。调动学生的参与热情,让学生在任务中的主体性得到发挥,提高学生的劳动素养水平。最后是表现性评价任务具有可行性。表现性评价任务与劳动项目的学习活动在教学过程中是镶嵌于一体的。表现性评价任务要关注不同学段以及不同学生的学习水平和差异性,考虑到任务是由学生自身和与同伴合作完成的,这就需要提供清晰的要求为学生提供指导,使得学生通过任务的行为的表现具有可操作性。

(四)表现性评价标准制定的原则

将学生相关的表现通过表现性任务实现"可视化"后,就需要运用评价

---

① Nitko, Anthony J. Educational Assessment of Students [M]. Upper Saddle River, New Jersey: Prentice Hall, Inc, 2004:239.
② 哈特.真实性评价:教师指导手册[M].国家基础教育课程改革"促进教师发展民学生成长的评价研究"项目组,译.北京:中国轻工业出版社,2004.

准则来进行"诠释"和评估。① 评分规则的制定要以学生为主体,在评价目标和劳动素养基本框架的引导下,提炼评价维度,完成评价指标与评价等级的设计。同时,要运用清晰准确的语言预期学习者能够达到的行为表现,保证各个维度的可观察可测量,进而促进劳动素养导向下劳动教育表现性评价的实施。

评价标准制定时要遵循一定的原则,主要有科学性原则、全面性原则和多层次性原则。首先是科学性原则。劳动素养导向下的表现性评价标准的语言描述要准确严谨,而评分维度也要描述清晰。第一,要让学习者能够理解评价标准,让学生知道评价什么,怎么评价;第二,要在劳动素养的导向下准确描述评价的各个维度,让评价者能按照评价标准考查学生的能力素养水平,促进表现性评价在劳动项目的学习中更好地实施;第三,评价指标选取应在充分研读《义务教育劳动课程标准》的基础上,结合实际进行选取。规范的评分规则是客观的,评分者应避免评分的主观性,使学生在表现性任务中的表现得到准确的评价。

其次是全面性原则。劳动素养导向下的评价标准针对学生的不同的表现要有不同的描述,表现为全面而具体地预设学生所能达到的表现水平。在劳动项目学习的过程中,不同学生之间存在差异性,其表现出来的知识储备、解决问题等能力也有所不同,因此在劳动素养导向下,要从不同的维度出发,构建内容全面的评价标准对学生的不同表现进行全面细致的描述。

最后是多层次性原则。劳动素养导向下的评价标准要按照不同的评价等级对学生的行为表现进行分层描述,从多个层次对学生的行为进行评测。由于表现性任务是基于教师所创设的情境展开的,且完成任务的方式具有不确定性。因此,根据学生的表现制定的评分规则要关注学生表现的层次性,从学生表现的各个维度入手,设计多层次的评价标准。在设计评价标准时要关注学生多方面的表现,从评价内容的各个层次设计评价标准。② 评分规则评价的内容应是学生在劳动中表现出来的、可观察的外显行为。为

---

① 田中耕治.学习评价的挑战:表现性评价在学校中的应用[M].上海:华东师范大学出版社,2015:72.
② 姜佳言.核心素养导向下项目学习表现性评价设计与应用研究[D].海口:海南师范大学,2019.

了确定学生的水平,划分出来的表现水平之间应有一定的区分度。

(五)评分规则制定的具体内容

设计表现性评价要求学生执行相应的表现性任务,对于表现性任务的完成状况需要有判断学生表现水平的评价标准。表现性评价包含三个构成要素:目标、表现性任务、评分规则。① 一个完整的评分规则包括表现维度、表现等级、描述符和表现样例这四个部分。表现维度也可以被称作"指标",是确保学生表现的最重要的部分。表现等级是指描述表现在质量上从差到好的序列,表示学生的表现水平。可以用字母(A、B、C),或者高、中、低之类的文字来描述的等级或水平,一般3—6个级别。描述符是用语言陈述的、达到某一等级或水平的具体表现。②

已有的评分规则的开发程序大致可以分为两类取向:一类是自上而下,另一类是自下而上。③ 在考察了这两种评分规则的开发程序后,基于我国的实际情况,崔允漷教授认为,课程标准是评分规则开发最直接的依据和最重要的资源,并提出了基于标准的评分规则开发的具体步骤:准确把握课程标准;确定评分维度与要素;确定各要素的子要素及不同的表现特征;选择评分规则的类型;进行等级描述;拟定评分规则;不断修正、完善评分规则。④

根据表现性评价目标确定表现性评价的内容,在劳动素养的导向下将评价的目标分解为可观察的、具体的行为,对学生在任务中的行为进行评价,根据学生不同的行为表现进行评价。核心素养隐喻在这些显性的学习行为,属于隐性的学生素养维度。⑤ 董泽华认为,围绕劳动素养的四个核心要素制定评分规则,并细分为不同水平,以确保教师根据评分标准评价学生的劳动素养,学生根据评分标准反思自己的劳动素养发展情况,实现评价促进素养发展。⑥ 要想实现劳动教育评价内容的全面性,可以从劳动素养出

---

① 洪志忠.表现性评价:核心素养落地的助推器[J].新教师,2022(09):6-8.
② 周文叶.中小学表现性评价的理论与技术[M].上海:华东师范大学出版社,2014:117-118.
③ 周文叶.学生表现性评价研究[D].上海:华东师范大学,2009:112.
④ 崔允漷,王少非,夏雪梅.基于标准的学生学业成就评价[M].上海:华东师范大学出版社,2008:158-162.
⑤ 张华.论核心素养的内涵[J].全球教育展望,2016,45(04):10-24.
⑥ 董泽华,蒋永贵.指向劳动素养的表现性评价[J].人民教育,2022(19):60-62.

发,将其进行"可视化"。① 李军玲认为对学生劳动项目化学习的全程评价,既包括对学生项目化学习成果的评价,又包括学生在项目化学习过程中所展现的劳动观念、劳动能力、劳动习惯和品质、劳动精神等方面的评价,这是保证项目化学习质量和达成劳动素养培养目标的重要路径。②

关于劳动素养指标的构建,不同学者有着不同的观点。本研究主要借鉴国内不同学者关于中小学劳动素养的指标构建研究,为本研究劳动素养的二级指标构建提供依据。表 8-1 是国内不同文献中对于劳动观念、劳动能力、劳动习惯和品质以及劳动精神为一级指标,进行构建的二级指标。

表 8-1 国内文献中有关劳动素养的二级指标

主要指标 文献序号	劳动观念	劳动能力	劳动习惯和品质	劳动精神
1	劳动的社会发展价值观 劳动的个体发展价值观	劳动知识 劳动技巧 劳动能力	劳动意识 劳动意志 劳动品质	劳动情感 劳动态度 劳动精神风貌
2	劳动情感 劳动态度 劳动价值观	劳动知识 劳动技能 劳动合作 劳动创新		
3		劳动实践能力 劳动合作能力 劳动创新能力		
4			劳动习惯 劳动品质	
5	劳动价值 劳动荣辱 劳动分工 劳动责任	劳动知识 劳动技能 劳动技巧		辛勤劳动 诚实劳动 合作劳动 创造性劳动
6		劳动技能 劳动创造		劳动情感态度 劳动意志品质

① 于凯荔.小学劳动教育表现性评价困境与对策[J].基础教育论坛,2022(21):34.
② 李军玲.基于核心素养的小学劳动项目化学习实践研究[J].新课程教学(电子版),2022(23):23-25+65.

续表

主要指标 文献序号	劳动观念	劳动能力	劳动习惯和品质	劳动精神
7		劳动技能 劳动创造		
8	劳动意识 劳动尊重 劳动责任	劳动知识 劳动技能 劳动创造	自觉劳动 安全劳动 诚实劳动	劳动奉献 劳动美好 劳动幸福
9		操作技能 实践能力 创新能力		
10	劳动思想 劳动态度 劳动意识	劳动知识 劳动技能 劳动创新	劳动自主 劳动诚信 劳动责任	劳动奋斗 劳动奉献 劳动勤俭

（文献代码：1.张丽虹，吕立杰.中小学生劳动素养评价指标体系的构建及其应用[J].教育测量与评价，2022(03)：19-30. 2.李家邦.小学生劳动素养测评模型构建研究[D].西南大学，2021. 3.王文琪.小学生劳动素养评价研究[D].内蒙古师范大学，2022. 4.靳大林.新时代中小学劳动素养评价的探索与实践[J].考试周刊，2022(47)：1-6. 5.王晓杰，宋乃庆.小学生劳动素养测评模型构建研究[J].湖南师范大学教育科学学报，2022，21(02)：94-102. 6.伍晋影.新时代初中生劳动素养评价指标体系研究[D].天津师范大学，2022. 7.刘茂祥.基于实践导引的中小学劳动教育评价研究[J].教育科学研究，2020(02)：18-23. 8.龚春燕，魏文锋，程艳霞.劳动素养：新时代人才必备素养[J].中小学管理，2020(04)：9-11. 9.廖婷.公立初中学生劳动素养问题研究[D].广州大学，2018. 10.纪德奎，陈璐瑶.劳动素养的内涵、结构体系及培养路径[J].天津师范大学学报，2021(02)：16-20.）

（六）评分规则的制定依据

本研究借鉴董泽华设计的评分规则，以劳动素养的四个方面劳动观念、劳动能力、劳动习惯和品质、劳动精神作为一级指标。[1] 同时，根据《义务教

---

[1] 董泽华，蒋永贵.指向劳动素养的表现性评价[J].人民教育，2022(19)：60-62.

育劳动课程标准(2022年版)》对核心素养(劳动素养)的内涵规定,国内不同学者对劳动素养指标就有了不同的划分以及相应的一、二级指标的构建。本研究将不同的学者对于劳动观念、劳动能力、劳动习惯和品质、劳动精神不同的二级指标构建及其相应描述,制定义务教育阶段学生劳动教育评分规则。通过前文对一、二级指标以及指标观测要点的梳理,制定义务教育阶段学生劳动教育评分规则。

第一是劳动观念。劳动观念是指在劳动实践中逐渐形成的,对劳动、劳动者、劳动成果等方面的认知和总体看法,以及在此基础上形成的基本态度和基本情感。① 劳动观念一级指标下划分为劳动情感、劳动态度、劳动价值观三个二级指标。对于劳动情感、劳动态度的评价要点描述,本研究借鉴张丽虹的观点,其认为劳动情感的评价要点在于对劳动者、劳动成果、劳动本身的情感,而劳动态度的评价要点在于是否愿意参加劳动。② 因此,本研究认为劳动情感的指标描述为在劳动过程中学生体现出的自身情感,具体表现为珍惜劳动成果;劳动态度的指标描述表现为学生参与劳动任务。李家邦认为劳动价值观是对劳动价值的主观认识,这种认识既包含对显性的劳动价值,如劳动能够获得一定的劳动技能,提高生存的能力,也表现在对劳动潜在价值的认识。其评估要点是知道劳动创造美好生活,劳动创造价值财富;知道劳动有利于身心健康;知道劳动光荣,懒惰可耻。③ 因此,本研究劳动价值观的指标描述为学生能够表达出劳动的价值和作用。

第二是劳动能力。劳动能力指的是顺利完成与个体年龄及生理特点相适宜的劳动任务所需的胜任力,是个体的劳动知识、技能、行为方式等在劳动实践中的综合表现。④ 劳动能力一级指标下划分为劳动知识、劳动技能、劳动创造三个二级指标。张丽虹认为劳动知识的评估要点在于对劳动基本概念及简单家务劳动、生产劳动、班务校务劳动、服务性劳动、劳动安全等知

---

① 中华人民共和国教育部.《义务教育劳动课程标准》(2022年版)[S].北京:北京师范大学出版社,2022.
② 张丽虹,吕立杰.中小学生劳动素养评价指标体系的构建及其应用[J].教育测量与评价,2022(03):19-30.
③ 李家邦.小学生劳动素养测评模型构建研究[D].重庆:西南大学,2021.
④ 中华人民共和国教育部.《义务教育劳动课程标准》(2022年版)[S].北京:北京师范大学出版社,2022.

识的掌握情况。① 因此,本研究认为劳动知识的指标描述为学生能够理解并表述出劳动基本概念以及与劳动任务的相关知识。伍晋影认为劳动技能指的是新时代劳动教育的总体目标要求学生具备必要的劳动能力,掌握基本的劳动技能,能够让学生亲身经历和参与到生活劳动、生产劳动、服务性劳动等之中;劳动创造指的是注重学生创造性地运用所学知识技能解决在劳动过程中遇到的问题,进而提升劳动的质量和效率。② 根据李家邦对劳动能力和劳动创造的解释,本研究认为劳动技能的指标描述为在劳动过程中学生表现出的对相应劳动技能运用的能力;劳动创造的指标描述为在劳动过程中学生表现出创造性地运用所学知识解决问题的能力。

第三是劳动习惯和品质。劳动习惯和品质是指通过经常性劳动实践形成的稳定行为倾向和品格特征。③ 劳动习惯和品质一级指标划分为劳动诚信、劳动意识、劳动品质三个二级指标。纪德奎认为劳动诚信是指学生养成尊重劳动事实、遵守劳动规范的行为品格。④ 劳动诚信的指标描述为在劳动过程中学生遵守相应的劳动规范。张丽虹认为劳动意识指的是能否坚持完成劳动任务、能否面对困难不退缩、是否具有顽强毅力;劳动品质指的是完成劳动任务时表现出来的劳动实践质量和表现水平。⑤ 本研究中的劳动习惯和劳动品质的指标描述沿用张丽虹的观点,劳动意识的指标描述为在劳动过程中,面对困难坚持完成劳动任务的意识;劳动品质的指标描述为完成劳动任务时表现出来的劳动实践质量和表现水平。

第四是劳动精神。劳动精神是指在劳动观念、劳动能力、劳动习惯和品质培养过程中形成和发展的,在劳动实践中秉持的关于劳动的信念信仰和人格特质。⑥ 本研究借鉴王晓杰、宋乃庆对于劳动精神指标的划分,将劳动

---

① 张丽虹,吕立杰.中小学生劳动素养评价指标体系的构建及其应用[J].教育测量与评价,2022(03):19-30.
② 伍晋影.新时代初中生劳动素养评价指标体系研究[D].天津:天津师范大学,2022.
③ 中华人民共和国教育部.《义务教育劳动课程标准》(2022年版)[S].北京:北京师范大学出版社,2022.
④ 纪德奎,陈璐瑶.劳动素养的内涵、结构体系及培养路径[J].天津师范大学学报,2021(02):16-20.
⑤ 张丽虹,吕立杰.中小学生劳动素养评价指标体系的构建及其应用[J].教育测量与评价,2022(03):19-30.
⑥ 中华人民共和国教育部.《义务教育劳动课程标准》(2022年版)[S].北京:北京师范大学出版社,2022.

精神一级指标划分为辛勤劳动、诚实劳动、合作劳动三个二级指标。王晓杰、宋乃庆认为辛勤劳动指的是在劳动过程中体现出的勤劳、吃苦以及完成劳动任务的信念和决心;诚实劳动指的是在劳动过程中体现出诚实的品质(如踏踏实实劳动、不弄虚作假等);合作劳动指的是在劳动过程中体现出合作精神。① 本研究根据王晓杰对辛勤劳动、诚实劳动以及合作劳动的解释,认为辛勤劳动的指标描述为在劳动过程中学生表现出来的勤劳、吃苦的劳动状态;诚实劳动的指标描述为在劳动过程中学生表现出来的踏踏实实做劳动任务,不弄虚作假;合作劳动的指标描述为在小组劳动中,学生能与小组成员合作共同完成劳动任务。

表8-2 义务教育阶段学生劳动教育评分标准

一级指标	二级指标	指标描述	水平一	水平二	水平三
劳动观念	劳动情感	在劳动过程中体现出的情感,具体表现为珍惜劳动成果	表现为对劳动不感兴趣	表现为对劳动有兴趣,但没有珍惜自己的劳动成果	表现为热爱劳动,珍惜自己的劳动成果
	劳动态度	表现为参与劳动任务	在教师的提醒下依然不参与教师布置的劳动任务	在教师的提醒下参与教师布置的劳动任务	积极主动参与教师布置的劳动任务
	劳动价值观	能够表达出劳动的价值和作用	在教师的帮助下依然不能认识并表达出劳动的价值和作用	在教师的帮助下能够认识并表达出劳动的价值和作用	能够清晰地表达出自身对于劳动价值和作用的看法

---

① 王晓杰,宋乃庆.小学生劳动素养测评模型构建研究[J].湖南师范大学教育科学学报,2022,21(02):94-102.

续表

一级指标	二级指标	指标描述	水平一	水平二	水平三
劳动能力	劳动知识	能够理解并表述出劳动的基本概念以及与劳动任务的相关知识	在教师的帮助下依然不能理解并表述出劳动的基本概念以及与劳动任务的相关知识	在教师的帮助下能够理解并表述出劳动的基本概念以及与劳动任务的相关知识	能够自己理解并清晰地表述出劳动的基本概念以及与劳动任务的相关知识
	劳动技能	在劳动过程中表现出的对相应劳动技能运用的能力	在教师的帮助下依然不能运用相应的劳动技能	在教师的帮助下能够简单地运用相应的劳动技能	在劳动过程中能够娴熟地运用相应的劳动技能
	劳动创造	在劳动过程中表现出创造性地运用所学知识解决问题的能力	在教师的帮助下能够按照教师指导的方法解决劳动中遇到的问题	在教师的帮助下能够想到方法去解决劳动中遇到的问题	能够自己灵活地运用所学过的知识创造性地解决劳动中遇到的问题
劳动习惯和品质	劳动诚信	在劳动过程中遵守相应的劳动规范	在劳动过程中,不能在教师的提醒下遵守相应的劳动规范	在劳动过程中,能够在教师的提醒下遵守相应的劳动规范	在劳动过程中自觉遵守相应的劳动规范
	劳动意识	在劳动过程中,面对困难坚持完成劳动任务的意识	在面对困难时,不能在教师的鼓励下坚持完成劳动任务	在面对困难时,能够在教师的鼓励下坚持完成劳动任务	在面对困难时不退缩,坚持完成劳动任务
	劳动品质	完成劳动任务时表现出来的劳动实践质量和表现水平	在教师的帮助下不能按照教师的要求完成教师布置的劳动任务	在教师的帮助下能够按照教师的要求完成教师布置的劳动任务	能够出色地发挥自己的水平并超额完成教师布置的劳动任务

续表

一级指标	二级指标	指标描述	水平一	水平二	水平三
劳动精神	辛勤劳动	在劳动过程中表现出勤劳、吃苦的劳动状态	在劳动过程中没有表现出勤劳、吃苦的劳动状态	在劳动过程中经常表现出勤劳、吃苦的劳动状态	在劳动过程中始终表现出勤劳、吃苦的劳动状态
	诚实劳动	在劳动过程中表现出来踏踏实实做劳动任务,不弄虚作假	在劳动过程中没有表现出来踏踏实实做劳动任务,经常弄虚作假	在劳动过程中有表现出来踏踏实实做劳动任务,极少有弄虚作假	在劳动过程中始终表现出来踏踏实实做劳动任务,不弄虚作假
	合作劳动	在小组劳动中,能与小组成员合作共同完成劳动任务	在小组劳动中,不能与小组成员合作共同完成劳动任务	在小组劳动中,有时能与小组成员合作共同完成劳动任务	在小组劳动中,总是能与小组成员合作共同完成劳动任务

三、表现性评价应用于新时代劳动教育评价的典型案例

表现性评价已较为广泛地应用于劳动教育评价中。本研究在文献梳理的基础上,精心挑选山东省潍坊市瀚声学校的特色食育课程评价、广州市多维劳动教育评价为案例,以期对表现性评价应用于劳动教育评价提供借鉴。

(一)山东省潍坊市瀚声学校的特色食育课程评价

山东省潍坊市瀚声学校是潍坊市第一批劳动教育特色学校之一。近年来,该校全力实施"新"劳动教育,基于新时代,立足校本化,指向真育人,凸显了劳动教育特色,铸就了劳动教育品牌。

1. 特色劳动教育课程内容体系

潍坊瀚声学校把劳动教育作为推进五育并举、助力学生个性化成长的重要路径推进实施,形成了"324"劳动教育课程内容体系。"3"是劳动教育内容的三大方面,即日常生活劳动、生产劳动和服务性劳动。"2"是劳动教育内容的两大领域,即劳动认知和劳动体验。"4"是学校劳动教育的四大特色内容,即食育课程、家政课程、农耕课程、职业体验课程。食育课程包括餐厅帮厨、美

食制作、餐饮礼仪、自助取餐等课程;家政课程包括烹饪、茶艺会客、洗涤整理等课程;农耕课程包括农耕体验、爱心养殖、绿色生态教室建设等课程;职业体验课程包括后勤服务体验、警卫体验、保洁体验等课程。每个学段都按照涵盖"324"劳动教育内容的要求,制定了详细的劳动内容清单。①

此外,建构完善"235""积分制"星级劳动教育评价体系。"2"即两种评价方式:过程性评价与终结性评价;"3"即三个评价主体:教师、家长、学生;"5"即五个主要评价要素:劳动次数、劳动态度、实际操作、劳动成果、其他。每次劳动有评价、每类劳动有评价、学期有评价、学年有评价,实现了评价的全面、多元、可视化、可持续。②

2.特色食育课程评价

潍坊瀚声学校自2015年就组建团队研发了食育课程体系,通过理论研究、现状调研、专家指导,学校构建了十二年一体化的食育课程体系。把食育课程作为助力学生生命健康成长的重要课程,通过研究、考察、分析及多方论证,构建了"一六三一"食育课程体系,即一个目标、六大主题、三条路径、一种评价,形成学校食育课程的基本框架。

一个目标即让每一名学生拥有健康身体和生活智慧。健康是促进人全面发展的基本前提,是经济社会发展的基础条件,是国家富强、民族振兴的重要标志。儿童青少年是祖国的未来,营养与健康是保证他们正常生长发育和成熟的物质基础。

六大主题课程即农耕体验、膳食礼仪、健康饮食、饮食文化、烹饪实践、志愿帮厨。农耕体验课程内容包括农时节气、农具使用、作物习性、耕种技能、土壤改良、农业科技等;膳食礼仪课程内容包括餐前礼仪、餐具礼仪、就餐礼仪等;健康饮食课程内容涵盖食品安全、膳食营养、用餐习惯等;饮食文化课程内容包括饮食故事、地域食俗、节日食俗、茶酒文化、中西文化差异等;烹饪实践课程内容包括食材辨识与加工、美食制作与体验、工具使用与维护、卫生清理与保洁等;志愿帮厨课程是学生轮流到餐厅帮助餐厅工作人员工作,从早到晚,全程参与食育教师一天的工作。六大主题贯穿小初高三

---

① 李宝森,侯忠彦,张冬亚.探索劳动教育校本化实施路径[J].山东教育,2021(41):17.
② 潍坊市教育局.潍坊瀚声学校:"新"劳动教育成为学校育人"新名片"[EB/OL].http://jyj.weifang.gov.cn/xwzx/xxcz/202103/t20210322_5839247.htm,2021-03-18.

个学段,但各有侧重。

"三"即课程实施的三条路径:理论认知、实践操作、情感体验。理论认知:每个年级都开有食育课程理论认知课,通过开设六大理论认知课,所有学生都对课程内容的价值意义、实践方法、注意事项等认知到位。实践操作:以学期为单位整体规划,所有学生分批次轮流开展食育课程六个主题的实践体验,在实践中锻炼生活能力。情感体验:引导学生通过认知、实践课中学习总结与感悟分享,结合自我反思与评价走向自我教育,实现情感态度的提升。

"一"即课程的一种评价:制定标准,设计工具,学生通过自己达标、写食育周记等,做到自定量规、自我评价、自我提升。注重过程性评价和增值性评价,每天每餐的饮食都成为课程体验,天天实现"自我达标"。一次一自评、一日一记录、一周一反思、一学期一总结,真正走向自我教育。①

该食育课程的实施流程如下,以烹饪实践课程为例。

(1)烹饪实践课程的目标:学生能说出至少五种常见食物的基本营养成分,并知道如何烹饪;在这些课程中,学生学习烹饪至少一道菜,创造一个新的食谱,并在这个食谱上为他们的家人做一道菜。参与小组工作也需要培养学生的团队合作精神。

(2)烹饪实践课程的程序

一是穿上厨房制服。在教师的指导下,学生们穿着厨房制服,遵守厨房的秩序,教师帮他们拍照。二是内容介绍。食育老师讲解本课程的主要内容和操作方法,并让学生观看烹饪视频。三是烹饪实践。学生按照视频中的步骤分组练习烹饪。四是食品抽样。将做好的菜肴与"厨师"一起拍照。准备好的菜肴与"厨师"合影。在品尝食物时,不允许乱抢。五是清理。制服应按要求叠放好;厨房用具应清理干净并放好,工作台面和地面应清洁干净。六是结果检查。教师对整个过程进行检查,做好记录,并及时向年级主管汇报。

(3)评价

食育课程采用过程性评价方法评价学生在烹饪实践中的表现。结果包括自我评价(70%)、小组评价(20%)、教师评价(10%)。从知识、实践和反思三个方面对学生在食育课程中的表现进行相应的评价。每个维度都设计

---

① 李宝森.食育课程助学生健体增智[N].中国教育报,2022-04-12(09).

了详细的评价标准,并对结果进行分级(见表8-3)。①

表8-3 烹饪实践课程的评价记录表

一级指标	二级指标	评价标准	自我评价 ★★★	小组评价 ★★★	教师评价 ★★★
知识	食物知识	★能够至少识别6种蔬菜 ★★能够对食物进行分类 ★★★知道至少3种食物的特征			
	厨房用具知识	★能够至少说出2种厨房用具的名字 ★★知道至少两种厨房用具的特点 ★★★知道至少3种厨房用具的使用方法和注意事项			
	烹饪知识	★能够至少说出2种菜肴的名字 ★★能够至少说出1道菜肴的配料 ★★★能够描述出至少1道菜肴的烹饪方法和烹饪步骤			
实践	烹饪	★能够至少说出5种菜肴的名字 ★★能够至少说出2道菜肴的配料 ★★★能够完成至少1道菜肴的烹饪			
	整理厨房物品	★在使用后清洗厨房物品 ★★整理厨房用品 ★★★整理工作台面,清洁地板			

---

① Bao sen Li, Dong ya Zhang, Yucai Gao.The Exploration of the Food Education Program in Primary and Secondary Schools[J].Science Insights Education Frontiers,2021,10(2):1461-1470.

续表

烹饪实践课程的评价记录					
一级指标	二级指标	评价标准	自我评价 ★★★	小组评价 ★★★	教师评价 ★★★
反思	节约粮食的意识	★烹饪时不浪费食材,吃完学校厨房做的菜			
		★★用餐时不浪费食物,每次取适量的食物			
		★★★意识到食物的重要性,每顿饭都吃完			

(二)广州市多维劳动教育评价

广州组织研发了具有时代特点和广州地方特色的中小学劳动教材《综合实践活动·劳动》,该教材围绕考察探究、社会服务、设计制作、职业体验四大综合实践活动方式,设计与实施学生的日常生活劳动、生产劳动和服务性劳动,围绕劳动教育的五维目标——认知性目标、体验性目标、技能性目标、参与性目标、创造性目标,从三个维度九个方面设计了118个劳动主题或项目,建构了完整的地方劳动教育课程内容体系,每个主题均设置了"一周劳动大盘点"劳动评价清单,涵盖家务劳动、校内劳动、校外劳动、其他劳动,盘点的内容有劳动项目、劳动场地、劳动时间、劳动成果,以表格的形式呈现,由学生自己填写。通过"一周劳动大盘点"清单制度,进一步落实、落细劳动项目,为学生劳动过程评价提供了量化依据,有助于学生养成劳动习惯。

1.广州市的劳动教育评价

教材中每个主题设置了"劳动表现综合评价表",从学生劳动的积极性、多样性、熟练性、坚持性等方面,开展自评和他评等多维度评价。教材试验学校纷纷表示,劳动表现综合评价表,引导师生对劳动全过程进行清单式的综合性评价,课程实施评价及时到位。

表 8-4 劳动表现综合评价表

评价内容	自评	同学评	教师评	家长评
劳动参与的积极性				
劳动项目的多样性				
劳动技能的熟练性				
劳动活动的坚持性				
劳动成果的可接受性				
劳动过程的创造性				

自 2020 年 11 月广州市启动校园小农田建设以来,各区中小学校纷纷根据自身实际创设条件,规划和建设校园小农田,丰富校园劳动场域,校园小农田成为学校劳动教育的亮丽风景线。比如广州市骏景中学的校园小农田由于学校场地的限制,建在了学校的天台上,依托天空农场,常态有效开展项目式劳动实践活动,设立学生成长档案袋,采用表现性写实评价记录学生成长的全过程,充分发挥评价的激励反馈作用。学生劳动表现性评价包括考察探究活动过程记录、设计制作活动过程记录、劳动实践活动过程记录以及实践的心得体会等。表现性评价贯彻日常劳动活动,贯穿校园小农田劳动全过程。①

表 8-5 校园小农田锄地劳动活动表现性评价细目表

评价项目	学生表现标准	评比等级			
锄地动作	握锄姿势规范,准确。锄头入地的角度适当、锄头举起的高度合理,动作连贯	A	B	C	D
锄地面积	按规定任务完成锄地面积				
锄地效果	锄地的深度合适,锄后土块颗粒的大小均匀、地面平整,能有效清理杂草、石块及杂物等				
锄地用时	按规定时间完成锄地任务				
锄地安全	保持安全距离、动作没有危险性、不玩耍锄头等,工作、休息时锄头摆放合乎安全要求等				

① 广州市教育局.广州实施多维劳动教育评价入围省教育厅第一批教育评价改革典型案例[EB/OL].http://jyj.gz.gov.cn/gk/zfxxgkml/gzdt/content/post_7861629.html.2021-20-27.

(三)启示

第一,根据学生在不同的劳动教育活动中的预期表现制定相应的评价指标和表现水平。无论是山东省潍坊市瀚声学校通过对学生在烹饪实践课程中的知识、实践、反思的不同方面和不同水平进行评价,抑或是广州市根据校园小农田锄地劳动活动设置的表现性评价细目表,通过学生的锄地动作、面积、效果、用时、安全这几方面的不同等级进行评价,这都是根据不同的劳动表现性任务进行制定。学校可以根据劳动任务的不同,结合具体实际状况,归纳学生表现的共性维度,并划分不同的表现水平,以便更好地对学生在不同劳动教育表现性任务活动的不同行为表现进行评价。

第二,多方主体共同参与表现性评价。在表现性评价中,教师并非唯一的评价主体,学生自身、同伴等都可以共同参与。多方主体的共同参与促使更多主体积极参与到评价当中,有利于表现性评价的进一步开展。对于学生来说,这有利于学生更加容易理解劳动任务的要求及其评价标准,促使自身在劳动教育活动中得到更多的发展。而其他主体参与评价,促使评价更为客观和完整。

四、表现性评价应用于新时代劳动教育评价的建议

表现性评价应用于新时代劳动教育评价,可以通过表现性评价设计规范化与特色化并存、完善表现性评价的实施过程以及优化表现性评价应用的外部环境这三方面进行改进。

(一)表现性评价设计规范化与特色化并存

将表现性评价运用于新时代劳动教育评价,是对传统考试评价方式的革新,其背后是评价理念的更新。现实中,教师往往根据自己的主观经验对学生评价,若评分机制不健全,可能就会出现全班大部分学生的评分都是一样的,评语多有雷同。这样的话,评价结果对于学生个体的指导就不再具有价值,表现性评价反而成了一个浪费时间、消耗精力的活动。所以,表现性评价若想真正发挥作用,必须提高自身的规范性,使评价有据可依、结果有章可循。从确定评价目标开始就要严格遵循评价程序,理顺评价思路,制定明确的评价准则,提高评价的信效度,使看似"轻松愉悦"的评价活动具有

"科学规范"的价值。只有明确了评价理念、评价机制,才能促使表现性评价在劳动教育中的实施。表现性评价本质上是质性评价,质性评价区别于量化评价,旨在通过描述、观察等评价学生的表现,更具有人文性、教育性。需要注意的是,要加强评价的规范性,如提高评价任务的科学性、加强评价者间的协商与培训、与量化评价相结合等。另一方面,也要充分挖掘学校劳动教育特色、当地资源等,形成表现性评价的个性化,发挥评价的最大价值。

(二)完善表现性评价实施的过程

表现性评价的设计完成后,就要将表现性评价付诸实践。在劳动教育教学中,教师想要将表现性评价融入劳动教育教学中,首先,需要教师对表现性评价相关领域有一定的知识储备。比如对表现性评价的理念具有初步的了解,提高教师的评价素养。其次,教师还应掌握表现性评价的操作流程,这样教师才能在劳动课堂教学中根据不同的教学内容确定评价目标、设计相应的评价任务,使用评价标准对学生的表现进行适当的评价。再次,教师在使用表现性评价时,需要注意评价主体的多元化。教师并非使用表现性评价的唯一主体,学生、同伴以及家长等其他主体也可以参与到评价当中。可以根据表现性评价应用情境的不同,进而确定表现性评价参与的主体。这样既能让学生更好地理解教师期望的标准,明确努力的方向,也能使评价更加客观和全面,减少教师评价的主观性。最后,教师应处理好教与评之间的关系。表现性评价是一种注重教学过程的评价方式,与教学本应是一种互相促进、相辅相成的关系。① 教师应将表现性评价融入教学环节之中,发挥其本身应有的价值,而非仅仅是在教学结束后使用表现性评价,将评价作为教学活动的附庸。

(三)优化表现性评价应用的外部环境

表现性评价能否在劳动教育评价中真正地实施,与学校及其相关部门的支持是密不可分的。地方教育部门可以通过开展关于表现性评价的培训等活动提高劳动教育教师对表现性评价的认知程度,提升相关的评价素养和能力;还可以通过资金支持投入劳动教育表现性评价的实施中。此外,教育部门应鼓励学校积极探索不同学段表现性评价的运用。

---

① 赵士果.促进学习的课堂评价研究[D].上海:华东师范大学,2013.

学校首先可以优化自身劳动教育评价的氛围和环境，鼓励教师积极探索表现性评价等不同评价方法在劳动教育教学中的应用，营造劳动教育评价应用的环境。其次可以通过为劳动教育教师定期提供学习交流的机会，将表现性评价融入劳动教育教学中。学校可以通过开展教学比赛等活动组织教师共同研讨表现性评价在劳动教育教学中的运用，互相借鉴，促使表现性评价在学校劳动教育中的运用。最后学校可以为教师在劳动教育中使用表现性评价提供空间、资源、劳动教育场地、技术等各方面的支持，为教师使用表现性评价提供相应的便利。

第九章　新时代劳动教育评价的方法：档案袋评价

准确地评价新时代劳动教育的实施效果，是反馈、支持新时代劳动教育持续完善的基础。档案袋评价通过收集整理学生的过程性和结果性劳动素材，全面反映学生的劳动教育表现，实现促进学生劳动素养提升的价值。本章主要介绍新时代劳动教育评价的重要方法之一——档案袋评价。

一、档案袋评价与新时代劳动教育评价的关系定位

理性分析档案袋评价与新时代劳动教育评价的关系，对实现劳动教育目标，促进学生全面发展具有重要作用。作为新时代劳动教育评价的重要方法之一，档案袋评价注重劳动教育的实践属性和过程属性，能够自然地、完全地融入劳动教育评价过程中。同时，新时代劳动教育评价为档案袋评价提供方向，促进档案袋评价的发展。二者相互影响，相辅相成。

（一）档案袋评价是新时代劳动教育评价的重要方法之一

"'档案袋'意味着每一个儿童的学习过程及其成果的信息与资料，长期地、有目的地积累起来的积聚物。它不是儿童作品单纯的文件夹，而是可以作为儿童学习足迹的资料，具有某种目的、按照时间序列，有计划地来收集。"[①]"档案袋评价，又称为'学习档案评价'或'学生成长记录袋评价'，是以档案袋为依据而对评价对象进行的客观的、综合的评价。"[②]它是20世

---

① 钟启泉."真实性评价"的由来与做法[J].基础教育课程,2017(17):84-85.
② 骆明艳,刘任丰.基于档案袋评价的中小学劳动教育评价[J].湖北科技学院学报,2021,41(06):137-141.

纪90年代伴随着西方"教育评价改革运动"而出现的一种新型质性教育教学评价工具。

劳动教育与劳动生产实践紧密结合，十分注重教育过程。将档案袋评价应用到新时代劳动教育评价中，可以清晰地了解学生在劳动教育中取得的成果。同时，档案袋评价集诊断性评价、形成性评价、终结性评价于一体，有助于提高劳动教育评价的准确性、全面性、多元化，是新时代劳动教育评价的重要方法之一，具有重要的应用价值。

1.有利于提高劳动教育评价的准确性

传统的教育评价系统是单向的、封闭的，以标准化、规范化的考试成绩作为唯一的评价标准，其弊端是过于重视终结性的评价结果，忽视了学生发展的过程。档案袋评价作为一种质性评价方式，侧重学生的平时表现和综合素质考核，通过真实记录、自我反思和倾听交流将量性评价和质性评价结合起来，将学生在不同阶段参加劳动学习和实践的资料收集起来，有利于提高劳动教育评价的准确性。[1]

2.有利于促进劳动教育评价的全面性

与传统的评价方式相比，档案袋评价在实际的操作过程中，能从多方面、全过程地关注学生的发展，采用多种评价指标，能够相对客观地对学生的劳动教育成效进行评价，促进劳动教育评价的全面性。劳动教育评价的全面性主要体现在评价内容、评价过程两个方面。

一方面，档案袋评价丰富了劳动教育评价的内容。档案袋评价不仅对学生劳动课程的参与度、劳动成果进行评价，还要对学生的劳动观念、劳动态度、劳动习惯与品质等进行评价，注重学生的劳动素养与非智力因素的协调全面发展。

另一方面，档案袋评价贯穿了学生参与劳动教育的全过程。档案袋评价包含学生在劳动前准备情况的评价、劳动过程中行为表现的评价、参与劳动后资料整理收集的评价等，注重过程性与发展性的学习行为，伴随着劳动教育的全过程。此外，布鲁纳（Jerome Seymour Bruner，1915-2016）的教育思想之一是重视学习的过程而不是结果。也就是说，劳动教育评价不仅是对

---

[1] 程嘉妮.档案袋评价在劳动教育中的应用思考[J].长春教育学院学报，2021,37(01):40-45.

劳动效果进行测量,还需要关注劳动过程以及重视被评价者的意见等。注重过程并不是对结果评价的排斥,将过程评价与结果评价有机结合,实现评价重心的转移,是新时代劳动教育评价的一个重要特征。

3.有利于实现劳动教育评价的多元化

与传统的教育评价体系相比,档案袋评价强调充分发挥各类评价者的作用以及评价方式的综合运用,有利于实现劳动教育评价在主体和方法等方面的多元化。

一方面,档案袋评价除了关注教师对学生的评价外,还重视其他评价者的意见。在传统的劳动教育评价中,教师作为课程评价的"主宰者",在较大程度上影响劳动教育评价的结果。而基于建构主义学习观与"真实性评价"的档案袋评价是社会身份不同的评价主体在一定规则下对劳动主体进行评价的一种方式。[①] 劳动教育在实现育人目标的过程中,应该充分发挥学生、教师、家长、其他社会人员对劳动主体进行评价的作用,实现劳动教育评价由单一评价转化为多元评价。

另一方面,不同的主体通过档案袋评价对劳动教育进行评价时,可以采用多元的评价方法。既可以运用数据分析与统计方法,也可以采取多元化的质性方法。档案袋评价具有的这些特征,对实现劳动教育评价的多元化具有明显的借鉴意义。

档案袋评价既关注学生的个体差异,又对学生整体产生一定的激励性,尤其是为学生的劳动素养发展、提升指明了方向。以档案袋评价为载体,在劳动教育的过程中,教师可以鼓励学生"在某些方面有进步",对学生"在某些方面提出相关期望",或者指出学生"在某些方面存在不足"等。[②] 总而言之,档案袋评价作为新时代劳动教育评价的重要方法之一,具有其独特的价值。

(二)新时代劳动教育评价为档案袋评价提供方向

20世纪80年代以来,在欧美文献中"评价"替代了"评鉴",这意味着教

---

① 吴桂婷,石丹丹.档案袋评价在劳动教育中的有效应用[J].教育实践与研究(C),2022(03):57-60.
② 赵子杰."档案袋评价"在美术教学中的应用[J].小学教学研究,2022(32):63-64.

育评价观的根本转变。所谓评价,是指在复杂的连续的教学过程中,教师旨在做出更好的判断而收集、解释和利用信息;是基于师生"进行中的对话",是共同围绕评价所得的信息相互对话的活动。① 而劳动教育评价是劳动教育有效落地的指挥棒,旨在促进学生的学习与成长。人工智能时代带来人的行为方式与劳动形态的变革,新时代进行劳动教育评价,需要把握时代特征,在反思现在和预测未来中突破创新。②

《深化新时代教育评价改革总体方案》在"改革学生评价,促进德智体美劳全面发展"部分,提出"加强劳动教育评价",明确指出"加强过程性评价,将参与劳动教育课程学习和实践情况纳入学生综合素质档案"③。新时代劳动教育评价为档案袋评价提供了方向,即应规范劳动教育评价方式,改变以往"一考定终身"的教育模式,坚持"重结果更重过程"的评价要求。进行档案袋评价时,采用诊断性评价与形成性评价相结合的方法,以劳动任务为内容,在劳动教育过程中对每一位学生劳动过程中知识、技能等的掌握情况进行如实记录,并将结果反馈给学生,帮助学生了解自己的优势与不足。同时,教师也可以根据反馈结果调整劳动教育的进度或形式,促进劳动成效最优化。

(三)档案袋评价与新时代劳动教育评价相互影响

档案袋评价与新时代劳动教育评价之间相互影响、相辅相成。

第一,"发挥'档案袋评价'的价值与能量,是实现我国新时代教育评价改革的战略性课题——从'知识评价'转向'素养评价'——所需要的"④。"档案袋评价作为一种从实践中涌现出来的评价方式,是'等级化''分数化'评价的一种替代,具有旺盛的生命力。它的优势在于,为学生提供了一个学习的机会,使学生能够认识自己,判断自己的进步。"⑤更加注重学生在劳动素养方面的提升。在新时代劳动教育评价中,档案袋评价是捕捉学生是否达到劳动教育目标现实状况的"目标依据评价",即根据劳动教育领域

---

① 钟启泉.建构主义"学习观"与"档案袋评价"[J].课程·教材·教法,2004(10):20-24.
② 陈静.新时代劳动教育评价的三重逻辑[J].中国考试,2021(12):10-18.
③ 中共中央 国务院印发《深化新时代教育评价改革总体方案》[EB/OL].[2021-06-15]. http://www.gov.cn/zhengce/2021-10/13/content_5551032.htm.
④ 钟启泉.发挥"档案袋评价"的价值与能量[J].中国教育学刊,2021(08):67-71.
⑤ 李雁冰.课程评价论[M].上海:上海教育出版社,2002:204.

的实际,设定达成目标,来判断儿童学习的实际状况。针对不同的主体,档案袋评价能够反映学生的完整面貌,使教师更加关注学生的劳动过程、学生劳动能力和学生向预期目标进步的过程,更及时、准确地掌握每个学生真实客观的学习情况,了解每个学生的学习方式和学习特点,进行更有针对性的指导,也能够提供给学生对自己的作品进行自我评估和反省的机会,有助于提高劳动教育评价的准确性、全面性、多元化。

第二,新时代劳动教育评价具有监督和导向的作用,影响着档案袋评价的实施。劳动教育评价,"应引导学校把劳动教育作为一种价值召唤,强化激励性与基础性,让劳动成为一种积极的生存方式,突出主体性与责任性,形成劳动教育方面的制度建构"①。在中小学劳动教育评价中,"应促进基础教育各阶段、各年级相互衔接与层递推进的教育内容体系,促使中小学校把握不同教育阶段劳动教育的侧重点。例如,小学注重劳动兴趣、劳动意识、劳动态度等方面的教育;初中注重劳动认知、劳动价值、劳动习惯、劳动技能方面的教育;高中注重劳动创造、劳动韧性、劳动精神以及劳动与自身职业发展规划、升学专业取向选择、未来幸福生活之间联系等方面的教育"②。新时代劳动教育评价指引着档案袋评价的方向,即档案袋评价应有效地促进教学与评价的有机结合,注重学生劳动素养发展的过程性、衔接性等。同时,教师可以把档案袋评价贯穿在整个劳动教育过程的始终,将其当作教学不可分割的一部分。

二、档案袋评价应用于新时代劳动教育评价的理论构建

档案袋评价的实践及其精进,可以为新时代劳动教育评价的发展奠定坚实的基础。因此,构建档案袋评价应用于新时代劳动教育评价的理论体系至关重要。

(一)档案袋评价的理论基础:需要层次理论、意义学习理论

档案袋评价应用于新时代劳动教育评价的理论基础主要源于需要层次理论和人本主义理论。二者对档案袋评价在理论的引领上具有重要的意义

---

① 陈理宣,刘炎欣.劳动教育与德智体美教育的基础关联和价值彰显[J].中国教育学刊,2017(11):65-68.
② 刘茂祥.基于实践导引的中小学劳动教育评价研究[J].教育科学研究,2020(02):18-23.

与启示。

1. 需要层次理论

美国心理学家马斯洛(Abraham Harold Maslow,1908-1970)于1943年出版的《人的动机理论》一书中,提出了需要层次理论,把人的需要分为五个层次,即生理上的需求、安全上的需求、社交的需求、尊重的需求、自我实现的需求。后来马斯洛又将该理论扩展为更加完善的七层次论,即生理需要、安全需要、社交需要、尊重需要、求知需要、审美需要、自我实现需要。但前者流传较广,在现代行为科学中占有主要地位,成为管理心理学的五大理论支柱之一。

(1) 需要层次理论的基本观点

马斯洛需要层次理论认为,人的需要除了对生理和安全、爱的需要之外,对于人的尊重以及自我价值的实现是更高层次的需要。马斯洛需求的五个层次具体内容如下:

生理需求(Physiological needs),也称级别最低、最具优势的需求,如食物、水、空气、欲望、健康。

安全需求(Safety needs),也属于低级别的需求,其中包括人身安全、生活稳定以及免遭痛苦、威胁或疾病等。

社交需求(Love and belonging needs),属于较高层次的需求,如对友谊、爱情以及隶属关系的需求。

尊重需求(Esteem needs),属于较高层次的需求,如成就、名声、地位和晋升机会等。尊重需求既包括对成就或自我价值的个人感觉,也包括他人对自己的认可与尊重。

自我实现需求(Self-actualization),是最高层次的需求,包括对于真善美的至高人生境界获得的需求。如若前面四项需求都能满足,最高层次的需求方能相继产生,是一种衍生性需求,如自我实现,发挥潜能等。

生理需求、安全感的需求、归属感以及爱的需求属于基本需求层次。需要注意的是,基本需求层次顺序并不是严格的固定程度。马斯洛指出,人们需要动力实现某些需要,有些需求优先于其他需求。高层次需求是物种进化的高级阶段,生理需求是一切生物共有的需求,但自我实现的需求是人类所独有的。需求的层次越高,对纯粹维持生存的迫切性就越低,这种满足感也就可以推迟得更久,而且也更容易永久消失。①

(2)需要层次理论对档案袋评价的启示

第一,"为了能够体现出需要在人的发展和进步中所能实现的支撑力,档案袋评价是为了展示被评价者的最佳作品,尊重被评价者的个性,识别不同的人之间的差异"②。在新时代劳动教育评价的过程中,将被评价者不同阶段在劳动知识、劳动能力、劳动素养等方面的进步进行展示,进而满足其自我实现的需求。同时,作为一种发展性评价,档案袋评价记录和观察学生的知识和能力、成长过程和方法、情感和对待事物的态度,让学生以多种方式展示自己的学习,帮助学生发扬自己的优点,发挥特有的潜能,对发扬学生的个性有着积极的作用。

第二,为满足学生个性化的需要,教师应改变传统的单一评价模式,采用多元化的评价方式。在评价目标、评价内容和评价的方式方法上,尽可能地多元化,注重过程性评价,定量评价与定性评价相结合。

2.意义学习理论

人本主义于20世纪50年代至60年代在美国兴起,70年代至80年代迅速发展,它反对行为主义把人等同于动物,只研究人的行为,不理解人的内在本性,又批评弗洛伊德只研究神经症和精神病人,不考察正常人心理,因而被称为心理学的第三种运动。罗杰斯(Carl Ransom Rogers,1902-1987)是人本主义的代表人物,人本主义教育思想包含了其意义学习的思想。意义学习理论是相对于机械学习提出的,批判了传统教学中以教材、教师、课堂为中心的教育行为,罗杰斯强调人的主体地位,重视人的心理品质和性格特征的发展,强调人的尊严和情感需要。

(1)意义学习理论的基本观点

罗杰斯把意义学习分为四个要素,即个人全身心地投入、自我发起、全面发展以及自我评价。具体内容如下:

个人全身心的投入即学生将认知和情感全部投入学习之中。罗杰斯认为,学生只有将认知和情感整体参与到学习当中,才算是有意义学习。他反

---

① 亚伯拉罕·马斯洛.动机与人格[M].陈海滨,译.江西:江西美术出版社,2021.
② 于晶.档案袋评价在小学语文教学中的应用研究[D].长春:东北师范大学,2012.

对颈部以上的机械学习,更加关注学习过程中学生的自我体验。

自我发起即学生主动探索和发现新知。罗杰斯意义学习理论认为,学生具有天然的学习需求,因此在学习过程中,学生是积极主动的。当学生具有学习的兴趣以及欲望时,自我发起比他人驱动更有效。

全面发展即学生的人格、行为、态度等均得到改善。罗杰斯认为学习具有渗透性,会使学生获得全面发展,也就是说,学习会使学生的行为、态度,乃至个性都会发生变化。

自我评价即学生对自我需求和学习目标的完成度等进行自我评估。罗杰斯认为,学习者在学习过程中学习效果的评定是由学习者自身进行评价,而非教师或者教材来决定,学习者可以依据自我评估以及学习需求及时调整学习计划。

罗杰斯认为人的精神世界包括情感和认知。教育能够促进这两方面同时发展,进而培养"全人"。罗杰斯认为教育的目的就是培养能够适应变化和调整学习策略的人。[1]

(2)意义学习理论对档案袋评价的启示

第一,评价主体的重心在于学生,以学生自主的总结和评价为主。将评价的结果转化为学生学习的内因,是档案袋评价应当实现的目标之一。

第二,除了自我评价以外,同伴评价等方式能够帮助学生发展思维,促进同学之间、学生与家长之间的情感交流,符合罗杰斯意义学习的理念。档案袋评价对于学生的劳动知识的学习方式和劳动习惯的养成等具有深远的影响,有助于学生未来达成自我实现。

第三,档案袋评价从多方面呈现学生的整体劳动学习水平,档案袋的内容应允许和尊重学生的个体差异,除了关注学生的劳动知识与技能外,还应关注学生的劳动情感、劳动态度、劳动价值观的发展。在一定评价标准下,利用学生交互评价的方式,发展学生的反省思考能力,不仅能增进对自我劳动学习水平的认识,还能促进与他人的沟通交流。

(二)档案袋评价的目的:培养全面发展的人

第一,将档案袋评价应用于新时代劳动教育评价,要坚持以促进学生的

---

[1] 罗杰斯.罗杰斯著作精粹[M].刘毅,钟华,译.北京:中国人民大学出版社,2006:11.

全面发展为根本目的。我国的教育方针中强调培养"全面发展的人",决定了育人的发展方向。劳动教育是全面发展教育的组成部分,具有较强的内在一致性。劳动教育关注人的全面发展,它是一种指向更深层次的自我认知和自我养成的德行养成、智力构建、体魄塑造、美感追求。同样,"劳动教育评价作为一种教育活动,其发展轨迹指向以'人为目的'划定的圆周范围之内"①。采用档案袋评价,不仅仅是对劳动教育活动进行价值判断,还应关注人的发展,进而促成以劳育德、以劳增智、以劳强体、以劳识美,达成以劳动为载体成就整全的人的目标。

第二,将档案袋评价应用于新时代劳动教育评价,要坚持以培育劳动价值观为核心目的。劳动素养十分重要,它是德、智、体、美素养的综合体现,劳动教育里既有价值观教育,也有创造力、美感、身体素质的锻炼等。劳动教育是人的基本素养到真实社会实践的一个环节,"劳动教育虽然涉及劳动知识、技能、美感、体能等全面的培育,但劳动教育的核心目标只能是德育——劳动价值观(情感、态度、价值)的培育"②。档案袋评价不仅要对学生劳动课程的参与度、劳动成果进行评价,而且要对学生劳动观念、劳动态度、劳动习惯与品质等进行评价,更重要的是要注重学生的劳动价值观的培育。

(三)档案袋评价的原则:主体性、真实全面和持续发展性

新时代劳动教育评价是依据劳动教育的目的及其标准,通过系统地收集劳动教育过程中的信息,在对所收集的信息与劳动教育的标准进行比较的基础上,进行的价值判断。2020年7月教育部印发的《大中小学劳动教育指导纲要(试行)》规定,我国中小学劳动教育评价的价值意义在于,引导中小学生树立正确的劳动价值观,解决劳动教育实施过程中存在的实际问题,以提高劳动教育的质量进而发挥劳动教育的育人功能。《大中小学劳动教育指导纲要(试行)》要求将过程性评价和结果性评价结合起来,通过利用大数据、云平台、物联网等现代信息技术手段,开展劳动教育的平时表现

---

① 王连照.论劳动教育的特征与实施[J].中国教育学刊,2016(07):89-94.
② 檀传宝.开展劳动教育必须解决好的三大理论问题[J].人民教育,2019(17):34-35.

评价、学段综合评价和学生劳动素养监测。① 作为一种形成性评价方式方法,将档案袋评价应用于新时代劳动教育评价中,需要遵循主体性原则、真实性原则、全面性原则、发展性原则、持续性原则等。

1. 主体性原则

主体性原则是档案袋评价应用于新时代劳动教育评价的必然要求。在进行档案袋评价的过程中,学生始终是劳动教育评价的主体,必须参与到劳动教育的每一个环节。具体来说,档案袋评价应用到新时代劳动教育评价中,就是要依据劳动教育的目标以及学生已有的经验等,根据评价标准来选择合适的评价内容,将这些资料分门别类地放入档案袋,根据档案袋资料与教师、家长、同学和相关社会人员等多元主体,对劳动教育的目标、过程、效果等进行评价、交流与反馈,这是档案袋评价的一个重要内容。多元主体的评价形式主要有教师评价、学生自评、同伴互评等。

2. 真实性原则

真实性原则是档案袋评价应用于新时代劳动教育评价的客观要求。档案袋记录的是学生在劳动教育中某一领域的进步过程或成长足迹,档案袋评价则是通过记录学生在劳动教育中的各种行为表现、学习过程、学习成果,收集教师、学生、同学、家长等主体对劳动主体进行评价的信息资料,反映学生劳动教育的进步过程、努力程度和反省思考能力及其发展水平。档案袋的内容应当是真实的,反映学生发展的真实状况。可以是抓拍的图片、原创的音频视频等原始珍贵资料,也可以是利用教育智能软件对答题情况做出的分析,还可以是学生制作的手工模具、劳动工具等原生态的学习成果。

3. 全面性原则

全面性原则是档案袋评价应用于新时代劳动教育的科学要求,主要体现在评价标准、评价内容、评价形式等。首先,档案袋评价标准的制定应具有全面性,符合劳动教育的目的性要求,评价过程要尽可能地收集各个方面的信息并对这些信息进行科学的判断;其次,评价内容必须能整体、全面地

---

① 中国政府网.教育部关于印发《大中小学劳动教育指导纲要(试行)》的通知[EB/OL].(2020-07-07)[2022-12-8].http://www.gov.cn/zhengce/zhengceku/2020-07-15/content_5526949.htm

反映学生劳动教育表现的全貌,要对组成劳动教育的各方面做多角度、全方位的评价,否则就有可能陷入以点带面、以偏概全的状态;最后,在评价形式上,注重量化评价与质性评价、自评与他评相结合、整体性评价与差异性评价、学生全过程评价等。

4.发展性原则

发展性原则是档案袋评价应用于新时代劳动教育评价的目的要求。依据劳动教育的目标定位,档案袋评价需要引导学生树立正确的劳动价值观,解决劳动教育实施过程中存在的实际问题,从而提高劳动教育的质量。因此,在实施劳动教育档案袋评价的过程中,应体现学生在不同年龄阶段的个体差异,根据学生的特点和实际制定的不同的教育目标和劳动教育计划,善于发现学生在劳动教育中的优点和取得的进步,以激励和表扬为主,以促进学生发展为中心,客观公正地反映每位学生的成长和进步。① 档案袋评价不全是给予学生一个量化的等级,而是注重学生在劳动教育过程中的成长和变化,要以发展的眼光看待学生,给予学生劳动素养发展的空间。

5.持续性原则

持续性原则是档案袋评价应用于新时代劳动教育评价的内在要求。能力、素养等的培育并不是一朝一夕就能实现的。通过档案袋评价,可以跟踪学生在一个学期、一个学年甚至在某个学段的长时期的成长,反映学生在各个阶段劳动教育过程中不同方面的成长与变化。同时,劳动教育、劳动教育评价也是一个持续性的过程,学校和教师应当注重不同年级、不同学段档案袋评价的衔接性和递进性。

(四)档案袋评价应用于新时代劳动教育评价的内容

劳动教育丰富的实践形式要求进行新时代劳动教育评价时,不能局限于静态的口头评价或常规的标准化评价等形式,而是要走向动态生成的档案袋评价,建立起以学生劳动表现为核心的个性化档案袋,融合学生劳动过程与劳动成果。

第一,档案袋内容应丰富多样。例如,档案袋中可以收集与劳动过程、

---

① 骆明艳,刘任丰.基于档案袋评价的中小学劳动教育评价[J].湖北科技学院学报,2021,41(06):137-141.

劳动成效相关的各种形式的材料,可以是文字、图片、声音或者其他实物;可以是用于成果展示的,也可以是作为经验教训的;可以是自己创作的,也可以是他人提供的劳动产品。依据不同的劳动主题与形式的劳动成果应包括手工作品、小作文、农作物、科技作品等。需要注意的是,劳动教育评价一方面要聚焦学生参与劳动的实践过程,通过劳动评价表实时记录学生劳动行为表现,同时搭建学生展示的平台,关注学生劳动感受的表达。另一方面,要尊重认可并收录学生不同形式的劳动成果。①

第二,档案袋内容应有系统性。在收集儿童作品、建立档案袋的作业中,也要遵循一定的原则。② 档案袋中的内容应当根据劳动教育知识、劳动实践的主题等使得积累的作品具有一定的系统性,收集后还需要进行更替取舍的梳理与选择。在建立档案袋的过程中设定运用档案展开探讨。档案袋的建立是儿童与教师的共同作业。学习的主体终究是学生,所以,从使用档案袋开始,就得向学生说明档案袋的目的、意义,应当保留的资料和放置的场所。学生在指导中通过运用档案袋,去领悟档案袋评价的目的与意义,更主动地参与到档案袋建立与评价。教师和学生在对话中磨合彼此的评价,在此基础上对某一阶段的劳动教育进行反思和展望。

(五)档案袋评价的主体:学生、教师、家长、其他社会人员

"劳动教育评价是顺应改进劳动教育、培养社会主义建设者和接班人的客观要求而开展的,是社会需求和个体发展需求在教育领域的具体体现,学生、家庭和社会主体在场是评价的前提和基础。"③档案袋评价应用于新时代劳动教育评价的主体应包括学生本人、同学、教师、家长、社区工作人员以及学生参加相关劳动教育活动时接触到的其他人士,这体现了劳动教育评价过程的民主化、人性化。

1.学生

学生本人是最重要的评价主体。学生可以通过自评和互评的方式,增进对自我和同伴劳动学习程度的了解。一方面,学生自评是一个反省、思考

---

① 林克松,熊晴.走向跨界融合:新时代劳动教育课程建设的价值、认识与实践[J].湖南师范大学教育科学学报,2020,19(02):57-63.
② 钟启泉.解码教育[M].上海:华东师范大学出版社,2020:207-208.
③ 陈静.新时代劳动教育评价的三重逻辑[J].中国考试,2021(12):10-18.

的过程。通过自我评价,学生学会多角度、正确客观地认识自己,明确在劳动教育过程中的进步与不足,依据学生的实际情况,进一步提升劳动素养。在教师的指导下,学生学会依据一定的标准进行自我评价。通过学生自主的总结和评价,将评价的结果转化为学生在劳动教育过程中学习的动因,是档案袋评价应该实现的目标之一。另一方面,学生互评也是必不可少的评价方式,属于同伴评价的范畴。同伴评价主要是来自同学、朋友等的评价,因而往往能客观地站在学生的认知水平、思维模式和处事方式的角度上去观摩、理解和判断,较符合学生实际,所以具有一定的说服力和影响力。①

学生自我评价以及同伴评价有利于打破以往的评价体系中以教师评价为主的单向性评价标准,促进劳动教育评价转向以学生的自评为主以及自评与他评的结合。档案袋评价是动态发展的过程,反映了学生在劳动教育过程中某些方面的发展。劳动教育课程评价是持续反复的过程,而反思是实施评价的关键。学生既要结合自评与他评的意见,在劳动教育课堂中进行反思,以反思清单或报告的形式明确自身在劳动知情意行方面的改进方向,完成阶段性反思;同时,也要以某一主题的劳动活动为时间节点,根据反思清单或报告进行自查确证,实现总结性反思。唯有通过劳动反思,作为学生劳动载体的实践活动才具有理论沉思的意义,学生才能借由劳动实现全面发展。②

2.教师

教师作为评价主体,在劳动教育评价过程中起着引导的作用。教师和学生都是评价的主体,二者通过沟通交流,共同制定评价标准。档案袋评价以人为中心,注重人的发展,强调评价的民主化与个性化。师生应以人的全面发展为旨归,根据不同的劳动主题,在劳动观念、劳动情感、劳动行为等目标范围内共同筛选、整合、确定劳动表现中的关键特征。依据关键劳动特征形成劳动评价表,由教师与学生共同记录评价。除了班主任以外,与劳动教育相关的任课教师应当共同参与到档案袋评价中来,针对学生的劳动表现

---

① 刘东红,金文伶,刘迎辉.以多元评价促进学生核心素养提升[J].华夏教师,2022(31):18-19.
② 林克松,熊晴.走向跨界融合:新时代劳动教育课程建设的价值、认识与实践[J].湖南师范大学教育科学学报,2020,19(02):57-63.

和目标进行横向、纵向的主体比较。这样一来,在关注学生学习成果的同时,教师还可以发现学生更多的闪光点,更关注学生的成长过程。

3. 家长

家长是他人评价的组成部分之一。家庭是除了学校、社会以外,学生参与劳动教育的主要场所,档案袋评价能够促进家校之间的良好合作,从而有效提高学生的劳动素养。教师往往无法直接了解学生在家中的表现,而家长也想了解孩子在学校里学习什么内容,具体的行为表现如何。家长可以帮助孩子收集劳动记录,撰写评语等方式对学生进行评价,在档案袋评价中起到了补充的作用。

4. 其他社会人员

其他社会人员也是评价主体的组成部分。依据不同的劳动教育实践或劳动教育主题收集其他社会人员的评价。例如,新时代大学生可以根据生活技能实践、社会服务实践、志愿活动实践三个方面参与到劳动教育过程中。在具体的生活技能实践中,又可以分为卫生劳动、垃圾分类、手工制作、物品整理等方面。① 其中,社会人员的评价可以来源于学校后勤工作人员等。但是在实际操作过程中,收集其他社会人员评价是有一定难度的,需要进一步探讨有效评价的措施。

进行多元主体的评价,有助于促进学生的劳动教育评价结果公正、科学、客观和全面,也有助于对学生的劳动观念、劳动能力、劳动精神、劳动习惯和品质等方面的培养。需要注意的是,对于有较强专业性的劳动技术评价,还需前期有专家介入制定评价标准。对学生而言,作为评价者,有利于更好地发现、改进自身不足,习得他人长处,激发学生参与劳动主动性和积极性。总而言之,各类主体共同参与档案袋评价活动,能够使评价发挥良好的激励作用,有利于实现育人目标,帮助学生增强自身能力。需要注意的是,档案袋评价贯穿劳动教育评价的始终,在进行劳动教育开始、中间与终结分阶段地进行。要把握学生的变化,就得从教学伊始把握学生的实态,进行诊断性评价;中途倘若不顺利,就得修正教学计划。因此,将档案袋评价应用于新时代劳动教育评价中要注重诊断性评价、过程性评价、终结性评价

---

① 曹丽萍.新时代大学生劳动教育研究[M].北京:北京工业大学出版社,2021:125-143.

的结合。

(六)档案袋评价的结果呈现:纸质、电子档案袋

档案袋评价应用于新时代劳动教育评价的呈现形式主要有纸质和电子档案袋两种。二者相辅相成,纸质档案袋可以随时记录学生日常成长,电子档案袋可以上传照片、视频等资料,将二者有机结合,能够促进劳动教育评价的全面性。

档案袋可以记录学习者在学习过程中关于学习目的、学习活动、学习成果、学习业绩、学习付出、学业进步以及学习过程和学习结果进行反思的有关学习策略、学习反省等材料;二者都需要由学习者本人在他人(如教师、同学等)的协助下完成,档案袋的内容和标准选择必须体现学习者的参与。电子档案袋评价与纸质档案袋评价的区别在于电子档案袋是在信息技术环境下,学习者运用信息手段表现和展示各种材料,主要用于现代学习活动中对学习和知识的管理、评价、讨论、设计等;电子档案袋评价是理念与技术的结合。其中,理念指的是实现学生学习过程的评价,实现教师、学生、同学共同参与的多元评价方式,实现学生在真实情境下的评价,实现多种评价方法相结合的评价。技术分别是信息技术和档案评价技术,利用信息技术能方便地收集、保存、查阅学生的学习信息,利用档案评价技术能系统地整理、分析、综合、判断学生的学习信息。[①]

不同呈现形式的档案袋评价可以方便、快捷地保存学生的学习信息,对学生的劳动教育过程进行全面的评价,有利于学生对自己劳动教育学习过程的回顾与省思;将电子档案袋评价应用于新时代劳动教育评价中,可以记录学生平时的劳动过程,又包括评价表、作品展示、志愿服务评定、资格证书等级考试等,可以对学生的劳动成果和劳动素养水平进行评价[②];有益于向家长展示学生的劳动成果,是一种有效的家校沟通的方式。但是,电子档案袋评价相比于纸质档案袋更依赖于良好的支持平台,需要一定的技术支持。

[①] 赵丽萍.电子档案袋评价在信息技术教学中的应用[D].济南:山东师范大学,2007.
[②] 王晖,刘霞,刘金梦等.中小学生劳动素养评价的国际经验及启示[J].北京师范大学学报(社会科学版),2022(04):142-149.

（七）档案袋评价的结果使用：档案袋展示会、树立劳动榜样、学期综合评价

档案袋评价应用于劳动教育评价不能局限在内容收集之上，更重要的是要达成以评促学、以评促教的效果。具体而言，评价结果的使用可以通过一定的形式以促进学生个人和班集体的发展。

第一，档案袋展示会。在一个学期或者学年即将结束时，如若举办一个档案袋展示会，这将是学生反思和总结在劳动教育过程中的收获与困惑的好机会。在档案袋讨论会之前，学生必须对自己档案袋里的内容有一个整体的了解。学生之间可以交换档案袋内的作品，相互沟通劳动实践中产生的疑惑或者遇到哪些问题，分享各自劳动实践的经验与技巧，鼓励学生针对问题提出建议以提高劳动素养。

第二，树立劳动榜样。学校在开展劳动教育评价过程中会出现诸多典型的故事，通过建立档案袋进行记录和评价，教师可以融汇成诸多优秀案例，树立劳动学生、劳动班级的榜样班级。这样一来，学校既可以组织宣传劳动教育评价的经验与成效，还能激发学生、教师开展档案袋评价的积极性。学校还可以通过评优奖先等方式激励班集体开展多种形式的劳动教育，以提升劳动教育质量，促进学生成长。

第三，学期综合评价。是学生自评、同学互评、教师评价学生、家长评价子女等多主体参与的综合评定，按照一定的比例计算出评定等级，以此作为日常学生成长档案袋评价的学期劳动教育评价结果保存到学生的个人成长档案中。

三、档案袋评价应用于新时代劳动教育评价的典型案例

将档案袋评价应用于新时代劳动教育评价，就要灵活运用收集起来的作品，展开指导。档案袋的内容，包含学生的作品、学生自我评价的记录、教师的指导与评价的记录等。本节展示档案袋评价运用于大中小学劳动教育评价中的典型案例，并分析典型案例给予新时代劳动教育评价的启示。

（一）档案袋评价应用于新时代小学劳动教育评价的典型案例

劳动教育评价是开展劳动教育的重要环节，贯穿于家庭、学校、社会各

方面,与德育、智育、体育、美育相融合。下面以广东省深圳市宝安区海港小学①、成都市锦江区天涯石小学劳动教育实践研究为例。②

1.广东省深圳市宝安区海港小学劳动教育评价实施情况

广东省深圳市宝安区海港小学创建于 2013 年 5 月,是一所阳光向上、充满朝气的区属公办小学。海港小学以"专注六年,幸福一生"为办学理念,创造适合的教育环境和学校氛围,让每一位学生都成为"有为少年",让每一位教师都成为"有为教师",扎实、有效、创新地探索"有为教育"实验。

"双减"政策实施以来,海港小学积极探索劳动教育,开发了一系列劳动教育课程。海港小学在构建"有为·领航"课程体系的同时,通过创新劳动教育评价体系,促进劳动教育与各学科、德智体美四育以及家庭教育的深度融合,切实将立德树人根本任务贯穿于教育教学全过程,实现全员育人、全面育人和育全面的人。"嵌入式"劳动评价体系成为海港小学一张崭新的名片,学校于 2022 年获评"深圳市劳动教育特色学校"。

(1)基于立德树人构建劳动教育评价体系

深圳市宝安区海港小学依据《深化新时代教育评价改革总体方案》《关于全面加强新时代大中小学劳动教育的意见》和《大中小学劳动教育指导纲要(试行)》《义务教育质量评价指南》等文件精神,围绕学校"人人在劳动中有所作为"的指导思想,将学校劳动教育的总目标内化为"立德、笃行、培能",三者既互相融合又互相促进。经实践,学校逐渐形成"五维二级三学段"的评价体系。

"五维"指从总目标出发,将劳动教育的内涵界定为"劳动观念、劳动能力、劳动精神、劳动习惯、劳动品质"五个维度;"二级"指在五个维度下分解出 14 个一级指标和 38 个二级指标。以"劳动能力"维度的评价为例,共有 3 个一级指标和 10 个二级指标,如表 9-1 所示;"三学段"是根据小学低段、中段、高段三个学段设置不同的评价标准。表 9-2 为"劳动能力"维度下的某二级指标针对小学三学段不同的评价标准。学校经过层层细化,形成可对比、可量化、可操作的劳动教育评价系统。

---

① 阮瑜.立德、笃行、培能的劳动教育评价体系建构与实施[J].人民教育,2022(12):54-56.
② 刘书娴,肖百慧.班级劳动教育档案袋的应用与反思[J].教育科学论坛,2020(35):71-73.

表 9-1 劳动能力维度下的评价指标

维度	一级指标	二级指标
劳动能力	掌握基本的劳动知识技能	学习本学段所需的劳动知识和方法
		具备一定的家庭生活自理能力
		具备一定的校园劳动技能、种植养殖能力
	正确使用劳动工具	具备使用常见农具、清洁消毒工具的能力
		具备使用常见手工及维修工具的能力
		具备常见家用电器的使用及清洁维护能力
		具备常见网络化、智能化工具的使用及清洁维护能力
	具备完成一定劳动任务所需的设计、操作能力及团队合作能力	具备一定的劳动统筹、规划、设计、实施的能力
		能够独立或通过合作完成一定的劳动任务
		能独立或与小组成员完成相应的项目式学习

表 9-2 某二级指标对应三学段不同的评价标准

二级指标	低段要求	中段要求	高段要求
具备一定家庭生活自理能力	能削铅笔、整理书包、折叠衣物	能整理书柜、鞋柜、衣柜	能按一定方法整理及合理处理书籍、衣物、玩具
	能完成小件衣物和红领巾的清洗	能清洗书包和鞋子	会买菜、煎炒、煲汤,会做一两个拿手菜
	能整理和清扫自己的房间	会切菜、配菜、蒸煮,做简单的凉拌菜	能制作元宵、月饼、粽子等传统美食
	会择菜、洗菜、煲饭、洗碗	能独立取快递	
		能完成废旧物品的再利用	

(2)多种形式实施劳动教育评价

海港小学在实践中采用多元评价对学生劳动过程实现全域观照。多元评价体现在评价内容、评价方式、评价主体的多元化。

第一,评价内容根据场域的不同可分为校内劳动、家庭劳动、社会性劳动。校内劳动形式除了每周一节的劳动课以外,还有班级事务性劳动、校园值日区、树木养护等劳动任务;家庭劳动根据不同的学段对学生日常生活劳动任务群中的"清洁与卫生""整理与收纳""烹饪与营养""家用器具使用与维护"等相关内容进行评价,如表9-3为低年级家庭劳动清单及评价表;社会性劳动具体可以分为以农业生产、工业生产、现代服务业劳动、公益劳动与志愿服务为主的"基础型劳动",以传统工艺制作、新技术体验与应用等为主题的"创造型劳动"和以职业认知、职业体验、职业探究为主题的"职业体验型劳动",针对不同的社会性劳动,评价的侧重点也不同。

表9-3　一、二年级家庭劳动清单及评价

班级			姓名					劳动总时长(分钟)													
	我有一双小巧手,"宅"家get新技能! 孩子们,自己动动手,做做家务,争做中华小当家!请你每天从以下项目清单中自选一项或几项适合自己的劳动任务,每天做一件力所能及的事情。让我们行动起来,做个热爱劳动的好孩子,快去认领你的劳动清单吧。																						
劳动项目	任务群1:清洁与卫生　①扫地　　②洗袜子　　③洗红领巾　　④洗鞋子　⑤拖地板　⑥洗碗筷 任务群2:整理与收纳　⑦整理书包　⑧整理衣服　⑨整理书柜、书桌　⑩垃圾分类、倒垃圾 任务群3:烹饪与营养　⑪择菜、洗菜　⑫泡茶水　⑬使用蒸锅 任务群4:农业生产劳动　⑭种植或养护一种绿植　⑮饲养一种小动物 任务群5:传统工艺制作　⑯剪"福"字　⑰编织手绳 自主选择一项劳动技能:⑱_____																						
21天自我评价	今天你做到了吗?请在"我的劳动清单"选择你当天的劳动项目,填序号;完成后在"劳动技能"进行自我评价哦! 劳动技能评价等级:熟练:★★★　　掌握:★★　　学会:★																						
		1	2	3	4	5	6	7	8	9	10	11	12	13	14	15	16	17	18	19	20	21
	我的劳动清单																					
	劳动技能																					
	劳动时长(分钟)																					
家长整体评价																							
温馨提醒	1.每天做家庭劳动5-15分钟,承担家庭小主人的职责哦!每月劳动清单于月末上交至班主任处。 2.孩子们,在劳动过程中,别忘了拍照或录视频或制作劳动手账,留下你劳动的美丽身影。																						

第二,评价形式结合学校实际以及信息资源,采用"劳动契约合同"、线上评价、学生自主申报等形式展开。校内劳动中,学校将劳动任务分配给每个班级或团体,同时签订"劳动契约合同",建立相互支持、相互监督、相互

评价的机制;家庭劳动以学校指定的"21天劳动好习惯养成清单"为依据,以"是否有质量完成"为评价标准,家长可在学校云平台的相关项目上进行评价;社会性劳动是以学生意愿,向班级提出申请参与社会性劳动,领取社会性劳动评价表,在他人协助下完成社会性劳动,并请社会机构对学生的劳动表现进行评价。

第三,评价主体除了学生以外,还有班主任、教师、家长、社会机构等多元主体。在校内劳动中,学校大队部、劳动教师、班主任等定期对各个班级或团体的劳动情况佐助评价,并给予针对性指导;在家庭劳动中,以学生自评、家长助评为主,家长利用学校云平台进行实时评价,大数据定期生成每个学生的劳动完成情况,班主任、劳动老师等对于未达到标准的学生及时进行指导;在社会性劳动中,社会机构、学生为主要的评价主体,家长或学生可以将评价表等资料上传至学校平台,存入学生电子档案袋。

学校对劳动教育评价注重生成性结果的判断描述,采用电子档案袋对学生进行质性评价。根据劳动教育的校本总目标和各种评价细目表,在目录页下,电子档案袋分成大小"房间",可以分门别类上传、收集和整理学生在劳动中生成的劳动任务单、劳动清单、项目实践、交流对话等资料,描述学生的实践过程、进步程度、反思能力和发展水平。学期末,结合电子档案袋中的素材,教师对学生的进步、努力和成就做出综合性评价。电子档案袋实行"一生一案",1-6年级滚动升级,既可纵向描述个体的发展状况,也可横向呈现个体在群体中的发展变化指数。借助电子新载体实施"电子化档案袋评价"是教育信息化发展的必然趋势,它能更便捷更详尽地记录学生成长的足迹,拉近家校的距离,在家校之间真正架起一座沟通交流的空中桥梁。

2.成都市锦江区天涯石小学劳动教育评价实施情况

成都市天涯石小学始建于1904年,其前身为成都市商业场小学,是一所拥有百年办学历史的公立小学。2001年5月,学校迁址风景秀丽的府南河畔,文物古迹"天涯石"旁,更名为"成都市天涯石小学"。

近年来,天涯石小学积极探索城区学校如何根据学校特色及办学理念,开发创新型的劳动教育课程体系。学校依据该校劳动教育实践研究课题组编制的《小学生劳动教育实施情况调查问卷》的分析结果发现,很多学生参与日常劳动的时间相对较短、机会相对较少,劳动技能不强,劳动意识较弱等问题。根据现状,学校结合学生的心理特点和生理特点,有针对性地搭建起班级劳动教育的内容,并通过线上线下结合的方式对档案袋的内容进行及时反馈和评价。

(1)构建班级劳动教育内容

劳动教育内容选择从解决学生自理自立能力等基本问题入手,开展多种形式的劳动实践,表9-4为针对一年级学生具体的劳动教育内容设计。教育过程中注重知行合一,注重实际效果,培养学生正确的劳动价值观。班主任建立孩子劳动教育成长档案袋,保留学生在劳动过程的照片、作品和学习成果等痕迹,为每个孩子打造专属的劳动记忆和评价方式。同时,班级制定相应的奖励机制。经过家校共育,越来越多的孩子发现了劳动的乐趣,主动承担家务活,劳动的意识越来越强。

表9-4 一年级劳动教育内容设计

角色	内容	职责	目的
自立小达人	学会一项生活小技能	学会系鞋带、擦洗自己的饭盒等	自我服务
班级小主人	负责一个班级劳动小岗位	值日生、午餐分餐、清洁分工等	服务他人
家务小能手	负责一个家务劳动小岗位	扫地、洗碗、倒垃圾等	

(2)档案袋内容的及时反馈和评价

学生在劳动教育的过程中需要及时的激励,形成正反馈的效应,养成良好的劳动习惯。班级通过利用信息技术构建网络空间,搭建线上展示平台。同时,每一个小任务的结束,班级及时进行线下跟踪反馈总结,做到及时衔接,让劳动教育融入"日常"活动。图9-1为该校档案袋评价开展过程。

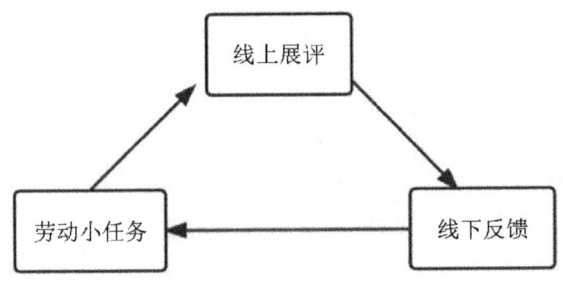

图9-1 档案袋评价开展过程

第一,搭建线上展评空间。利用家校沟通交流的APP,搭建线上展评空间以督促学生参与家务劳动,培养劳动习惯。展评空间里可以看到学生的家务劳动的具体内容,有家长关于孩子的劳动成果的分享,还有老师的点评鼓励,使学生有了参与的积极性。有了不受时空限制的线上展评,家校能够合力共同培育孩子的劳动习惯,让孩子有参与的积极性和主动性。第二,线下及时跟踪反馈。班级印制了特有的"小叮当"生活小能手奖状,对学生进行精神和物质上的奖励,每一个孩子以拿叮当奖状为荣。有了评价、激励、展示的机制,孩子们从不做劳动到坚持劳动,形成了从被动接受到主动承担的转变,并逐渐成为一种生活习惯,乐在其中。在班级学生的档案袋记录中,学生可以记录日常的自我服务和服务他人的劳动,这不仅是简单的技能习得,也不仅是纯粹的丰富体验,更是孩子们在每一天、每一个沉浸式、融合化的劳动体验、实践和创造中,学会生存、积极生长、幸福生活,最终展现出自由健康的生命样态。

3.启示

从评价入手,可以推动劳动教育变革,有效落实立德树人。深圳市宝安区海港小学以及成都市锦江区天涯石小学对劳动教育评价的开展,都具有重要的借鉴意义。

第一,建立信息化劳动评价个人档案是一项具体的、重要的措施,在新时期学校可以充分利用信息技术来开展劳动教育评价。此外,以信息技术为载体的技术理性推动了劳动教育评价走向数据化的技术样态。① 因此,档案袋评价应用于劳动教育评价中,也要结合时代特征,善用、巧用电子平台。建立信息化劳动评价档案的目的主要是为了实现对学生劳动教育方面的成长发展的跟踪型记录,便于学生在各阶段学习在劳动教育方面的信息对接,也有利于对学生劳动教育方面实现持续性的培养。实现信息化的成长跟踪型评价是保证劳动教育效果,构建劳动教育学校评价体系的重要一步。② 例如,大数据针对某一时期未达到劳动教育评价标准的学生进行跟踪,教师再根据情况进行针对性指导,不仅有利于教师及时了解学生,也有

---

① 陈静.新时代劳动教育评价的三重逻辑[J].中国考试,2021(12):10-18.
② 柴智强.新时期农村小学劳动教育学校评价体系构建研究[J].考试周刊,2021(50):1-2.

利于学生劳动素养的发展。

第二,劳动教育评价不仅仅是为了目标的达成,更重要的是获得有效的反馈信息,以改进劳动教育课程,提升劳动教育的质量,促进学生的全面发展。在整个评价的过程中,其目的也不仅仅停留在甄别,更重要的是通过档案袋评价提供有效的反馈信息,从而对劳动教育的实施提出改进意见。评价活动的出发点在于谋求儿童的学习与学力的"可视化",而这种"可视化"的事实,可以借助两种境脉显示出来:一是基于深度把握儿童学习的实践反思与改进;二是借助学习档案、作业作品等学习评价的方式加以确认与佐证。因此,档案袋评价理所当然地成为未来教育评价改革的主攻方向。[1]

第三,小学阶段,针对不同年级学生的劳动教育评价应体现递进性和衔接性的特点。学生的年龄段不同,劳动教育的内容设计也会随着年龄的增长而呈现层次性的变化。目前,档案袋能记录和体现劳动课程的设计以及学生在技能、情感态度等方面的变化。但是档案袋记录的学生情感技能的变化应当如何呈现和评价,还需要在实践中进一步探究。

(二)档案袋评价运用于新时代中学劳动教育评价的典型案例

在新时代劳动教育的指引下,教育部印发的《大中小学劳动教育指导纲要(试行)》中提出了劳动观念、劳动能力、劳动精神、劳动习惯和品质四个维度的评价目标。下面以上海市崇明区崇东中学"三园·四生"劳动教育课程为例。[2]

1. 上海市崇明区崇东中学劳动教育评价实施情况

上海市崇明区崇东中学位于崇明岛东部、上海长江隧桥入口处——陈家镇,创建于1943年2月,已经有80多年的办学历史。学校作为上海市劳动教育试点学校、市首批劳动教育特色校,劳动教育课程实施是在继承学校"绿苑"基地课程、低碳生活、东滩大课堂等"生态文化教育"特色课程的基础上,提炼经验,融入劳动教育的新内容,进行补充、调整和完善。

"三园·四生"劳动教育课程,是指通过"三园教学"的方式,实施"四

---

[1] 钟启泉.发挥"档案袋评价"的价值与能量[J].中国教育学刊,2021(08):67-71.
[2] 沈锦荣.家校社协同构建"三园"一体学校劳动教育课程:上海市崇明区崇东中学劳动教育实践探索[J].现代教学,2022(10):26-29.

生"劳动教育课程。其中,"三园"指的是校园、家园和田园;"四生"指的是生活、生产、生存、生态。该课程旨在培养学生的劳动观念、劳动意识,重点落实到劳动实践和劳动锻炼,在劳动中真正体验劳动的价值、创新思维的方式。学校劳动教育有目标、有体系、有内容、有基地、有要求、有课时、有评价。针对劳动教育评价而言,主要体现在树立评价指标、设计评价方法、使用评价结果等方面。

(1)确定评价指标

学校通过认真研读《纲要》中提出的劳动教育总体目标四个要素:劳动观念、劳动能力、劳动精神、劳动习惯和品质,仔细解读了每个要素的具体描述,并提炼出核心关键点,经过多次集体研讨,设计出了四个要素十二个关键点的学生劳动素养培育体系,如图9-2所示。

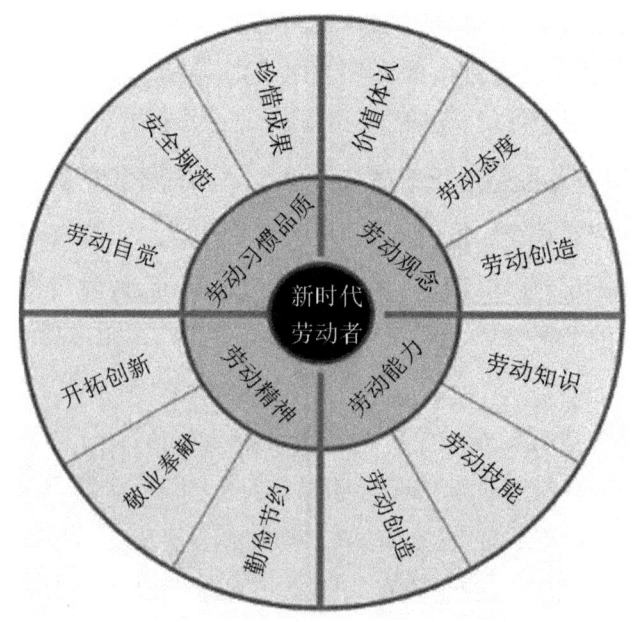

图9-2　学生劳动素养体系

(2)设计评价方法

学校根据劳动素养目标体系和表现标准,聚焦三类劳动,即日常生活劳动、生产性劳动、服务性劳动,设计多元主体多样化的评价方法,形成劳动教育动态评价体系(如表9-5),分别制定相对应的评价表(如表9-6),汇集成《学生劳动实践活动评价记录册》,每人一册,实行以劳动表现为核心的动态生成的档案袋评价。

表 9-5 劳动教育课程动态评价体系

三类劳动	评价方法	评价频次	评价主体
家园日常生活劳动	打卡式评价	每周一评	家长评、自评
校园日常生活劳动	表现性评价	每周一评	师评、自评
校园服务性劳动	表现性评价星级评价	每周一评	师评、自评
田园服务性劳动	表现性评价星级评价	每次一评	社区评、自评
生产劳动、劳动周	表现性评价结果性评价	每次一评	师评、自评
主题日	表现性评价	每次一评	师评、自评
劳动素养综合评价		每学期一次	师评、自评

表 9-6 劳动教育评价表

班级		服务时间	月　日 - 月　日
组长			
志愿者团队			
评价内容	星级评价　☆☆☆☆☆		
	自评	班主任评	推荐优秀志愿者
1.服务能力			
2.服务态度			
3.团队合作			
4.服务记录			
班主任寄语			

(3) 使用评价结果

根据《学生劳动实践活动评价记录册》，结合可视化的探究学习成果评价，完整记录劳动过程与劳动结果，并做每学期一次的劳动素养综合评价，将结果反馈给学生和家长。学校和家长会根据反馈，针对问题，共同协商提升劳动教育效果的各种对策。

2.启示

第一，要逐步构建科学的劳动教育学校评价体系，评价指标是关键。档案袋评价作为一种过程性评价,评价指标的科学性、有效性在很大程度上影响着评价结果的信度和效度。上海市崇明区崇东中学是上海市劳动教育特色学校,学校从劳动树德、增智、强体、育美的综合育人新视角出发,探索新时代农村初中"三园"一体的家园劳动日常化、校园劳动规范化、田园劳动多样化的协同交融的劳动育人新格局,促进构建基于劳动素养发展的学校劳动教育课程体系。同时结合学校和学生的实际情况,经过多次集体研讨,设计评价指标体系。科学有效的评价体系能够更好地发挥评价育人的功能。

第二,档案袋评价不能只停留在资料的收集方面,还要定期进行评价,及时向学生和家长反馈。对于教师而言,可以通过多种形式激发学生参与劳动的兴趣,例如组织班级进行劳动教育档案袋评价交流会,营造轻松愉快的氛围,收集学生的意见、问题等,有利于档案袋评价工作的进一步开展。档案袋评价也是家校合作的一种方式,在一个单元或劳动主题结束后,教师可以通过家长会或利用网络平台等方式向家长反馈。

(三)档案袋评价运用于新时代高校劳动教育评价的典型案例

高校劳动教育是实现大学生全面发展的根本途径,是实现立德树人根本任务的有效载体,实现脑力劳动与体力劳动相结合的有效手段。高校劳动教育具有以创造性劳动为核心、与专业教育深度融合、贯穿人才培养全过程的三大特征。因此高校劳动教育应明确劳动教育培养目标,通过建立劳动档案袋评价体系,保障劳动教育长效实施。[①] 下面以华东师范大学建设劳动教育评价体系为例。

1.华东师范大学劳动教育评价实施情况

作为新中国成立后第一所社会主义师范大学,华东师范大学具有良好的劳动教育传统,学校党委于1952年号召全校师生开展建校劳动,并成立劳动建校委员会,领导全校师生进行建校劳动。在新时代的要求下,华东师大勇于探索劳动教育的新方法和新形式。

以学校开展的紫江公益人才培养项目为例,紫江公益打破专业的壁垒,

---

① 王岚,邵俊美.论高校劳动教育的育人价值、特征和实践路径[J].河北科技师范学院学报(社会科学版),2021,20(03):106-111.

通过显性课程与实践课程相结合,整合过程评价、柔性评价等方式进行组织,取得了良好的效果,如图9-3所示。

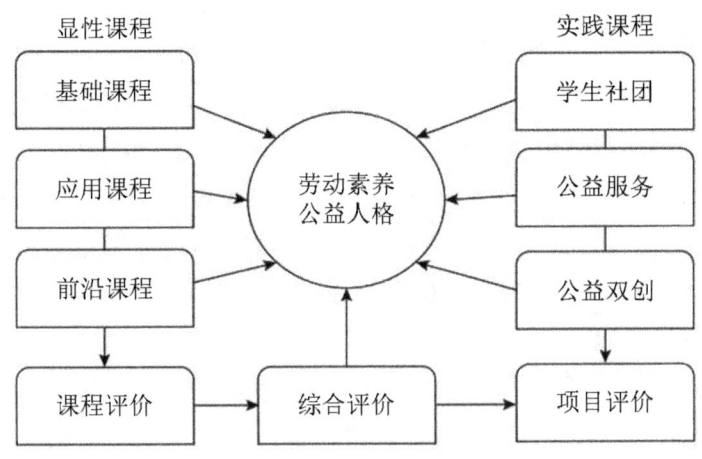

图9-3 高校公益性劳动教育课程体系

就劳动教育评价体系而言,华东师范大学从育人的"实践评价""效果评价"以及"增值评价"三个维度来探索建立劳动教育的客观评价标准。其中,实践评价以学生的出勤率、活跃度、课堂表现为考查要点,考查学生的劳动观念、劳动精神和劳动态度;效果评价通过学生自评、学生互评、教师评价来考查学生对劳动技能的掌握情况,并建立学生劳动素养档案,把劳动课程评价结果作为衡量学生全面发展情况的重要内容,以便教师针对性教学,提升教学效率;增值评价以追踪一段时间内学生劳动能力的变化,分析学生进步程度和努力程度,以期更多地释放学生的劳动潜能。同时,学校将劳动教育工作纳入学校督查督办工作范围,对第一课堂、第二课堂进行专项督察,通过健全学校劳动教育的绩效考评,以评价促进劳动教育体系建设,推动学校劳动教育模式高质量发展。[①] 由此可见,将档案袋评价应用于新时代高校劳动教育评价中,是一种重视劳动教育过程的改进性评价,能够观察到学生劳动习惯和劳动态度的变化。

2.启示

第一,档案袋评价应用于新时代劳动教育评价,要处理好自评与他评的

---

① 戴立益,孟钟捷,荀健.育人 文明 发展:华东师范大学劳动教育的探索与实践[J].中国大学教学,2021(11):4-9+13.

关系。学生作为劳动教育评价的主体，在评价过程中应重视学生的自我评价、自我反思。同时，将学生自评、教师评价、家长评价等多元评价结合起来，还要发挥班级、班主任和学院学生劳动教育评价领导小组的作用。

第二，将档案袋评价应用于新时代劳动教育评价时，要尽可能避免单向度、平面化的结果评价，根据学生的成长变化对劳动成长记录进行及时更新。每个个体的劳动记录是动态且持续的，贯穿整个劳动教育过程。对于劳动教育的效果评价应当结合劳动的特点，以学生的参与体验为主，以"劳动"为载体，针对学生的参与和学习体验做出监测，从而达成形成性、表现性评价。① 对于学校而言，建立学生成长档案袋必不可少。同时，随着教育信息技术的发展，建立学生成长电子档案袋也迫在眉睫。总之，档案袋评价应用于新时代劳动教育评价应当在科学的评价标准之下，妥善运用现代信息手段，在过程与结果、定量与定性、观念与行为等的交融中构建合理的劳动教育评价体系。

四、档案袋评价应用于新时代劳动教育评价的建议

档案袋评价应用于新时代劳动教育评价，可以通过完善档案袋评价的指标体系、开展档案袋评价交流与反馈、拓展档案袋评价的应用范围等进行改进。

（一）完善档案袋评价的指标体系

档案袋评价作为一种质性评价方式，评价指标体系的科学性、有效性在很大程度上影响着评价结果的信度和效度。《大中小学劳动教育指导纲要（试行）》指出，要"将劳动素养纳入学生综合素质评价体系"②，所以对劳动素养的评价不能脱离每一个学段的教育目标而展开。针对不同学校的实际情况、不同阶段学生的身心发展特点，档案袋评价的指标体系也相应发生变化。档案袋评价强调过程和结果的统一，在评价时不仅要关注学生的劳动实践活动过程中的表现和情感获得，还要尊重和认可学生不同形式的劳动成果。此外，档案袋评价也应该纳入对学生的终结性评价中，应该对档案袋

---

① 宁本涛.如何在"教育中"进行劳动教育[J].上海教育，2020(13):34-35.
② 中国政府网.教育部关于印发《大中小学劳动教育指导纲要（试行）》的通知[EB/OL].(2020-07-07)[2022-12-8].http://www.gov.cn/zhengce/zhengceku/2020-07/15/content_5526949.htm

评价进行适当的量化,并成为学生发展终结性评价的有机组成部分。评价的标准需要经过师生共同探讨,例如是把档案袋作为整体来评分,还是将按照劳动实践活动单独评分后计算平均分;是评定分数,还是评定等级,这些问题还有待于进一步地思考和实践。

(二)开展档案袋评价交流与反馈

档案袋评价除了收集材料、定期评价,还要注重与学生、家长等的交流与反馈。在构建新时代劳动教育评价体系的过程中,学校和教师在利用档案袋进行诊断性、形成性、终结性评价时,也要关注评价反馈的环节,形成评价反馈的一体化评价监督模式。具体来说,就是要求学校在确定劳动教育评价的相关标准和要求时,既要考虑到对学生劳动知识、劳动技能、劳动效果等进行评价,也要考虑到教师和学生得到评价结果之后,由学生自发进行或者是班级集体组织的后续活动,从而针对学生的进步加以表扬,对评价中指出的问题加以改进。只有在兼顾评价反馈修正环节的前提下,对于劳动教育的评价才能够真正起到作用。[①]

(三)拓展档案袋评价的应用范围

结合不同学校劳动教育课程实际情况,拓展档案袋评价的应用范围,使档案袋的评价工作由一个班级走向全校,进一步推广到更大的领域,实现优质资源共享。学校可以将学生的劳动教育档案作为"共享资源",对其进行编辑、归档、整理,将学生的劳动教育档案作为学习参考资料,利用平台,供师生共享。教师可根据需求,选择适合的档案材料,以期对劳动教育评价有一定的参考价值。总之,作为一种评价方法,档案袋评价应用于新时代劳动教育评价有其自身的优势,也有其局限性。如何有效开展劳动教育评价,还需要各个教育阶段的学校在组织实施劳动教育的过程中,不断探索和提升。

---

① 柴智强.新时期农村小学劳动教育学校评价体系构建研究[J].考试周刊,2021(50):1-2.

第十章　新时代劳动教育评价的实施策略

"劳动教育评价"这一主题,归根结底就是劳动教育如何贯彻到现实的教育实践的问题,这是理论者与实践者不可规避的重要问题。中小学劳动教育评价工作的开展受到诸多因素的影响,当前存在评价内容、评价主体和评价方式较为单一的现实困境。因此,中小学应建立健全劳动素养评价体系,培育劳动教育评价多元主体,引入综合性劳动教育评价方式,根据不同年龄、不同形式的课型采取不同的评价方式,做好纵向发展分析和横向比较分析:关注劳动过程,鼓励家长、教师和学生等多元主体参与,完善评价机制的全面性,对学校的教育评价进行优化,有效促进劳动素养评价的科学发展,提升中小学劳动教育人才培养质量和效果。而劳动素养是小学高年级学生在日常生活与学习的重要体现,提升小学高年级学生劳动素养不能单靠一方,要充分发挥家庭、学校、社会三方的作用,构建全面培养的体系。

一、加深对新时代劳动教育评价重要性的认识

劳动是人们最重要的生产活动,劳动教育是社会主义素质教育的组成部分,它在于培养热爱劳动,尊重劳动人民群众,让他们在道德、智慧、体魄、美德和劳动技能等方面全面发展,成为具有理想、文明、纪律的社会主义公民和建设者。劳动是儿童智力发展的主要组成部分,它不仅可以帮助儿童更好地理解事物之间的联系,还可以激发他们的创造力和兴趣,让他们在集体中发挥自己的才能。劳动教育是学生成长的必修课,是全面发展教育体系的重要组成部分。此外,劳动也能够激发学生们对某一种劳动的共同爱

好,从而促进他们的全面发展。在整个学习过程中,教师应该重点关注那些尚未充分展现出自身潜能和兴趣的学生。要深刻认识到劳动教育评价具有不可替代的作用,并在教学实践中确实提高劳动教育评价的定位。北京教育科学研究院研究员程晗博士也认为,加强中小学生的劳动教育,不仅是大势所趋,更是当务之急,具有非常重要的现实意义。教师是新时代劳动教育的主要实施者,他们对新时代劳动教育评价的认知程度直接关系到劳动教育的质量。切实提高教师对新时代劳动教育评价的认知,是做好劳动教育的基础和前提。

(一)加强培训提升教师对劳动教育评价的认识

教育主管部门和学校应定期组织教师进行培训,使教师树立正确的劳动教育观念,提高对劳动教育及劳动教育评价的重视程度。在培训时,可以网上培训,各级教育主管部门要把劳动教育纳入对教师的全员继续教育培训中,以培训的方式使教师都能学习劳动教育的相关理论,提升教师群体对劳动教育的重视。

(二)培养劳动教育专职教师队伍

学校的劳动教育评价是由相关的教师来实施的。而劳动教育不同于传统的文化课程,需要建立专职劳动教师队伍。学校要挑选具有劳动教育背景的教师作为专职教师,并不断加大对劳动教育的教师培育,提高其专业化水平。

(三)开展劳动教研提高教师劳动教育评价的理论水平

劳动课程教研是促进劳动课程教师专业成长的有效途径。开展有关新时代劳动教育研究可以提高劳动教育评价的理论水平。学校要积极鼓励教师参与劳动教育课题研究,从而提高教师对劳动教育评价的理论水平。

毋庸置疑,劳动是我们获得美好生活的基础。它不仅仅是一种技能,更是一种美德。孩子们在劳动实践活动中,不仅从中获取了知识技能,而且还感知出劳动的美、领悟出劳动的美、欣赏出劳动的美、创造出劳动的美。学校应该重新审视劳动的概念,认识到它的核心任务是养成正确的劳动习惯、正确的工作态度、正确的劳动认知、正确的价值观以及掌握必要的劳动技能。另外,加强顶层设计,实现劳动和育人的结合。希望在未来的教育实践中,将劳动教育工作列入中小学校的常规工作,并进行统筹安排,逐步提升教师劳动教育评价的能力。

二、明确新时代劳动教育评价的目标

(一)明确劳动教育的知识目标

劳动教育旨在通过实践活动来培养学生的劳动技能,让他们掌握基本的劳动知识,并以不同的劳动形式来培养合理的劳动价值观和养成良好的劳动习惯,从而发挥劳动的育人价值。劳动教育就是通过劳动进行教育,发挥劳动的育人价值,但劳动教育的重点也是在劳动基础知识的学习之上,采取不同的劳动形式,培养学生正确的劳动价值观和良好的劳动习惯。

对于劳动教育知识目标的评价,我们可以通过多种形式进行。首先,我们可以在课堂上采取劳动知识问答的形式进行。值得注意的是,我们在进行劳动知识问答的时候,要注重劳动知识的发展性,既要通过劳动知识反映大部分学生的劳动情况,又要有所区别,表现出学生在劳动知识方面掌握的不同。其次,可以采用劳动知识竞赛的活动来进行。在劳动知识竞赛中,我们要明确劳动知识竞赛的范围,以及劳动知识自身的侧重点。教师在设计知识竞赛活动时,要考虑知识的范围和学生的实际情况,更好地对学生的劳动知识进行评价。最后,教师可以通过专门的学科考试来评价学生的劳动情况。通过考试,可以给学生劳动情况的一个最终反馈。在试卷的设计中,教师要根据劳动教育的目的、内容等方面进行,试题要减少一些封闭性的答案,侧重开放性试题的设计。总之,教师要从实际情况出发,设计合理的试题,充分评价学生的劳动教育情况。

(二)明确劳动教育的价值目标

劳动教学旨在通过实践活动来培养合理的劳动价值观,为培养良性的劳动习惯提供一个有效的指导方向。为了让学生更好地理解劳动的价值,我们需要采取合理的方式来评估劳动教育的效果。一方面,可以通过劳动相关的活动设计来评价学生的劳动价值目标。通过设计一些有关劳动教育的辩论活动,比如"头脑劳动重要或者身体劳动重要"进行辩论,可以让学生们在辩论中深入理解脑力劳动和体力劳动的重要性,同时也可以帮助他们更好地评估自己的劳动价值。在辩论活动结束后,教师应当总结出,无论是体力劳动抑或脑力劳动,都是社会主义建设的力量,值得我们尊崇和敬仰。因此,我们应当树立职业平等观,尊重不同的劳动者,加深学生对劳动价值的理解。

(三)重视劳动观念目标的评价

观念影响行动,因此,对于劳动观念目标的考核至关重要。对于劳动观念目标的评价可以通过问答题和行为表现的形式进行。

一方面通过问答题的方式进行。比如,提问,脑力劳动的工资比体力劳动的工资总体相对来说要高一些,因此是否说脑力劳动更重要一些。通过学生在这个过程中的回答,来评价学生的劳动观念,看学生是否树立了职业平等观。通过这个问题的回答和引导,既能完成对学生劳动价值观念的教育,又能完成对学生思想品德的教育,实现双重教育。另一方面,可以通过学生的行为表现来进行评价。比如,让学生写劳动日志或者自己的实践记录。还可以让学生完成自己的劳动代表作,比如在讲到有关环境保护或珍惜资源的问题时,可以以小组的形式,让同学们设计一个保护环境或珍惜资源的公益广告,通过学生的不同行为来评价劳动观念。

三、科学设置新时代劳动素质教育评价的内容

为了更好地评价学生的劳动知识水平,劳动教学评价内容应该科学合理。根据劳动教育的目标和内容要求,应该将过程性评价和结果性评价融为一体,完善和健全中小学生劳动素养标准、程序和方法。同时,引导和扶持各地区运用现代信息技术手段,进行劳动教育过程监测和实时评价,以充分发挥测评的育人导向和反馈改进作用。

(一)平时表现评价

为了促进学生的发展,我们应该在日常劳动教育实践活动中适时开展评估。我们应该涵盖各种类型的劳动教育活动,并确定每学年的劳动实践种类、数量和持续时间等评估标准。我们应该关注学生在实际表现中的状况,并重视从行为表现中剖析和掌握他们的劳动观念。通过自身评论和别人评论,如老师、同学、家庭、工作对象和自己等,指导学生作出反省和进步。

要指导学生如实记载劳动教育活动的具体情况,搜集和整理有关的产品和文章,选取典型的写实日记,并将其列入综合素质档案,成为他们学年评优评先的主要依据。

(二)学段综合评价

在学段完成时,应根据学段目标和具体内容,根据综合素质档案评估,综合考量必修课教学和课堂之外的劳动实践,以及劳动思想、劳动技能、劳动文化精神、劳动行为和品质等领域的发展,对学生的劳动素养进行全面评估。为了建立一个诚信的社会环境,我们将实施严格的写实登记抽查制度,对于弄虚作假者,我们将依法依规严肃处理,并在高校和学院进行志愿者星级认定,以确保考核结果能够作为毕业生的重要参考依据,推动将学生的综合表现作为决定他们未来升学和就业的重要因素。

(三)开展学生劳动素养监测

为了提高学生的劳动文化素养,建议将这项监测列入基础教育质量评估、主要职业高校质量评价和一般高等院校本科生质量评价。我们可以委派专业机构定期进行调查,重点关注学生的劳动观念、能力、精神、习惯和品质。通过监测结果,我们可以引导和推动行业的发展。

四、开展多元的新时代劳动教育评价

开展多元劳动教育评价的目的在于打破唯分数论,建立多元评价体系,把学生从传统的应试教育中解放出来。教师需要根据具体的教学内容以及学生的表现和心理需求,通过量化评价、质性评价等多元评价方式,采取教师、家长、学生等多主体参与的评价模式,对学生的劳动教育进行激励和鼓舞,提升劳动教育的积极性和实际效果。

(一)开展多元评价的必要性

教育评价是劳动教育的基础,它不仅要求学习者在实践中掌握知识,更要求他们在学习过程中能够把握知识的变化,以便更好地实现未来的发展目标。因此,劳动教育必须采用多元评价,以促进学习者的全面发展和终身发展。劳动课程的特点是实践性强、课业成绩不易衡量,要求学生终身发展。这就要求我们不能仅仅依靠传统的考试和作业来评估学生的表现,而应该建立一个与之相适应的评价机制。学生参与劳动时缺乏及时有效的反馈,家长和老师也无法真正了解孩子的成长情况,从而导致教学活动缺乏动力。因此,采用多元评价方式能够有效地推动劳动教育体系的建立。在新形势下,中小学生劳动教育以实践为内核,不仅要扩展到各学科的循环研究,还要联系家庭教育和社区,其复杂性和多样性需要有效的支撑和推动力。科学合理的多元评价体系不仅能够保证劳动课堂的有效性,还能够推进新时期劳动教育体系的跨学科、跨地域建设。

(二)开展多元评价的具体措施

1. 学习任务单

学习任务单是一种有效的教学框架,它可以帮助老师更好地进行课堂教学,更有效地实现教学目标,并且可以及时反馈给学生,以便他们能够更好地反思和提升。就是老师根据学生的学习情况,为达到目标而设置的学习的平台,有着重要的框架作用。

以"校徽的设计与制作"劳动课为例。通过设置任务单,教师可以让学生主导课堂教学。每个小组由4-5名成员组成,通过完成任务单,他们可以创作出自己的优秀作品,为"框架"提供清晰的指导。通过对任务单的深入解读,老师可以让他们更好地参与到实践探究中,同时也能让他们更加清楚地了解本节课的评估细则,以便更好地调动学生的学习兴趣。在评价与反思阶段,教师和学生将从分工明确、设计合理、团结协作、恰当使用工具、适时收纳收拾用具、画面优美有创造性等角度予以评分,以此来激发学生的学习热情。

2. 劳动成果展览

通过多种形式的质性评价,比如行动观察、口头表达、情境检测、项目协作、教学日志、发展笔记和成果展示,可以准确反映学生的思维能力、知识水平和行为实践能力,从而有效地培养他们的劳动习惯和品质。成果展览是质性评价中最常用的方式之一。

劳动成果展览是一种多元化的教育形式,旨在展示学生在劳动过程中取得的成果,既可以在学期末进行,也可以在毕业时期举办,以此来深入了解劳动课程的内容,并将其作为毕业综合展览的一部分。学生也可以通过独立完成或小组合作的方式来完成一项任务,并将自己的成果公开展示给老师、同学和家长。

3.评价主体多元化

多元化评估能够通过学员自我反馈、朋友互评、家庭评论和老师评价等方式来进行,让校园内外的每一个人都能参与到评估中来。在与家庭的沟通过程中,我们通过使用教师反馈单、老师座谈会、三方会议等多种方式,让孩子、家庭和老师之间进行有效的交流和沟通。通过结合线上和线下活动,如"学做一顿饭""种植植物",孩子能够参与到各种评论中来,这样不但能够调动学生的学习兴趣,还能够促进小朋友之间的友情,增强彼此之间的关系。

五、高度重视评价结果多方应用

教育部于2021年8月24日印发的《大中小学劳动教育指导纲要(试行)》规定,要通过对劳动教育的评价,在高中和大学开展志愿者星级认证,高中学校和高等学校要将考核结果作为毕业依据之一,推动将学段的综合评价结果作为学生升学、就业的重要参考。相比而言,由于小学升初中不再举行考试,所以,小学阶段的劳动教育评价结果则没有纳入升学的参考因素中。这也是导致基础教育阶段对于劳动教育本身不够重视的制度性原因。为了更好地评估学生的劳动能力,我们建议重视劳动教育评估结果,尤其在小学阶段。

(一)学校层面

学校层面应根据劳动教育评价结果全面深入分析本学校劳动教育的整体水平,以及本学校劳动教育的优势与不足,同时也应分析各个班级劳动教育评价结果的特点,有针对性地提出改善措施,提高学校整体的劳动教育质量。

(二)班级层面

班级层面,可以将劳动教育评价结果作为个人综合评估的参考因素,也可以作为劳动素养评估的专项指标,还可以作为衡量学生道德水平的重要依据。例如在评定三好学生过程中,可以把劳动教育评价结果作为德育指标的一部分,纳入对学生的评定当中。也可以在学期末评出劳动之星等专项奖励,鼓励同学积极参与劳动教育的学习,确实把劳动教育评价的结果落实到学生的总体评价中。班级教师也应该针对班级学生的劳动教育评价结果,关注学生劳动教育的学习状态,提升班级整体劳动教育成果。

(三)教师层面

在劳动教育评价中,不论是质性评价还是定量评价,都是针对学生的评价,这些评价结果往往和生源质量、教育资源等有关,从而忽视了教师因素。在劳动教育评价结果的运用中,应当关注教师努力,对教师的付出给予认可和肯定。并通过劳动教育评价结果的数据,帮助教师发现教学过程中的问题,从而进一步改善和提升教师的教学水平。

六、多层面促进劳动素养提升

劳动教育评价的终极目的是促进学生劳动素养的提升,这需要学生、学校、家长、社会多层面共同参与、共同努力才能实现。因此,不同层面应通力合作,优势互补。

(一)学生层面

1. 充分发挥主观能动性,自主学习

学生个人要学会提升自己的个人修养,时刻保持主动学习的精神。为此在平时要有意识地进行自我反省、自我判断、自我学习和自我教育。在接受劳动教育时,学生能充分认识劳动素养对自身的作用,从而在劳动实践中强化自己对劳动素养的认识,增强培养劳动素养的意识。学生除了在学校教育、家庭教育等途径获得对劳动素养的了解,还可以通过自我服务和自我充实的方式来认识劳动素养。首先,学生自身要自觉主动地学习,把在学校获得的劳动知识进行自我消化和自我认知。具体可以通过上网查找有关的电子资料学习,也可以向教师和家长提问,从他们那里获得关于劳动问题的解答。其次,学生本人在学校要主动认真地学习劳动课,遇到不懂的问题积极思考和提问,尽自己最大的能力做到自主学习、自我管理、自主思考和自己行动,培养正确的劳动观念。再次,还可以发挥同伴关系,一起学习和讨论劳动知识和参与劳动。还可以通过集体学习过程中表现自己,充分认识到集体荣誉感所带来的那一份责任。最后,不能一味地机械学习,要转变观念,学会认识培养自我的劳动素养,慢慢地做一个独立自主的人。

2.积极参与劳动实践

新时代劳动教育评价的有效开展,必须让学生主动参与劳动实践,亲身经历劳动体验。随着时代的发展,我们的教育理念也在发展和更新,劳动素养的培养正是让学生体会劳动过程所带来的精神价值和实践价值。为了进一步提升自身的劳动素养水平,可以从这几个方面着手:第一,在学校里,要积极主动参与班级劳动活动,如班级大扫除、值日任务。积极参加学校安排的劳动实践活动,参与集体劳动,营造集体劳动素养培养的氛围,培养自己的责任感、团队意识等。第二,在家里,学会整理个人衣物和卫生,在生活的小事情中严格要求自己,养成自我监督的良好劳动行为习惯。第三,积极与父母参与社区活动。只有自愿参与其中,才能真正感受其中所带来的乐趣,也能在其中学会尊重劳动者,珍惜来之不易的劳动成果,在实践中充分认识劳动的意义和价值。第四,通过劳动体验,锻炼自己的思考能力、意志能力、解决问题能力和动手能力,从而激发自己的创新思维,树立正确的劳动观念。

(二)学校层面

学校作为劳动教育的主力军,应该提供丰富的劳动教育课程资源、建立科学合理的评级机制、立足学生需求,制订教学计划、加强教师培训、发挥教师队伍的作用。

1.丰富劳动教育课程资源

学校作为学生受教育的巨大场域,应该为学生接受劳动教育提供丰富的课程资源。

(1)提供"活"的劳动教育资源

劳动者是行走的教科书。劳动态度、劳动情感、劳动价值观是作为观念存在的,对于小学高年级学生来说,这些对他们来说是陌生抽象的,因为他们还未真正进入社会生产。所以,若要培养学生正确的劳动价值观,就需要把上述抽象的内涵转变为具体的、可触摸的生活场景。然而在劳动教育资源开发过程中会出现过度开发生产要素的状况,使得劳动教育资源的开发是缺乏温度的,是冰冷的,这难以引起学生在情感上的共鸣。劳动者可以说是抽象内容最为生动的承载者,他们身上都承载着丰富的劳动教育资源,对于他们来说,无论是创业历程还是职业生涯历程都蕴含着劳动态度、劳动价值观,都是最为生动的劳动教育资源。

因此,学校在开发劳动教育资源的过程中,应转变思路,盘活学校的直接间接的劳动教育资源,高度重视劳动者的重要价值。学校可以发挥家长的优势,当家长以自身为例,结合具体事例诉说着自身的劳动态度、劳动情感、劳动价值观时,容易与孩子产生共鸣,为此,学校可以开展形式多样的相关劳动教育家长活动。

日常劳动场景是生动的课堂。远离劳动现场是学生对劳动观念产生偏见的根本原因,学生在生活中享受着劳动成果,若把它当作是理所当然,内心将别人的辛勤劳作认为这是别人必须承担的义务,在这种情况下,容易导致学生的索求大于奉献,这不利于学生形成正确的劳动情感、劳动态度、劳动价值观。

要帮助学生建立正确的劳动观念,让学生走进日常劳动的场景中是最为直接有效的方式,学校可以引导学生进入劳动现场,例如学校可以组织带领学生走进批发市场、早餐店、环卫站等场所,这些日常劳动场景相比生产劳动更接近学生的日常生活,让学生在现场亲身感受,更易于让学生产生情感共鸣。在这些习以为常的劳动场景中深刻感受劳动精神、劳动态度,让学生去感受维系着自己所生活城市正常运行的背后力量,体验我们日常生活赖以运行的是劳动发挥基础作用,进一步从学生心灵处激发学生对劳动者的情感认同。

(2)提供"美"的劳动教育资源

注重劳动知识中的"劳动文化美"。在人类漫长的发展史上,创造了丰富多彩的劳动文化。事实上,各个地区的生产实践都有其相应的劳动文化,比如晋商文化,包含了当地人民的诚信经营和创新精神。为此,学校可以开发这些文化资源。如在古诗《悯农》"锄禾日当午,汗滴禾下土"中蕴含着爱惜劳动成果、尊重劳动人民的内涵,对承载着劳动文化的文学作品的欣赏,利于学生对劳动态度、劳动价值观、劳动情感有更为直接的体验,而且这种体验是在劳动知识中感受劳动文化美。

展现劳动艺术作品中的"劳动文化美"。许多舞蹈、歌曲,都是在劳动文化中所孕育诞生,舞蹈展现着各地的地方风情:模拟农民耕作的舞曲《打春牛》;展示少女劳动场景的舞蹈《摘棉花》;将国家级非物质文化遗产"高抬火轿"和河南秧歌融在一起的《抬花轿》,在舞曲中饱含着人们"人强牛壮,丰收在望"的美好愿景,也展示了农民们热爱劳动、性情奔放,这些歌舞都有帮助学生加深理解具体的生产实践过程,并且可以让学生在歌舞作品中理解领悟劳动人民热爱生活、热爱劳动、不怕困难的乐观主义精神。学校还可以通过把体现劳动人民时代精神的舞蹈内容带到学校中,让学生们在学习和享受舞蹈的过程中,更加深入地认识和体会劳动人民通过勤劳创造美好生活的时代精神。

2.建立注重劳动过程的评价机制

劳动品质的培养是持久性和反复性的,所以劳动教育要注重过程性评价、多主体评价、多指标评价。过程性评价,是指对学生在学期内与学期末的变化进行评价,这是基于每日评价的基础,更加体现学生发展的过程性。评价的主体包括教师、家长以及同伴、自己,最后是综合各方评价。多指标评价,应有明确、具体、合理的评价指标,将学生的劳动精神、劳动习惯、劳动意志都纳入评价指标体系中,每项指标都包含有不同的等级:优、良、中、差,采用定性和定量的方法。

学校可以细化评价指标,综合评价各班的劳动教育情况,形成班级之间的劳动教育竞争;进行具体化,形成学生个人的评价指标,班级内形成学生之间的劳动品质竞争,以此实现个体与整体的共同发展,对表现突出的班级、学生给予表彰、奖励。注重考核技巧,要有时效性,学生劳动结束时积极给予学生反馈;要具体,而不是"好"或"坏",要对学生的劳动习惯、劳动意志做出有效的指导,比如在学生植树活动后的评价,教师针对每组的劳动品质的评价,可以从学生个体进行着手,充分肯定学生个体在植树的最后填土阶段,身心俱疲,但能坚持直至最后浇水阶段,肯定学生坚持的重要意义,及时表扬,让学生深刻领会坚持的价值;要坚持鼓励的原则,采取物质奖励与精神奖励相结合的方法,使其发挥引领作用,提升学生参与劳动的积极性,增强其荣誉感,让学生积极主动劳动,热爱劳动。

3. 了解学生的需求，制订不同的教学计划

了解学生的需求是采取针对性培训措施的基础，作为一名教师，可通过聊天或问卷调查等多种形式开展对劳动课形式以及其他相关方面的调查，统计发现学生最感兴趣劳动知识或上课形式，制订不同的教学计划。调查结果显示，男女生在劳动观念上存在显著差异。教师可以从这个角度出发，开展男女生对劳动的情感、态度和价值观的看法，组织交流会议，全面了解不同性别的劳动观点，并进行总结。作为一名教师，真正做到高效课堂的前提是明确学生的需求，使学生在限定的课堂时间内获得更多的知识，从而提升个人能力。

例如《爬山虎的脚》的课后小练笔是"选一种植物观察一段时间，记录它的变化"，这是语文实践活动教学中的场景，但是面临的困难有：让学生回家去种植观察，他们不能全部完成种植任务；教室空间有限，也不能开展种植活动。为此教师可借助学校劳动实践基地，带领学生亲自参与种植过程，在这一过程中既增长了知识，又学到了劳动技能。老师经常在课间带学生"游园"，观察花草树木的变化，在劳动的时候借助文字和图片相结合的形式记录种植过程，记录植物生长变化，通过"厚积而薄发"，在语文教学中就渗透了劳动教育。

4. 教师应该积极利用资源，加强自身的培训

学校里的大部分活动都是由教师指导和实施的，尤其是教学活动是在教师的组织下进行，在一定程度上说，教师是学生劳动素养得到提升的关键，因此，教师要积极利用各种资源，加强自身培训。第一，教师要积极参与学校的培训，学习有关劳动教育的相关知识，不断拓宽自己的知识面，因为这些是帮助学生积累劳动相关知识的基础。第二，教师要了解学生的心理特点，支持学生的创造性思维，发展他们的创新才能，因此教师需要采用针对性的方法来对小学高年级学生进行劳动素养的培养。第三，教师要改变其教育观念，提高自身的判断分析能力，教师可以在课堂上建立劳动评价体系，记录学生在行为中反映的劳动观念、知识、能力和品质，从而尽可能全面了解学生劳动素养的整体水平。

5. 发挥教师队伍的作用

学校之间加强合作，构建劳动教育教研共同体，发挥教师队伍的作用。

第一,可以组织召开相关的劳动教育经典阅读交流会,通过会上相互分享,唤醒教师自身能动意识、批判意识,助力劳动教育课程信念的形成。第二,借助教研共同体,教师之间可以针对在劳动教育课程中遇到的相关问题进行探讨,依据"发现、分析、解决、总结"的思路,制定科学合理的解决方案,拓展教师知识深度。第三,组织教师对某专题进行探讨,充分发挥每位教师的优势,分工进行资源开发、课程设计等,助力教师共同成长。

(三)家长层面

家长作为孩子的第一任老师,对孩子的劳动素养的培养、提升起着重要作用。

1.重构劳动观念

孩子的思想深受父母思想的影响。一旦父母形成了不良的劳动观念,就会使学生抗拒劳动,这自然不利于劳动素养的培养。因此,对于父母来说,要重构劳动观念,要热爱自己的工作,树立无差异的劳动观念,增强自己的职业认同感;而且,从内心深处认识到劳动对孩子健康成长的重要性,把培养孩子的劳动素养提升到家庭教育的核心位置。

家长们要理解不同学段的学生劳动素养提升的要求是不同的,小学阶段是儿童养成良好习惯的重要阶段,也是孩子责任意识形成的重要阶段,让孩子体会到自己在家庭角色中应该承担的权利和义务,长大以后才能扮演好其他角色。为此要转变将劳动视为和孩子学习文化课的对立面的错误观念,增加劳动教育意识,要在日常生活中为孩子创造充足的劳动机会。孩子们劳动行为习惯差的原因在于对劳动存有认识误区,缺乏劳动意识,轻视劳动,认为劳动与他们毫无关系。还有部分原因是家长在日常生活中,不注重将相关知识教给孩子,使得有些孩子望而却步。为此,长辈们需要通过谈话等多种方式告知孩子劳动是应尽的家庭责任和义务,在日常生活中训练孩子自我服务和家务劳动的兴趣和能力,同时注重劳动知识的传递,比如使用家用电器、厨房用具、如何整理房间等,努力为孩子创造实践机会,达到知行合一。

2.丰富教育理念,掌握科学劳动教育方法

在教育孩子如何劳动方面,并非所有的父母都具备专业能力,在家庭劳

动教育中,家长会出现教育方法的误用。例如,随着孩子长大,想要帮助父母拖地、洗碗时,有些父母缺乏耐心,担心孩子拖地不干净,洗碗怕摔碎受伤,想要自己快速完成家务劳动,觉得是在"帮倒忙",这样打击了孩子的劳动积极性。此外,还有部分家长依靠给孩子物质奖励来激发孩子的劳动热情。

孩子劳动观念的形成与家长正确的劳动教育方式息息相关,要避免使用"以劳来奖""孩子在帮倒忙,拒绝孩子劳动"这两种错误极端的方法,应该不断学习新的教育理念,激发孩子的内驱力,让他们主动积极参加劳动。作为家长要耐心教孩子相关的劳动技巧,获得劳动技能的过程是一个循序渐进、缓慢、由不会到会的过程,孩子需要家长耐心地教导,具体分解洗衣服、洗碗、整理书包步骤,提醒注意事项,家长不能对孩子的劳动表示做得慢等相关评价,不能"越俎代庖",此外,家长还要慢慢地增加劳动任务难度,让孩子掌握一定的劳动技巧。

本研究的第四章现状调查显示女生劳动素养高于男生,究其原因可能是男生喜欢具有挑战性的任务,女生心思较为细腻,家长更容易把家务交给女生完成。不管是男生还是女生,具备积极的劳动观念,会促使他们有旺盛的求知欲,从而学会必备生活与劳动技能,内化并产生稳定的劳动品质,最终养成良好的劳动素养,为此家长需要摒除性别差异,增加男孩对家务的参与。在家庭生活中,创造机会让孩子参与劳动,除此外,给孩子定规则约定。作为家庭的一员,这是由于责任和义务承担相应的家务,用规则约定的形式让孩子承担一定的家务,不仅可以增加孩子参与劳动的热情,也可以让孩子有一定的责任感。

3.设计家庭劳动教育任务清单

家庭与学校可以联合出一份"家庭劳动任务清单",学校可以与家长共同制定出一份适合学生的劳动任务清单。根据学生发展特点将任务进行划分,不同的学段、年级具体细化任务要求,从学期、月份、周、天来对每个时间节点要完成的任务进行规定,可以将劳动任务卡片进行发放。在学生完成劳动卡片的任务时,班主任进行督促,家长监督确保劳动过程,班级里可以进行劳动比赛活动,借助每周的劳动任务主题来检验大家一周的劳动任务成效,进行"劳动之星"评选活动,这种方式不仅可以督促学生,也能让学生更加积极地参与到劳动中来，激发学生的劳动热情，同时作为家长能真切看到孩子的进步，对于整个班集体而言，这种活动能够营造热爱劳动的班级氛围。若家长在指导孩子劳动时有不足之处，一方面班主任可以发挥作用进行沟通，提供指导经验；另一方面同学之间可以以自己已有的劳动经验进行讨论交流，充分发挥互相学习作用，也可以弥补家长指导不足的一些问题。

4.培养孩子自觉主动的学习精神

作为学校教育的重要基础与补充，家庭教育发挥举足轻重的作用。父母作为孩子的第一任老师，应该时刻关注孩子的知识获得与能力提升。针对孩子自理能力的缺乏，可以从生活中的小事出发，给孩子创造参与劳动的机会，让孩子内心愿意参与劳动体验，进而提升自理能力。一是作为父母要发挥好榜样角色作用，自己做好收拾衣服与清理房间工作；二是当父母在做菜时，也可要求孩子到旁边洗菜、放置用具等，并相应地教孩子最基本的一些做饭方法，以及厨房用具的安全使用常识等；三是父母与孩子一起进行社会劳动，比如清理街道，在这一劳动过程中，父母可通过情景教学对孩子做好劳动工具使用等的教育；四是父母要逐渐放手，让孩子参加他们力所能及的事务，从而训练孩子学习自立、学会自主的能力。

5.根据孩子身心发展特点，合理安排劳动内容

针对小学高段学生身心发展特殊性，在劳动教育内容和方法的选择上要符合该阶段小学生身心发展的特点，家长充分发挥引导作用，在家庭劳动教育中，遵循孩子的认知发展规律，找到"最近发展区"，根据孩子的身心发展特点、人格特征、学习能力等情况合理安排劳动内容，例如在自我服务方面，能够独立整理、清洗自己的小件衣物；学会整理自己房间，做到清洁美观；学会用针线简单缝补衣物等。在家庭服务方面，能独立学会使用电脑做简单表格等；独立学会安全使用厨房用具，能做一道拿手好菜；初步了解家庭电器的基本安全操作知识，包括电器的性能及维修、擦洗的注意事项等。在校园服务方面，能在校园里学会使用劳动工具清洁美化校园，明白其使用的注意事项；能够独立承担老师所分配的劳动任务，并能坚持下去等。在社会服务方面，能够在社区进行志愿者服务劳动，包括照顾孤寡老人、照顾流浪动物、给清洁工送水等。

当然，有必要进行说明的是充分发挥家长作用并不意味着要把劳动教

育的职责全部推给家长,曾有家长吐槽素质教育作业让家长愁断肠。有些学校进行布置的劳动教育内容是脱离学生生活实际的,缺乏可操作性的,为此家长只能包办,这样的教育效果显然不尽如人意,更无从提及对学生劳动素养的培养。

(四)社会层面

社会作为劳动的实践场所之一,需要充分发挥作用,提高学生劳动素养。

1.多措并举,营造劳动教育文化环境

学生的全面发展受劳动文化环境的影响。首先,有关部门要创设良好的劳动物质环境,例如可以建设看得见、摸得着的劳动物质环境,在公共场所悬挂张贴宣传标语、建立劳动宣传亭、劳动者休息室等。其次,营造良好的舆论环境。当今是以数字化、网络化为基本社交方式的信息社会,要注重借助多媒体网络的力量,充分发挥现代信息技术对劳动教育的价值引领作用。为此相关部门积极开展劳动知识竞答、劳动技能表演、劳动文艺晚会、劳动模范评比、公益服务劳动等,形成热爱劳动的社会文化氛围。在开展劳动教育的过程中,可以利用微信公众号、微博、电视等网络平台,大力宣扬新时代劳动楷模人物事迹、精神力量、高尚品质等,以此来激励我们奋勇向前、爱岗敬业、追求卓越,在全社会营造一种人人劳动、尊重劳动、学习劳模精神、崇尚劳动的良好精神风貌。最后,相关部门要增强惩戒力度,对于一些不珍惜他人劳动成果、贪图享乐、挥霍浪费、不尊重劳动者的现象进行严厉打击。

2.借助平台,实现劳动教育资源共享

社会网络技术工作者可以联动学校教师,利用现代教育技术,将社会劳动教育资源转化为学校教育资源,开发使用劳动教育网站、微课、虚拟场景、同步课堂等方式,从而让优质的劳动教育资源走进学生课堂,实现城乡教育资源共享,突破劳动教育资源时空的限制,缩小不同区域和层次学校教育资源差距。

比如,通过借助相对应的农业知识网站,让学生能学习到有效且规范的劳动知识技能,在此过程中教师可以针对视频中出现的一些劳动操作步骤

进行讲解,帮助学生更好地理解。在进行劳动课程教学过程中还可以邀请当地劳动领域的人员进行知识讲解,加深学生对该技术应用领域的印象,以此保证学生更好地投身劳动,提高学生的学习兴趣,保证教学质量,从而达到教学目的。

3. 发挥优势,拓展劳动教育实践场所

劳动所具有的具身性、实践性以及情景性的特点决定劳动活动必须有一定的实践场所。为提高劳动教育教学水平,社会要积极发动相关组织的力量,拓展学生劳动实践场所,满足学生不同的发展需求。积极引导学校与校外的优质组织机构建立友好合作关系,以拓展学生劳动实践场所,如共青团、工会、妇联等组织以及各类公益基金会、社会福利组织等,借助这些组织的力量搭建活动平台,拓展劳动实践场所,发挥社会对于促进学生劳动素养发展的重要价值。当地政府的支持,借助政府的力量新建一批专门的劳动实践基地或者由政府相关负责人出面,积极争取企业等相关机构的支持,为学生提供参观与实践的机会也是非常有效的途径。

例如,对于有资源优势的地域,社会可以为学生提供开展劳动研学活动的实践场地,让学生切身体会到劳动人民的辛劳,懂得珍惜拥有的一切,不断提升自己的劳动技能,用优异的成绩回馈社会。如到本地蔬菜大棚内进行劳动研学,在此过程中学生可以向农民伯伯请教各种蔬菜的名称及生长规律,并认真观察和记录,帮助农民伯伯采摘、装箱,花卉基地实地研学,可以向花农咨询如何养花、跟着花农学打花束等。

参考文献

一、中文类

(一)专著类

[1]拉尔夫·泰勒.课程与教学的基本原理[M].施良方,译.北京:人民教育出版社,1994.

[2]刘天祥,汤腊梅.西方经济学(微观部分)[M].3版.长沙:中南大学出版社,2012.

[3]顾明远.教育大辞典[M].上海:上海教育出版社.1998.

[4]何东昌.中华人民共和国重要教育文献(1949-1975)[M].海口:海南出版社,1998.

[5]中共中央 国务院.关于教育工作的指示[M].北京:人民教育出版社,1958.

[6]马克思.1844年经济学-哲学手稿[M].刘五坤,译.北京:人民出版社,2014.

[7]马克思恩格斯选集.[M].第3卷.北京:人民出版社,1966.

[8]马克思恩格斯全集[M].第26卷.北京:人民出版社,1972.

[9]霍华德·加德纳.多元智能[M].沈致隆,译.北京:新华出版社,2004.

[10]苏霍姆林斯基.苏霍姆林斯基论劳动教育[M].萧勇等,译.北京:教育科学出版社,2019.

[11]马克思.资本论[M].中共中央马克思恩格斯列宁斯大林著作编译局,译.北京:人民出版社,1975.

[12]教育编辑委员会.中国大百科全书·教育[M].北京:中国大百科全书出版社,1985.

[13]刘世峰.中小学的劳动技术教育[M].北京:人民教育出版社,1993.

[14]梶田叡一.教育评价[M].李守福,译.长春:吉林教育出版社,1988.

[15]陈玉琨.中国高等教育评价论[M].广州:广东高等教育出版社,1993.

[16]金娣,王刚.教育评价与测量[M].北京:教育科学出版社,2002.

[17]迈克尔·格伦菲尔.布迪厄:关键概念[M].林云柯,译.重庆:重庆大学出版社,2018.

[18]薛晓源.马克思《1844年经济学-哲学手稿》研究读本[M].北京:中央编译出版社,2017.

[19]马克思,恩格斯.德意志意识形态(节选本)[M].北京:人民出版社,2018.

[20]裴娣娜.教育研究方法论[M].合肥:安徽教育出版社,1995.

（二）论文类

1.期刊类

[1]檀传宝.劳动教育的概念理解:如何认识劳动教育概念的基本内涵与基本特征[J].中国教育学刊,2019(02):82-84.

[2]崔延强,陈孝生.马克思劳动教育思想及其当代价值[J].苏州大学学报(教育科学版),2022,10(01):67-74.

[3]王萍,高凌飚."教育评价"概念变化溯源[J].华南师范大学学报(社会科学版),2009(04):39-43.

[4]刘志军,徐彬.论我国现代教育评价理论体系的建构[J].中国教育科学(中英文),2022,5(02):79-87.

[5]龚春燕,廖辉,梅永鲜.新时代中小学劳动素养评价的历史逻辑与体系构建[J].劳动教育评论,2020(02):42-54.

[6]冯新瑞.综合实践活动课程在落实劳动教育中的独特优势[J].教育科学研究,2021,311(02):64-67.

[7]黄琼,胡昆明.指向劳动素养培育的中小学劳动教育评价体系建设[J].中国德育,2022,321(09):36-39.

[8]李鹏.劳动教育评价的价值意蕴与优化路径[J].湖北社会科学,2022(08):146-153.

[9]刘次林.劳动作为一种素养[J].教育发展研究,2019,38(10):3.

[10]陈静.新时代劳动教育评价的三重逻辑[J].中国考试,2021(12):10-18.

[11]程晗.如何深刻认识加强中小学劳动教育的现实意义[J].河南教育:基教版(上),2015(10):3.

[12]顾建军.加快建构新时代劳动素养评价体系[J].人民教育,2020(08):19-22.

[13]陈含笑,徐洁.中小学劳动教育评价的意义、困境与对策[J].教师教育论坛,2020,33(12):12-15.

[14]张进财,高芳芳.新时代劳动素养评价的价值意蕴与实践路径[J].思想理论教育导刊,2021(10):130-134.

[15]靳玉乐,胡月.义务教育新课程方案中劳动课程的几个问题[J].课程·教材·教法,2022,42(07):19-26.

[16]王永江.论脑力劳动和体力劳动的关系[J].江西社会科学,1984(06):90-95+62.

[17]李雨燕,曾茜.马克思劳动教育思想及其当代启示[J].吉首大学学报(社会科学版),2021,42(02):109-117.

[18]夏玲玲,亢升.论马克思劳动教育思想的新时代转换[J].辽宁大学学报(哲学社会科学版),2021,49(02):164-171.

[19]陈南.劳动教育:思想演变与地位流变:兼论开展劳动教育的时空背景[J].南京师大学报(社会科学版),2020(06):39-49.

[20]章振乐.新劳动教育让学生走进自然[J].上海教育,2016(15):17.

[21]扈中平.马克思的劳动异化论对当下劳动教育的启示[J].教育研究,2020,41(12):31-39.

[22]周洪宇,齐彦磊.新时代劳动教育的内涵特点、核心要义与路径指向[J].新疆师范大学学报(哲学社会科学版):1-9.

[23]衣建龙,徐国江.教育评价的历史发展评述[J].山东省农业管理干部学院学报,2002(06):109-110.

[24]卢立涛.测量、描述、判断与建构:四代教育评价理论述评[J].教育测量与评价(理论版),2009(03):4-7+17.

[25]张勇.测评技术是影响教育评价改革的关键[J].中国教育报.2019(07).

[26]谌舒山,王瑞.构建中小学劳动教育评价指标体系[J].教育评论,2022(07):58-66.

[27]吴婧.浅论马克思主义著作中"人的全面发展"思想的三段发展历程[J].传承,2009(16):38-39+77.

[28]尹嘉禾.基于《德意志意识形态》费尔巴哈章"现实的人"思想内涵解析[J].今古文创,2022(44):44-46.

[29]李珍,王芳芳.实践取向的小学劳动教育评价体系构建研究[J].成都师范学院学报,2022,38(11):84-89.

[30]阮瑜.立德、笃行、培能的劳动教育评价体系建构与实施[J].人民教育,2022(12):54-56.

[31]李红婷.新时代劳动教育课程评价:导向、问题与策略[J].现代教育,2021(07):25-28.

[32]李珂,曲霞.1949年以来劳动教育在党的教育方针中的历史演变与省思[J].教育学报,2018,14(05):63-72.

[33]祁占勇.新中国成立70年来我国劳动教育政策的价值选择及其变迁[J].国家教育行政学院学报,2019(06):18-26.

[34]高书国.中国特色社会主义教育根本任务的新时代内涵:深刻学习领会习近平总书记在全国教育大会上的重要讲话[J].人民教育,2018,794(19):11-14.

[35]韩光耀,石佳佳.劳动教育评价改革的价值意蕴、现实困境及实践路径[J].教育评论,2021,261(03):35-39.

[36]吴河江.基于WSR系统方法论的劳动教育评价研究[J].课程教学研究,2020,105(09):81-88.

[37]方嘉静,田秋华.基于CIPP模式构建中小学劳动教育课程评价指

标体系[J].教育导刊,2022,725(05):56.

[38]赵雨佳,马勇军.中小学劳动教育评价:历史沿革、现实问题及改革举措[J].教师教育论坛,2021,34(03):65-70.

[39]陈延斌.论《哲学的贫困》在马克思主义发展史上的地位[J].南京师大学报(社会科学版),1998(01):26-30.

[40]郑永廷,石书臣.马克思主义人的全面发展理论的丰富与发展[J].马克思主义研究,2002(01):18-22.

[41]吴向东.论马克思人的全面发展理论[J].马克思主义研究,2005(01):29-37.

[42]徐长发.新时代劳动教育再发展的逻辑[J].教育研究,2018,39(11):12-17.

[43]李仙娥,刘跃强.劳动教育融入大中小学思政课一体化建设的重要性及其路径探析[J].学校党建与思想教育,2021(16):66-68.

[44]郭长义.人的全面发展视域下的新时代高校劳动教育研究[J].辽宁大学学报(哲学社会科学版),2019,47(04):161-169.

[45]辛旭东,田可可,柏吉敏.多元智能理论下小学语文作业分层布置研究[J].重庆第二师范学院学报,2021,34(03):92-96.

[46]邹昆仑.基于发展性评价理论的翻转课堂教学评价指标体系构建研究[J].中国成人教育,2020(15):53-55.

[47]钟启泉.研究性学习:"课程文化"的革命[J].教育研究,2003(05):71-76.

[48]于开莲.发展性评价与相关评价概念辨析[J].当代教育论坛(宏观教育研究),2007(03):36-38.

[49]郑程月,王帅.建国70年我国劳动教育的演进脉络、时代内涵与实践路径[J].当代教育科学,2019(05):14-18.

[50]姜华,李欣欣,李倩文.新时代学生全面发展的过程性评价体系研究[J].上海教育评估研究,2022,11(05):37-42.

[51]王晓杰,宋乃庆,张菲倚.小学劳动教育测评指标体系研究:基于CIPP评价模型的探索[J].教育研究与实验,2020(6):8.

[52]周爽.依托劳动课程任务群 提升学生劳动素养:基于《义务教育

劳动课程标准（2022年版）》[J].辽宁教育,2022(17):4.

[53]韩光耀,石佳佳.劳动教育评价改革的价值意蕴、现实困境及实践路径[J].教育评论,2021(3):35-39.

[54]杨文杰,范国睿.基于"国际学生评估项目"成绩的学生发展审视[J].教育研究,2020,41(06):92-105.

[55]李子琳.当代公立学校功利主义文化困境及应对[J].时代人物,2023(2):4.

[56]吴晶,胡浩.习近平在全国教育大会上发表重要讲话[J].陕西教育（高教）,2018(10):80.

[57]张晓东.真实情境下的劳动教育评价：定位、设计与实施[J].现代教育,2021(11):12-15.

[58]刘长福,郑华恒.中小学劳动教育评价应注重三性[J].中国教育学刊,2021(05):105.

[59]阮瑜.立德、笃行、培能的劳动教育评价体系建构与实施[J].人民教育,2022(12):54-56.

2.学位论文类

[1]王智敏."失落"的十年[D].湖南师范大学,2008.

[2]陈占霞.马克思人的全面发展思想及其当代价值[D].吉林大学,2018.

[3]罗孝容.发展性评价在小学综合实践活动课程中的应用研究[D].重庆师范大学,2018.

[4]任娟.发展性学业评价之多元评价主体的研究[D].西南大学,2012.

[5]杨慧.小学生劳动素养测评研究[D].山西师范大学,2020.

[6]段冬梅.新时代小学生劳动教育的价值探寻[D].华中师范大学,2020.

[7]赵志慧.小学生劳动素养现状及教育对策研究[D].华中师范大学,2020.

[8]邢若琳.小学劳动教育实施现状调查研究：以石家庄市四所小学为例[D].河北师范大学.

[9]徐琤.民办小学开展劳动实践的难点调查及对策研究[D].华东师

范大学,2022.

[10]王思语.小学劳动教育的实施现状、问题及策略[D].华中师范大学,2021.

[11]向秋菊.小学劳动教育实施的现状调查研究[D].西南大学,2022.

[12]周文叶.学生表现性评价研究[D].华东师范大学,2009.

[13]李家邦.小学生劳动素养测评模型构建研究[D].西南大学,2021.

[14]宋喜斌.马克思《1844年经济学-哲学手稿》对人的本质的探讨[D].内蒙古大学,2009.

[15]句小宁.习近平关于人的全面发展重要论述研究[D].东北师范大学,2021.

[16]李智慧.人的全面发展视域下我国乡村振兴战略研究[D].安徽财经大学,2020.

[17]陈占霞.马克思人的全面发展思想及其当代价值[D].吉林大学,2018.

[18]张文文.马克思的需要理论及其当代价值[D].华东师范大学,2013.

[19]刘畅.马克思人的全面发展思想研究[D].渤海大学,2020.

[20]林榕贵.多元智能理论视角下的初中文言文教学研究[D].闽南师范大学,2022.

[21]刘莹.基于多元智能理论的初中地理教学实践研究[D].陕西师范大学,2014.

[22]沈佳琳.基于多元智能理论的小学英语课堂教学活动设计[D].上海师范大学,2017.

[23]夏云青.多元智能理论指导下的初中英语阅读教学活动设计研究[D].上海师范大学,2014.

[24]柳世玉.霍华德·加德纳教育思想研究[D].哈尔滨师范大学,2016.

[25]马莉英.多元智能理论指导下的高中英语阅读课堂活动设计研究[D].华中师范大学,2020.

[26]罗孝容.发展性评价在小学综合实践活动课程中的应用研究[D].

重庆师范大学,2018.

[27]张旭.小学语文课堂教师使用发展性评价语的现状调查及策略研究[D].沈阳师范大学,2019.

[28]林苗.研究性学习的发展性评价建构[D].扬州大学,2016.

[29]任娟.发展性学业评价之多元评价主体的研究[D].西南大学,2012.

[30]刘建.普通高中学生学业评价中的发展性评价策略研究[D].华中师范大学.2008.

[31]刘瑾.发展性评价在中学写作教学中的应用[D].陕西师范大学,2015.

[32]邢若琳.小学劳动教育实施现状调查研究：以石家庄市四所小学为例[D].河北师范大学,2020.

3.报纸文章类

[1]曾天山.我国劳动教育的前世今生[N].人民政协报,2019-05-08.

[2]王雪双,相福军.劳动教育亟须构建评价体系[N].光明日报,2022-02-08(15).

[3]各地加强中小学劳动教育经验摘登[N].中国教育报,2015-08-06(002).

[4]习近平.在知识分子、劳动模范、青年代表座谈会上的讲话[N].人民日报,2016-04-30(002).

[5]中共中央 国务院印发深化新时代教育评价改革总体方案[N].人民日报,2020-10-14(001).

[6]本报评论员.新时代呼唤"新劳动教育"[N].中国教师报,2020-04-29(001).

[7]王雪双.劳动教育亟须构建评价体系[N].光明日报,2022-02-08.

(三)政策文件类

[1]中国政府网.习近平出席全国教育大会并发表重要讲话[EB/OL].(2018-09-10)[2022-12-08].http://www.gov.cn/xinwen/2018-09/10/content_5320835.htm

[2]中国政府网.中共中央 国务院关于全面加强新时代大中小学劳动

教育的意见[EB/OL].(2020-03-26)[2022-12-08].http://www.gov.cn/zhengce/2020-03/26/content_5495977.htm

[3]中国政府网.教育部关于印发《大中小学劳动教育指导纲要(试行)》的通知[EB/OL].(2020-07-07)[2022-12-8].http://www.gov.cn/zhengce/zhengceku/2020-07/15/content_5526949.htm

[4]中华人民共和国教育部.中共中央 国务院印发《深化新时代教育评价改革总体方案》[EB/OL].(2022-10-13)[2022-12-08].http://www.moe.gov.cn/jyb_xxgk/moe_1777/moe_1778/202010/t20201013_494381.html

[5]中华人民共和国教育部.《义务教育质量评价指南》[EB/OL].(2021-03-04)http://www.moe.gov.cn/srcsite/A06/s3321/202103/t20210317_520238.html

[6]教育部.义务教育劳动课程标准(2022年版)[EB/OL].http://www.moe.gov.cn/srcsite/A26/s8001/202204/W020220420582367012450.pdf.

二、外文类

[1] Stufflebeam, D. L., & Madaus, G. F., & Kellaghan, T., Evaluation Models: Viewpointson Educational and Human Services Evaluation[M].Boston: Kluwer Academic Publishers, 280.

[2]Scriven, M. Evaluation as a discipline[J]. Studies in Educational Evaluation, 1994, 20:147-166.

[3] Cronbach, L.J. Course Improvement through Evaluation[M]. Boston: Kluwer-Nijhoff. 1983:101-115.

[4]John Caulfield, A new vocational center in Colorado [J]. Building Design and Construction, 2017(11).

[5]EBINA Atsuko, Woodworking Via Second and Fourth Grade Elementary School Art[J]. The Journal for the Association of Art Education, 2014(06).

[6]Stephen B, Holt, The Influence of High Schools on Developing Public Service Motivation[J]. International Public Management Journal, 2019(01).

[7]Bao sen Li, Dong ya Zhang, Yucai Gao.The Exploration of the Food Education Program in Primary and Secondary Schools [J]. Science Insights

Education Frontiers, 2021, 10(2):1461-1470.

[8] Joldersma, Clarence W. Ernst von Glasersfeld´s Radical Constructivism and Truth as Disclosure[J]. Educational Theory, 2011, 61(3):275-293.

附录 1

中共中央 国务院关于全面加强新时代大中小学劳动教育的意见

(2020 年 3 月 20 日)

为构建德智体美劳全面培养的教育体系,现就加强新时代大中小学劳动教育提出如下意见。

一、充分认识新时代培养社会主义建设者和接班人对加强劳动教育的新要求

(一)重大意义。劳动教育是中国特色社会主义教育制度的重要内容,直接决定社会主义建设者和接班人的劳动精神面貌、劳动价值取向和劳动技能水平。长期以来,各地区和学校坚持教育与生产劳动相结合,在实践育人方面取得了一定成效。同时也要看到,近年来一些青少年中出现了不珍惜劳动成果、不想劳动、不会劳动的现象,劳动的独特育人价值在一定程度上被忽视,劳动教育正被淡化、弱化。对此,全党全社会必须高度重视,采取有效措施切实加强劳动教育。

(二)指导思想。以习近平新时代中国特色社会主义思想为指导,全面贯彻党的教育方针,落实全国教育大会精神,坚持立德树人,坚持培育和践行社会主义核心价值观,把劳动教育纳入人才培养全过程,贯通大中小学各学段,贯穿家庭、学校、社会各方面,与德育、智育、体育、美育相融合,紧密结合经济社会发展变化和学生生活实际,积极探索具有中国特色的劳动教育模式,创新体制机制,注重教育实效,实现知行合一,促进学生形成正确的世界观、人生观、价值观。

(三)基本原则

——把握育人导向。坚持党的领导,围绕培养担当民族复兴大任的时代新人,着力提升学生综合素质,促进学生全面发展、健康成长。把准劳动教育价值取向,引导学生树立正确的劳动观,崇尚劳动、尊重劳动,增强对劳动人民的感情,报效国家,奉献社会。

——遵循教育规律。符合学生年龄特点,以体力劳动为主,注意手脑并用、安全适度,强化实践体验,让学生亲历劳动过程,提升育人实效性。

——体现时代特征。适应科技发展和产业变革,针对劳动新形态,注重新兴技术支撑和社会服务新变化。深化产教融合,改进劳动教育方式。强化诚实合法劳动意识,培养科学精神,提高创造性劳动能力。

——强化综合实施。加强政府统筹,拓宽劳动教育途径,整合家庭、学校、社会各方面力量。家庭劳动教育要日常化,学校劳动教育要规范化,社会劳动教育要多样化,形成协同育人格局。

——坚持因地制宜。根据各地区和学校实际,结合当地在自然、经济、文化等方面条件,充分挖掘行业企业、职业院校等可利用资源,宜工则工、宜农则农,采取多种方式开展劳动教育,避免"一刀切"。

二、全面构建体现时代特征的劳动教育体系

(四)把握劳动教育基本内涵。劳动教育是国民教育体系的重要内容,是学生成长的必要途径,具有树德、增智、强体、育美的综合育人价值。实施劳动教育重点是在系统的文化知识学习之外,有目的、有计划地组织学生参加日常生活劳动、生产劳动和服务性劳动,让学生动手实践、出力流汗,接受锻炼、磨炼意志,培养学生正确劳动价值观和良好劳动品质。

(五)明确劳动教育总体目标。通过劳动教育,使学生能够理解和形成马克思主义劳动观,牢固树立劳动最光荣、劳动最崇高、劳动最伟大、劳动最美丽的观念;体会劳动创造美好生活,体认劳动不分贵贱,热爱劳动,尊重普通劳动者,培养勤俭、奋斗、创新、奉献的劳动精神;具备满足生存发展需要的基本劳动能力,形成良好劳动习惯。

（六）设置劳动教育课程。整体优化学校课程设置，将劳动教育纳入中小学国家课程方案和职业院校、普通高等学校人才培养方案，形成具有综合性、实践性、开放性、针对性的劳动教育课程体系。

根据各学段特点，在大中小学设立劳动教育必修课程，系统加强劳动教育。中小学劳动教育课每周不少于 1 课时，学校要对学生每天课外校外劳动时间作出规定。职业院校以实习实训课为主要载体开展劳动教育，其中劳动精神、劳模精神、工匠精神专题教育不少于 16 学时。普通高等学校要明确劳动教育主要依托课程，其中本科阶段不少于 32 学时。除劳动教育必修课程外，其他课程结合学科、专业特点，有机融入劳动教育内容。大中小学每学年设立劳动周，可在学年内或寒暑假自主安排，以集体劳动为主。高等学校也可安排劳动月，集中落实各学年劳动周要求。

根据需要编写劳动实践指导手册，明确教学目标、活动设计、工具使用、考核评价、安全保护等劳动教育要求。

（七）确定劳动教育内容要求。根据教育目标，针对不同学段、类型学生特点，以日常生活劳动、生产劳动和服务性劳动为主要内容开展劳动教育。结合产业新业态、劳动新形态，注重选择新型服务性劳动的内容。

小学低年级要注重围绕劳动意识的启蒙，让学生学习日常生活自理，感知劳动乐趣，知道人人都要劳动。小学中高年级要注重围绕卫生、劳动习惯养成，让学生做好个人清洁卫生，主动分担家务，适当参加校内外公益劳动，学会与他人合作劳动，体会到劳动光荣。初中要注重围绕增加劳动知识、技能，加强家政学习，开展社区服务，适当参加生产劳动，使学生初步养成认真负责、吃苦耐劳的品质和职业意识。普通高中要注重围绕丰富职业体验，开展服务性劳动、参加生产劳动，使学生熟练掌握一定劳动技能，理解劳动创造价值，具有劳动自立意识和主动服务他人、服务社会的情怀。中等职业学校重点是结合专业人才培养，增强学生职业荣誉感，提高职业技能水平，培育学生精益求精的工匠精神和爱岗敬业的劳动态度。高等学校要注重围绕创新创业，结合学科和专业积极开展实习实训、专业服务、社会实践、勤工助学等，重视新知识、新技术、新工艺、新方法应用，创造性地解决实际问题，使学生增强诚实劳动意识，积累职业经验，提升就业创业能力，树立正确择业观，具有到艰苦地区和行业工作的奋斗精神，懂得空谈误国、实干兴邦的深刻道理;注重培育公共服务意识,使学生具有面对重大疫情、灾害等危机主动作为的奉献精神。

(八)健全劳动素养评价制度。将劳动素养纳入学生综合素质评价体系,制定评价标准,建立激励机制,组织开展劳动技能和劳动成果展示、劳动竞赛等活动,全面客观记录课内外劳动过程和结果,加强实际劳动技能和价值体认情况的考核。建立公示、审核制度,确保记录真实可靠。把劳动素养评价结果作为衡量学生全面发展情况的重要内容,作为评优评先的重要参考和毕业依据,作为高一级学校录取的重要参考或依据。

三、广泛开展劳动教育实践活动

(九)家庭要发挥在劳动教育中的基础作用。注重抓住衣食住行等日常生活中的劳动实践机会,鼓励孩子自觉参与、自己动手,随时随地、坚持不懈进行劳动,掌握洗衣做饭等必要的家务劳动技能,每年有针对性地学会1至2项生活技能。鼓励学校(家委会)和社区等组织开展学生生活技能展示活动。学生参加家务劳动和掌握生活技能的情况要按年度记入学生综合素质档案。鼓励孩子利用节假日参加各种社会劳动。家庭要树立崇尚劳动的良好家风,家长要通过日常生活的言传身教、潜移默化,让孩子养成从小爱劳动的好习惯。

(十)学校要发挥在劳动教育中的主导作用。学校要切实承担劳动教育主体责任,明确实施机构和人员,开齐开足劳动教育课程,不得挤占、挪用劳动实践时间。明确学校劳动教育要求,着重引导学生形成马克思主义劳动观,系统学习掌握必要的劳动技能。根据学生身体发育情况,科学设计课内外劳动项目,采取灵活多样形式,激发学生劳动的内在需求和动力。统筹安排课内外时间,可采用集中与分散相结合的方式。组织实施好劳动周,小学低中年级以校园劳动为主,小学高年级和中学可适当走向社会、参与集中劳动,高等学校要组织学生走向社会、以校外劳动锻炼为主。

(十一)社会要发挥在劳动教育中的支持作用。充分利用社会各方面资源,为劳动教育提供必要保障。各级政府部门要积极协调和引导企业公司、工厂农场等组织履行社会责任,开放实践场所,支持学校组织学生参加力所能及的生产劳动、参与新型服务性劳动,使学生与普通劳动者一起经历劳动过程。鼓励高新企业为学生体验现代科技条件下劳动实践新形态、新方式提供支持。工会、共青团、妇联等群团组织以及各类公益基金会、社会福利组织要组织动员相关力量、搭建活动平台，共同支持学生深入城乡社区、福利院和公共场所等参加志愿服务，开展公益劳动，参与社区治理。

四、着力提升劳动教育支撑保障能力

（十二）多渠道拓展实践场所。大力拓展实践场所，满足各级各类学校多样化劳动实践需求。充分利用现有综合实践基地、青少年校外活动场所、职业院校和普通高等学校劳动实践场所，建立健全开放共享机制。农村地区可安排相应土地、山林、草场等作为学农实践基地，城镇地区可确认一批企事业单位和社会机构，作为学生参加生产劳动、服务性劳动的实践场所。建立以县为主、政府统筹规划配置中小学（含中等职业学校）劳动教育资源的机制。进一步完善学校建设标准，学校逐步建好配齐劳动实践教室、实训基地。高等学校要充分发挥自身专业优势和服务社会功能，建立相对稳定的实习和劳动实践基地。

（十三）多举措加强人才队伍建设。采取多种措施，建立专兼职相结合的劳动教育师资队伍。根据学校劳动教育需要，为学校配备必要的专任教师。高等学校要加强劳动教育师资培养，有条件的师范院校开设劳动教育相关专业。设立劳模工作室、技能大师工作室、荣誉教师岗位等，聘请相关行业专业人士担任劳动实践指导教师。把劳动教育纳入教师培训内容，开展全员培训，强化每位教师的劳动意识、劳动观念，提升实施劳动教育的自觉性，对承担劳动教育课程的教师进行专项培训，提高劳动教育专业化水平。建立健全劳动教育教师工作考核体系，分类完善评价标准。

（十四）健全经费投入机制。各地区要统筹中央补助资金和自有财力，多种形式筹措资金，加快建设校内劳动教育场所和校外劳动教育实践基地，加强学校劳动教育设施标准化建设，建立学校劳动教育器材、耗材补充机制。学校可按照规定统筹安排公用经费等资金开展劳动教育。可采取政府购买服务方式，吸引社会力量提供劳动教育服务。

（十五）多方面强化安全保障。各地区要建立政府负责、社会协同、有关部门共同参与的安全管控机制。建立政府、学校、家庭、社会共同参与的劳动教育风险分散机制,鼓励购买劳动教育相关保险,保障劳动教育正常开展。各学校要加强对师生的劳动安全教育,强化劳动风险意识,建立健全安全教育与管理并重的劳动安全保障体系。科学评估劳动实践活动的安全风险,认真排查、清除学生劳动实践中的各种隐患特别是辐射、疾病传染等,在场所设施选择、材料选用、工具设备和防护用品使用、活动流程等方面制定安全、科学的操作规范,强化对劳动过程每个岗位的管理,明确各方责任,防患于未然。制定劳动实践活动风险防控预案,完善应急与事故处理机制。

五、切实加强劳动教育的组织实施

(十六)加强组织领导。在党委统一领导下,各级政府要把劳动教育摆上重要议事日程,出台相关政策措施,切实解决劳动教育实施过程中的重大问题,做好督促落实。省级政府要加强劳动教育工作的统筹协调,明确市地级、县级政府及有关部门加强劳动教育的职责,推动建立全面实施劳动教育的长效机制。

(十七)强化督导检查。把劳动教育纳入教育督导体系,完善督导办法。对地方各级政府和有关部门保障劳动教育情况以及学校组织实施劳动教育情况进行督导,督导结果向社会公开,同时作为衡量区域教育质量和水平的重要指标,作为对被督导部门和学校及其主要负责人考核奖惩的依据。开展劳动教育质量监测,强化反馈和指导。

(十八)加强宣传引导。引导家长树立正确劳动观念,支持配合学校开展劳动教育。加强劳动教育科学研究,宣传推广劳动教育典型经验。积极宣传企事业单位和社会机构提供劳动教育服务的先进事迹。注重挖掘在抗疫救灾等重大事件中涌现出来的典型人物和事迹,大力宣传不畏艰难、百折不挠、敢于担当的高尚品格。鼓励和支持创作更多以歌颂普通劳动者为主题的优秀作品,大力宣传辛勤劳动、诚实劳动、创造性劳动的典型人物和事迹,弘扬劳动光荣、创造伟大的主旋律,旗帜鲜明地反对一切不劳而获、贪图享乐、崇尚暴富的错误观念,营造全社会关心和支持劳动教育的良好氛围。

附录 2

大中小学劳动教育指导纲要（试行）

为深入贯彻习近平总书记关于教育的重要论述，全面贯彻党的教育方针，落实《中共中央 国务院关于全面加强新时代大中小学劳动教育的意见》，加快构建德智体美劳全面培养的教育体系，制定本指导纲要。

一、劳动教育性质和基本理念

（一）劳动教育性质

劳动是创造物质财富和精神财富的过程，是人类特有的基本社会实践活动。劳动教育是发挥劳动的育人功能，对学生进行热爱劳动、热爱劳动人民的教育活动。当前实施劳动教育的重点是在系统的文化知识学习之外，有目的、有计划地组织学生参加日常生活劳动、生产劳动和服务性劳动，让学生动手实践、出力流汗、接受锻炼、磨炼意志，培养学生正确劳动价值观和良好劳动品质。

劳动教育是新时代党对教育的新要求，是中国特色社会主义教育制度的重要内容，是全面发展教育体系的重要组成部分，是大中小学必须开展的教育活动。它具有鲜明的思想性，必须将马克思主义劳动观贯彻始终，强调劳动是一切财富、价值的源泉，劳动者是国家的主人，一切劳动和劳动者都应该得到鼓励和尊重；倡导通过诚实劳动创造美好生活、实现人生梦想，反对一切不劳而获、崇尚暴富、贪图享乐的错误思想。具有突出的社会性，必须加强学校教育与社会生活、生产实践的直接联系,发挥劳动在个人与社会之间的纽带作用,引导学生认识社会,增强社会责任感;同时注重让学生学会分工合作,体会社会主义社会平等、和谐的新型劳动关系。具有显著的实践性,必须面向真实的生活世界和职业世界,引导学生以动手实践为主要方式,在认识世界的基础上,获得有积极意义的价值体验,学会建设世界,塑造自己,实现树德、增智、强体、育美的目的。

(二)劳动教育基本理念

1.强化劳动观念,弘扬劳动精神。将劳动观念和劳动精神教育贯穿人才培养全过程,贯穿家庭、学校、社会各方面。注重让学生在学习和掌握基本劳动知识技能的过程中,领悟劳动的意义价值,形成勤俭、奋斗、创新、奉献的劳动精神。

2.强调身心参与,注重手脑并用。把握劳动教育的根本特征,让学生面对真实的个人生活、生产和社会性服务任务情境,亲历实际的劳动过程,善于观察思考,注重运用所学知识解决实际问题,提高劳动质量和效率。

3.继承优良传统,彰显时代特征。在充分发挥传统劳动、传统工艺项目育人功能的同时,紧跟科技发展和产业变革,准确把握新时代劳动工具、劳动技术、劳动形态的新变化,创新劳动教育内容、途径、方式,增强劳动教育的时代性。

4.发挥主体作用,激发创新创造。关注学生劳动过程中的体验和感悟,引导学生感受劳动的艰辛和收获的快乐,增强获得感、成就感、荣誉感。鼓励学生在学习和借鉴他人丰富经验、技艺的基础上,尝试新方法、探索新技术,打破僵化思维方式,推陈出新。

二、劳动教育目标和内容

(一)总体目标

准确把握社会主义建设者和接班人的劳动精神面貌、劳动价值取向和劳动技能水平的培养要求,全面提高学生劳动素养,使学生:

树立正确的劳动观念。正确理解劳动是人类发展和社会进步的根本力量,认识劳动创造人、劳动创造价值、创造财富、创造美好生活的道理,尊重劳动,尊重普通劳动者,牢固树立劳动最光荣、劳动最崇高、劳动最伟大、劳动最美丽的思想观念。

具有必备的劳动能力。掌握基本的劳动知识和技能,正确使用常见劳动工具,增强体力、智力和创造力,具备完成一定劳动任务所需要的设计、操作能力及团队合作能力。

培育积极的劳动精神。领会"幸福是奋斗出来的"内涵与意义,继承中华民族勤俭节约、敬业奉献的优良传统,弘扬开拓创新、砥砺奋进的时代精神。

养成良好的劳动习惯和品质。能够自觉自愿、认真负责、安全规范、坚持不懈地参与劳动,形成诚实守信、吃苦耐劳的品质。珍惜劳动成果,养成良好的消费习惯,杜绝浪费。

(二)主要内容

主要包括日常生活劳动、生产劳动和服务性劳动中的知识、技能与价值观。日常生活劳动教育立足个人生活事务处理,结合开展新时代校园爱国卫生运动,注重生活能力和良好卫生习惯培养,树立自立自强意识。生产劳动教育要让学生在工农业生产过程中直接经历物质财富的创造过程,体验从简单劳动、原始劳动向复杂劳动、创造性劳动的发展过程,学会使用工具,掌握相关技术,感受劳动创造价值,增强产品质量意识,体会平凡劳动中的伟大。服务性劳动教育让学生利用知识、技能等为他人和社会提供服务,在服务性岗位上见习实习,树立服务意识,实践服务技能;在公益劳动、志愿服务中强化社会责任感。

(三)学段要求

1.小学

低年级:以个人生活起居为主要内容,开展劳动教育,注重培养劳动意识和劳动安全意识,使学生懂得人人都要劳动,感知劳动乐趣,爱惜劳动成果。指导学生:(1)完成个人物品整理、清洗,进行简单的家庭清扫和垃圾分类等,树立自己的事情自己做的意识,提高生活自理能力;(2)参与适当的班级集体劳动,主动维护教室内外环境卫生等,培养集体荣誉感;(3)进行简单手工制作,照顾身边的动植物,关爱生命,热爱自然。

中高年级：以校园劳动和家庭劳动为主要内容开展劳动教育，体会劳动光荣，尊重普通劳动者，初步养成热爱劳动、热爱生活的态度。指导学生：(1)参与家居清洁、收纳整理，制作简单的家常餐等，每年学会1—2项生活技能，增强生活自理能力和勤俭节约意识，培养家庭责任感；(2)参加校园卫生保洁、垃圾分类处理、绿化美化等，适当参加社区环保、公共卫生等力所能及的公益劳动，增强公共服务意识；(3)初步体验种植、养殖、手工制作等简单的生产劳动，初步学会与他人合作劳动，懂得生活用品、食品来之不易，珍惜劳动成果。

2.初中

兼顾家政学习、校内外生产劳动、服务性劳动，安排劳动教育内容，开展职业启蒙教育，体会劳动创造美好生活，养成认真负责、吃苦耐劳的劳动品质和安全意识，增强公共服务意识和担当精神。让学生：(1)承担一定的家庭日常清洁、烹饪、家居美化等劳动，进一步培养生活自理能力和习惯，增强家庭责任意识；(2)定期开展校园包干区域保洁和美化，以及助残、敬老、扶弱等服务性劳动，初步形成对学校、社区负责任的态度和社会公德意识；(3)适当体验包括金工、木工、电工、陶艺、布艺等项目在内的劳动及传统工艺制作过程，尝试家用器具、家具、电器的简单修理，参与种植、养殖等生产活动，学习相关技术，获得初步的职业体验，形成初步的生涯规划意识。

3.普通高中

注重围绕丰富职业体验，开展服务性劳动和生产劳动，理解劳动创造价值，接受锻炼、磨炼意志，具有劳动自立意识和主动服务他人、服务社会的情怀。指导学生：(1)持续开展日常生活劳动，增强生活自理能力，固化良好劳动习惯；(2)选择服务性岗位，经历真实的岗位工作过程，获得真切的职业体验，培养职业兴趣；积极参加大型赛事、社区建设、环境保护等公益活动、志愿服务，强化社会责任意识和奉献精神；(3)统筹劳动教育与通用技术课程相关内容，从工业、农业、现代服务业以及中华优秀传统文化特色项目中，自主选择1—2项生产劳动，经历完整的实践过程，提高创意物化能力，养成吃苦耐劳、精益求精的品质，增强生涯规划的意识和能力。

4.职业院校

重点结合专业特点，增强职业荣誉感和责任感，提高职业劳动技能水平,培育积极向上的劳动精神和认真负责的劳动态度。组织学生:(1)持续开展日常生活劳动,自我管理生活,提高劳动自立自强的意识和能力;(2)定期开展校内外公益服务性劳动,做好校园环境秩序维护,运用专业技能为社会、为他人提供相关公益服务,培育社会公德,厚植爱国爱民的情怀;(3)依托实习实训,参与真实的生产劳动和服务性劳动,增强职业认同感和劳动自豪感,提升创意物化能力,培育不断探索、精益求精、追求卓越的工匠精神和爱岗敬业的劳动态度,坚信"三百六十行,行行出状元",体认劳动不分贵贱,任何职业都很光荣,都能出彩。

5.普通高等学校

强化马克思主义劳动观教育,注重围绕创新创业,结合学科专业开展生产劳动和服务性劳动,积累职业经验,培育创造性劳动能力和诚实守信的合法劳动意识。使学生:(1)掌握通用劳动科学知识,深刻理解马克思主义劳动观和社会主义劳动关系,树立正确的择业就业创业观,具有到艰苦地区和行业工作的奋斗精神;(2)巩固良好日常生活劳动习惯,自觉做好宿舍卫生保洁,独立处理个人生活事务,积极参加勤工助学活动,提高劳动自立自强能力;(3)强化服务性劳动,自觉参与教室、食堂、校园场所的卫生保洁、绿化美化和管理服务等,结合"三支一扶"、大学生志愿服务西部计划、"青年红色筑梦之旅""三下乡"等社会实践活动开展服务性劳动,强化公共服务意识和面对重大疫情、灾害等危机主动作为的奉献精神;(4)重视生产劳动锻炼,积极参加实习实训、专业服务和创新创业活动,重视新知识、新技术、新工艺、新方法的运用,提高在生产实践中发现问题和创造性解决问题的能力,在动手实践的过程中创造有价值的物化劳动成果。

三、劳动教育途径、关键环节和评价

(一)劳动教育途径

将劳动教育纳入人才培养全过程,丰富、拓展劳动教育实施途径。

1.独立开设劳动教育必修课

在大中小学设立劳动教育必修课程。中小学劳动教育课平均每周不少于1课时,用于活动策划、技能指导、练习实践、总结交流等,与通用技术和地方课程、校本课程等有关内容进行必要统筹。职业院校开设劳动专题教育必修课,不少于16学时;主要围绕劳动精神、劳模精神、工匠精神、劳动组织、劳动安全和劳动法规等方面设计。普通高等学校要将劳动教育纳入专业人才培养方案,明确主要依托的课程,可在已有课程中专设劳动教育模块,也可专门开设劳动专题教育必修课,本科阶段不少于32学时;课程内容应加强马克思主义劳动观教育,普及与学生职业发展密切相关的通用劳动科学知识,并经历必要的实践体验。

2.在学科专业中有机渗透劳动教育

中小学道德与法治(思想政治)、语文、历史、艺术等学科要有重点地纳入劳动创造人本身、劳动创造历史、劳动创造世界、劳动不分贵贱等马克思主义劳动观,纳入歌颂劳模、歌颂普通劳动者的选文选材,纳入阐释勤劳、节俭、艰苦奋斗等中华民族优良传统的内容,加强对学生辛勤劳动、诚实劳动、合法劳动等方面的教育。数学、科学、地理、技术、体育与健康等学科要注重培养学生劳动的科学态度、规范意识、效率观念和创新精神。

职业院校要将劳动教育全面融入公共基础课,要强化马克思主义劳动观、劳动安全、劳动法规教育。专业课在进行职业劳动知识技能教学的同时,注重培养"干一行爱一行"的敬业精神,吃苦耐劳、团结合作、严谨细致的工作态度。

普通高等学校要将劳动教育有机纳入专业教育、创新创业教育,不断深化产教融合,强化劳动锻炼要求,加强高等学校与行业骨干企业、高新企业、中小微企业紧密协同,推动人才培养模式改革。专业类课程主要与服务学习、实习实训、科学实验、社会实践、毕业设计等相结合开展各类劳动实践,注重分析相关劳动形态发展趋势,强化劳动品质培养。在公共必修课中,要进一步强化马克思主义劳动观教育、劳动相关法律法规与政策教育。

3.在课外校外活动中安排劳动实践

将劳动教育与学生的个人生活、校园生活和社会生活有机结合起来,丰富劳动体验,提高劳动能力,深化对劳动价值的理解。

中小学每周课外活动和家庭生活中劳动时间,小学1至2年级不少于2小时,其他年级不少于3小时;职业院校和普通高等学校要明确生活中的劳动事项和时间,纳入学生日常管理工作。

大中小学每学年设立劳动周,采用专题讲座、主题演讲、劳动技能竞赛、劳动成果展示、劳动项目实践等形式进行。小学以校内为主,小学高年级可适当安排部分校外劳动;普通中学、职业院校和普通高等学校兼顾校内外,可在学年内或寒暑假安排,以集体劳动为主,由学校组织实施。高等学校也可安排劳动月,集中落实各学年劳动周要求。

4.在校园文化建设中强化劳动文化

学校要将劳动习惯、劳动品质的养成教育融入校园文化建设之中。要通过制定劳动公约、每日劳动常规、学期劳动任务单,采取与劳动教育有关的兴趣小组、社团等组织形式,结合植树节、学雷锋纪念日、五一劳动节、农民丰收节、志愿者日等,开展丰富的劳动主题教育活动,营造劳动光荣、创造伟大的校园文化。

要举办"劳模大讲堂""大国工匠进校园"、优秀毕业生报告会等劳动榜样人物进校园活动,组织劳动技能和劳动成果展示,综合运用讲座、宣传栏、新媒体等,广泛宣传劳动榜样人物事迹,特别是身边的普通劳动者事迹,让师生在校园里近距离接触劳动模范,聆听劳模故事,观摩精湛技艺,感受并领悟勤勉敬业的劳动精神,争做新时代的奋斗者。

(二)劳动教育关键环节

各地和学校要注重围绕劳动教育的目标和内容要求,从提高劳动教育的效果出发,把握劳动教育任务的特点,抓住关键环节,选择适宜的劳动教育方式。

1.讲解说明。围绕劳动为什么、是什么问题,有重点地进行讲解,让学生懂得劳动的意义和价值。加强劳动观念、劳动纪律、劳动相关法律法规的正面引导,指明轻视劳动特别是轻视普通劳动的危害,让学生明辨是非。加强劳动知识技能的讲解,让学生认清事理,掌握实践操作的基本原理、程序、规则,正确使用工具的方法和技术。讲解要与启发思考、示范、练习等结合起来。

2.淬炼操作。围绕如何做的问题,注重示范与练习,让学生会劳动。强化规范意识,注重从最基本的程序学起,严守规则,避免主观随意。强化质量意识,注重引导学生关注细节,每个步骤、环节都要精准到位。强化专注品质,注重引导学生对操作行为的评估与监控,做到眼到手到心到,有始有终。

3.项目实践。围绕劳动能力的培养,让学生完成真实、综合任务,经历完整劳动过程。注重劳动价值体认,引导学生从现实生活中发现需求,选择和确定劳动项目。强化规划设计意识,充分发挥学生的主动性、积极性、创造性,引导学生对项目实践进行整体构思,综合运用所学知识、技术,不断优化行动方案。强化身体力行,锤炼意志品质,敢于在困难与挑战中完成行动任务。

4.反思交流。围绕劳动价值意义的建构,引导学生总结、交流,促进学生形成反思交流习惯。指导学生思考劳动过程和结果与社会进步、个体成长的关联,避免停留在简单的苦乐体验上。组织学生交流分享劳动的体验和收获,肯定具有积极意义的认识,纠正观念上的偏差。将反思交流与改进结合起来,使学生在劳动中获得成长。

5.榜样激励。围绕劳动的精神追求,树立典型,激发劳动热情。注意遴选、树立多类型榜样,不仅要有大国工匠、劳动模范,还要有身边劳动表现优异的普通劳动者和同学。指导学生从榜样的具体事迹中领悟他们的高尚精神和优良品质。明确要求学生在日常劳动实践中努力向榜样看齐。

(三)劳动教育评价

将劳动素养纳入学生综合素质评价体系。以劳动教育目标、内容要求为依据,将过程性评价和结果性评价结合起来,健全和完善学生劳动素养评价标准、程序和方法,鼓励、支持各地利用大数据、云平台、物联网等现代信息技术手段,开展劳动教育过程监测与记实评价,发挥评价的育人导向和反馈改进功能。

1.平时表现评价

要在平时劳动教育实践活动中及时进行评价,以评价促进学生发展。要覆盖各类型劳动教育活动,明确学年劳动实践类型、次数、时间等考核要求。关注学生在劳动教育活动中的实际表现,注重从行为表现中分析把握劳动观念形成情况。以自我评价为主,辅以教师、同伴、家长、服务对象、用人单位等他评方式,指导学生进行反思改进。要指导学生如实记录劳动教育活动情况,收集整理相关制品、作品等,选择代表性的写实记录,纳入综合素质档案,作为学生学年评优评先的重要参考。

2. 学段综合评价

学段结束时,要依据学段目标和内容,结合综合素质档案分析,兼顾必修课学习和课外劳动实践,对劳动观念、劳动能力、劳动精神、劳动习惯和品质等劳动素养发展状况进行综合评定。建立诚信机制,实行写实记录抽查制度,对弄虚作假者在评优评先方面一票否决,性质严重的应依法依规严肃处理。在高中和大学开展志愿者星级认证。高中学校和高等学校要将考核结果作为毕业依据之一。推动将学段综合评价结果作为学生升学、就业的重要参考。

3. 开展学生劳动素养监测

将学生劳动素养监测纳入基础教育质量监测、职业院校教学质量评估和普通高等学校本科教学质量评估。可委托有关专业机构,定期组织开展关于学生劳动素养状况调查,注重学生劳动观念、劳动能力、劳动精神、劳动习惯和品质等的监测。发挥监测结果的示范引导、反馈改进等功能。

四、学校劳动教育的规划与实施

(一)整体规划劳动教育

学校是劳动教育的实施主体,应根据国家相关规定,结合当地和本校实际情况,对劳动教育进行整体设计、系统规划,形成劳动教育总体实施方案。方案要明确劳动教育目标内容、课时安排、主要劳动实践活动安排、劳动教育过程组织与指导及考核评价办法等。同时要基于学生的年段特征、阶段性教育要求,研究制定"学校学年(或学期)劳动教育计划",对学年、学期劳动教育实践活动作出具体安排,特别是规划好劳动周等集中劳动,细化有关要求。使总体实施方案和学年(或学期)活动计划相互配套、衔接,形成可持续开展的劳动教育实施方案。

学校在劳动教育规划时要注意处理以下几个方面的关系:

1. 理论学习和实践锻炼的关系

理论学习和实践锻炼都是劳动教育的必要内容。理论学习重在让学生理解和掌握"劳动创造了人本身""劳动创造世界"等历史唯物主义基本理论主张以及劳动相关法律、法规、政策,作为行动的指南。实践锻炼重在将所学知识转化为真正有用的实际本领,形成良好的劳动习惯,弘扬劳动精神。规划劳动教育时,要两者兼顾,坚持以实践锻炼为主,切实保证每一个学生都有必要的劳动实践经历,不能只是口头上喊劳动、课堂上讲劳动。要通过学生实践前的计划构想、实践中的观察思考和实践后的反思交流,加深对有关思想理论、法规政策的理解,实现理论学习和实践锻炼的统一。

2.劳动教育与其他教育活动的关系

在开足专门劳动教育必修课的同时,中小学劳动教育必修课实践环节中与综合实践活动的社会服务、设计制作、职业体验重叠部分,可整合实施。职业院校、普通高等学校劳动教育中学生生产劳动和服务性劳动可以通过专业实习、实训、创新创业等实践环节完成,日常生活劳动可以通过学生管理落实。

3.劳动的传统形态与新形态的关系

将日常生活劳动教育贯穿大中小学始终。在安排生产劳动和服务性劳动项目时,中小学要以使用传统工具、传统工艺的劳动为主,引导学生体会劳动人民的艰辛与智慧,传承中华优秀传统文化,兼顾使用新知识、新技术、新工艺、新方法的劳动。职业院校、普通高等学校要注重结合产业新业态、劳动新形态,选择现代农业、工业、服务业项目,提升创造性劳动能力。

(二)劳动教育的组织实施

1.实施机构和人员

学校要建立健全劳动教育组织实施的工作机制。明确主管校领导,设置机构或明确相关部门负责劳动教育的规划设计、组织协调、资源整合、师资培训、过程管理、总结评价等。

要建立专兼职相结合的劳动教育教师队伍。根据学校劳动教育需要,明确劳动教育责任人,进行劳动教育规划、组织实施、评价等,配齐劳动教育必修课教师,保持教师队伍的相对稳定性。要充分发挥教职员工特别是班主任、辅导员、导师的作用,利用少先队、共青团、党组织以及学生社团等各方面的力量,合力开展劳动教育实践活动。充分利用家长及当地人力资源,聘请相关行业专业人士担任劳动实践指导教师。

2.劳动安全风险防范与管理

学校要把劳动安全教育与管理作为组织实施的必要内容,强化劳动安全意识,建立健全安全教育与管理并重的劳动安全保障体系。

要依据学生身心发育情况,适度安排劳动强度、时长,切实关注劳动任务及场所设施的适宜性。科学评估劳动实践活动的安全风险,认真排查、清除学生劳动实践中的各种隐患。在场所设施选择、材料选用、工具设备和防护用品使用、活动流程等方面制定安全、科学操作规范,强化劳动过程每个岗位的管理,明确各方责任,防患于未然。制定劳动实践活动风险防控预案,完善应急与事故处理机制。要特别关注劳动过程中的卫生隐患,按照疾控、卫生健康部门及行业有关规定,采取相应措施,切实保护学生的身心健康。鼓励购买劳动教育相关保险。

3.建立协同实施机制

中小学要推动建立以学校为主导、家庭为基础、社区为依托的协同实施机制,形成共育合力。学校要通过家长会、家长学校、社区宣讲、网络媒体等途径,引导家长树立正确的劳动观;明确家长的劳动教育责任,让家长主动指导和督促孩子完成家庭、社区劳动任务;学校要与相关社会实践基地共同开发并实施劳动教育课程。

职业院校、普通高等学校要建立学校负责规划设计,行业企业社会机构主要负责业务指导,双方共同管理的劳动教育实施机制。通过建立劳模工作室、技能大师工作室,设置荣誉教师、实务导师岗位等,多渠道引入社会力量参与学校劳动教育。要联合社会力量,共建共享稳定的劳动实践基地、校外实习实训基地、各类型创新创业孵化平台,多渠道拓展劳动实践场所。

五、劳动教育条件保障与专业支持

地方教育行政部门要切实加强对劳动教育工作的组织领导,明确机构和人员承担区域推进劳动教育的职责任务,切实加强条件保障、专业支持和督导评估,整体提高大中小学劳动教育质量和水平。

(一)条件建设

1.丰富和拓展劳动实践场所

地方教育行政部门要统筹规划和配置劳动教育实践资源,满足学校多样化劳动实践需求。充分利用现有综合实践基地、青少年校外活动场所、职业院校和普通高等学校劳动实践场所,建立健全开放共享机制,特别是充分利用职业院校实训实习场所、设施设备,为普通中小学和普通高等学校提供所需要的服务。可安排一批土地、山林、草场等作为学农实践基地,确认一批厂矿企业作为学工实践基地,认定一批城乡社区、福利院、医院、博物馆、科技馆、图书馆等事业单位、社会机构、公共场所作为服务性劳动基地。推动学校充分利用校内学习、生活有关场所,逐步建好配齐劳动技术实践教室、实训基地,丰富劳动教育资源。

2. 加强师资队伍建设

要明确劳动课教师管理要求,保障劳动课教师在绩效考核、职称评聘、评先评优、专业发展等方面与其他专任教师享受同等待遇。推动中小学、职业院校与普通高等学校建立师资交流共享机制,发挥职业院校教师的专业优势,承担普通学校劳动教育教学任务。建立劳动课教师特聘制度,为学校聘请具有实践经验的社会专业技术人员、劳动模范等担任兼职教师创造条件。

高等学校要加强劳动教育师资培养,有条件的院校开设劳动教育相关专业。把劳动教育纳入教育行政干部、校长、教师、辅导员培训内容,开展全员培训,强化劳动意识、劳动观念,提升劳动教育的自觉性。对承担劳动教育课程的教师进行专项培训,提高劳动育人意识和专业化水平。

3. 健全经费投入机制

各地要统筹中央补助资金和自有财力,多种形式筹措资金,加快建设校内劳动教育场所和校外劳动教育实践基地,加强学校劳动教育设施建设,建立学校劳动教育器材、耗材补充机制。学校可按照规定统筹安排公用经费等资金开展劳动教育,可采取政府购买服务方式,吸引社会力量提供劳动教育服务。

(二)加强专业研究和指导

1. 加强劳动教育研究与指导

在全国教育科学规划、教育部人文社会科学研究项目中支持劳动教育研究。地方教育行政部门鼓励和支持相关机构设立劳动教育研究项目。设立一批试验区或试验学校,注重开展跟踪研究、行动研究。举办论坛讲座,营造良好学术氛围。

各级中小学教研机构要配备劳动教育教研员,组织开展专题教研、区域教研、网络教研,通过协同创新、校际联动、区域推进,提高劳动教育整体实施水平。鼓励高等学校依托有关专业机构开展劳动教育教学研究。

2. 组织开展劳动教育课程资源研发

基于劳动教育教学的实际需要,省级教育行政部门明确中小学劳动实践指导手册编写要求,体现"一纲多本",满足不同地区学校的多样化需求,负责组织审查。职业院校可组织编写劳动精神、劳模精神、工匠精神专题读本,由编写院校或委托专业机构进行审查。鼓励学校、学术团体、专业机构等收集整理反映劳动先进人物事迹和精神的影视资料,组织研发展示劳动过程、劳动安全要求的数字资源,梳理遴选来自教学一线的典型案例和鲜活经验,形成分学段、分专题的劳动教育课程资源包,促进优质资源的共享与使用。

(三)督导评估与激励

1. 加强对学校劳动教育实施情况的督查

把劳动教育纳入教育督导体系,完善督导办法。对地方各级人民政府和有关部门保障劳动教育情况进行督导。对学校劳动教育开课率、学生劳动实践组织的有序性,教学指导的针对性,保障措施的有效性等进行督查和指导。督导结果要向社会公开,作为衡量区域教育质量和水平的重要指标,作为对被督导部门和学校及其主要负责人考核奖惩的依据。

2. 建立健全劳动教育激励机制

在国家级、省级教学成果奖励中,将劳动教育教学成果纳入评奖范围,对优秀成果予以奖励。依托有关专业组织、教科研机构等开展劳动教育经验交流和成果展示活动,激发广大教师实践创新的潜能和动力。积极协调新闻媒体传播劳动光荣、创造伟大思想,大力宣传劳动教育先进学校、先进个人。

附录 3

中共中央 国务院印发《深化新时代教育评价改革总体方案》

新华社北京 10 月 13 日电 近日,中共中央、国务院印发了《深化新时代教育评价改革总体方案》,并发出通知,要求各地区各部门结合实际认真贯彻落实。

《深化新时代教育评价改革总体方案》全文如下。

教育评价事关教育发展方向,有什么样的评价指挥棒,就有什么样的办学导向。为深入贯彻落实习近平总书记关于教育的重要论述和全国教育大会精神,完善立德树人体制机制,扭转不科学的教育评价导向,坚决克服唯分数、唯升学、唯文凭、唯论文、唯帽子的顽瘴痼疾,提高教育治理能力和水平,加快推进教育现代化、建设教育强国、办好人民满意的教育,现制定如下方案。

一、总体要求

(一)指导思想。以习近平新时代中国特色社会主义思想为指导,全面贯彻党的十九大和十九届二中、三中、四中全会精神,全面贯彻党的教育方针,坚持社会主义办学方向,落实立德树人根本任务,遵循教育规律,系统推进教育评价改革,发展素质教育,引导全党全社会树立科学的教育发展观、人才成长观、选人用人观,推动构建服务全民终身学习的教育体系,努力培养担当民族复兴大任的时代新人,培养德智体美劳全面发展的社会主义建设者和接班人。

（二）主要原则。坚持立德树人，牢记为党育人、为国育才使命，充分发挥教育评价的指挥棒作用，引导确立科学的育人目标，确保教育正确发展方向。坚持问题导向，从党中央关心、群众关切、社会关注的问题入手，破立并举，推进教育评价关键领域改革取得实质性突破。坚持科学有效，改进结果评价，强化过程评价，探索增值评价，健全综合评价，充分利用信息技术，提高教育评价的科学性、专业性、客观性。坚持统筹兼顾，针对不同主体和不同学段、不同类型教育特点，分类设计，稳步推进，增强改革的系统性、整体性、协同性。坚持中国特色，扎根中国、融通中外，立足时代、面向未来，坚定不移走中国特色社会主义教育发展道路。

（三）改革目标。经过5至10年努力，各级党委和政府科学履行职责水平明显提高，各级各类学校立德树人落实机制更加完善，引导教师潜心育人的评价制度更加健全，促进学生全面发展的评价办法更加多元，社会选人用人方式更加科学。到2035年，基本形成富有时代特征、彰显中国特色、体现世界水平的教育评价体系。

二、重点任务

（一）改革党委和政府教育工作评价，推进科学履行职责

1.完善党对教育工作全面领导的体制机制。各级党委要认真落实领导责任，建立健全党委统一领导、党政齐抓共管、部门各负其责的教育领导体制，履行好把方向、管大局、作决策、保落实的职责，把思想政治工作作为学校各项工作的生命线紧紧抓在手上，贯穿学校教育管理全过程，牢固树立科学的教育发展理念，坚决克服短视行为、功利化倾向。各级党委和政府要完善定期研究教育工作机制，建立健全党政主要负责同志深入教育一线调研、为师生上思政课、联系学校和年终述职必述教育工作等制度。

2.完善政府履行教育职责评价。对省级政府主要考核全面贯彻党的教育方针和党中央关于教育工作的决策部署、落实教育优先发展战略、解决人民群众普遍关心的教育突出问题等情况，既评估最终结果，也考核努力程度及进步发展。各地根据国家层面确立的评价内容和指标，结合实际进行细化，作为对下一级政府履行教育职责评价的依据。

3.坚决纠正片面追求升学率倾向。各级党委和政府要坚持正确政绩观,不得下达升学指标或以中高考升学率考核下一级党委和政府、教育部门、学校和教师,不得将升学率与学校工程项目、经费分配、评优评先等挂钩,不得通过任何形式以中高考成绩为标准奖励教师和学生,严禁公布、宣传、炒作中高考"状元"和升学率。对教育生态问题突出、造成严重社会影响的,依规依法问责追责。

(二)改革学校评价,推进落实立德树人根本任务

4.坚持把立德树人成效作为根本标准。加快完善各级各类学校评价标准,将落实党的全面领导、坚持正确办学方向、加强和改进学校党的建设以及党建带团建队建、做好思想政治工作和意识形态工作、依法治校办学、维护安全稳定作为评价学校及其领导人员、管理人员的重要内容,健全学校内部质量保障制度,坚决克服重智育轻德育、重分数轻素质等片面办学行为,促进学生身心健康、全面发展。

5.完善幼儿园评价。重点评价幼儿园科学保教、规范办园、安全卫生、队伍建设、克服小学化倾向等情况。国家制定幼儿园保教质量评估指南,各省(自治区、直辖市)完善幼儿园质量评估标准,将各类幼儿园纳入质量评估范畴,定期向社会公布评估结果。

6.改进中小学校评价。义务教育学校重点评价促进学生全面发展、保障学生平等权益、引领教师专业发展、提升教育教学水平、营造和谐育人环境、建设现代学校制度以及学业负担、社会满意度等情况。国家制定义务教育学校办学质量评价标准,完善义务教育质量监测制度,加强监测结果运用,促进义务教育优质均衡发展。普通高中主要评价学生全面发展的培养情况。国家制定普通高中办学质量评价标准,突出实施学生综合素质评价、开展学生发展指导、优化教学资源配置、有序推进选课走班、规范招生办学行为等内容。

7.健全职业学校评价。重点评价职业学校(含技工院校,下同)德技并修、产教融合、校企合作、育训结合、学生获取职业资格或职业技能等级证书、毕业生就业质量、"双师型"教师(含技工院校"一体化"教师,下同)队伍建设等情况,扩大行业企业参与评价,引导培养高素质劳动者和技术技能人才。深化职普融通,探索具有中国特色的高层次学徒制,完善与职业教育发展相适应的学位授予标准和评价机制。加大职业培训、服务区域和行业的评价权重,将承担职业培训情况作为核定职业学校教师绩效工资总量的重要依据,推动健全终身职业技能培训制度。

8.改进高等学校评价。推进高校分类评价,引导不同类型高校科学定位,办出特色和水平。改进本科教育教学评估,突出思想政治教育、教授为本科生上课、生师比、生均课程门数、优势特色专业、学位论文(毕业设计)指导、学生管理与服务、学生参加社会实践、毕业生发展、用人单位满意度等。改进学科评估,强化人才培养中心地位,淡化论文收录数、引用率、奖项数等数量指标,突出学科特色、质量和贡献,纠正片面以学术头衔评价学术水平的做法,教师成果严格按署名单位认定、不随人走。探索建立应用型本科评价标准,突出培养相应专业能力和实践应用能力。制定"双一流"建设成效评价办法,突出培养一流人才、产出一流成果、主动服务国家需求,引导高校争创世界一流。改进师范院校评价,把办好师范教育作为第一职责,将培养合格教师作为主要考核指标。改进高校经费使用绩效评价,引导高校加大对教育教学、基础研究的支持力度。改进高校国际交流合作评价,促进提升校际交流、来华留学、合作办学、海外人才引进等工作质量。探索开展高校服务全民终身学习情况评价,促进学习型社会建设。

(三)改革教师评价,推进践行教书育人使命

9.坚持把师德师风作为第一标准。坚决克服重科研轻教学、重教书轻育人等现象,把师德表现作为教师资格定期注册、业绩考核、职称评聘、评优奖励首要要求,强化教师思想政治素质考察,推动师德师风建设常态化、长效化。健全教师荣誉制度,发挥典型示范引领作用。全面落实新时代幼儿园、中小学、高校教师职业行为准则,建立师德失范行为通报警示制度。对出现严重师德师风问题的教师,探索实施教育全行业禁入制度。

10.突出教育教学实绩。把认真履行教育教学职责作为评价教师的基本要求,引导教师上好每一节课、关爱每一个学生。幼儿园教师评价突出保教实践,把以游戏为基本活动促进儿童主动学习和全面发展的能力作为关键指标,纳入学前教育专业人才培养标准、幼儿教师职后培训重要内容。探索建立中小学教师教学述评制度,任课教师每学期须对每个学生进行学业述评,述评情况纳入教师考核内容。完善中小学教师绩效考核办法,绩效工资分配向班主任倾斜,向教学一线和教育教学效果突出的教师倾斜。健全"双师型"教师认定、聘用、考核等评价标准,突出实践技能水平和专业教学能力。规范高校教师聘用和职称评聘条件设置,不得将国(境)外学习经历作为限制性条件。把参与教研活动,编写教材、案例,指导学生毕业设计、就业、创新创业、社会实践、社团活动、竞赛展演等计入工作量。落实教授上课制度,高校应明确教授承担本(专)科生教学最低课时要求,确保教学质量,对未达到要求的给予年度或聘期考核不合格处理。支持建设高质量教学研究类学术期刊,鼓励高校学报向教学研究倾斜。完善教材质量监控和评价机制,实施教材建设国家奖励制度,每四年评选一次,对作出突出贡献的教师按规定进行表彰奖励。完善国家教学成果奖评选制度,优化获奖种类和入选名额分配。

11.强化一线学生工作。各级各类学校要明确领导干部和教师参与学生工作的具体要求。落实中小学教师家访制度,将家校联系情况纳入教师考核。高校领导班子成员年度述职要把上思政课、联系学生情况作为重要内容。完善学校党政管理干部选拔任用机制,原则上应有思政课教师、辅导员或班主任等学生工作经历。高校青年教师晋升高一级职称,至少须有一年担任辅导员、班主任等学生工作经历。

12.改进高校教师科研评价。突出质量导向,重点评价学术贡献、社会贡献以及支撑人才培养情况,不得将论文数、项目数、课题经费等科研量化指标与绩效工资分配、奖励挂钩。根据不同学科、不同岗位特点,坚持分类评价,推行代表性成果评价,探索长周期评价,完善同行专家评议机制,注重个人评价与团队评价相结合。探索国防科技等特殊领域教师科研专门评价办法。对取得重大理论创新成果、前沿技术突破、解决重大工程技术难题、在经济社会事业发展中作出重大贡献的,申报高级职称时论文可不作限制性要求。

13.推进人才称号回归学术性、荣誉性。切实精简人才"帽子",优化整合涉教育领域各类人才计划。不得把人才称号作为承担科研项目、职称评聘、评优评奖、学位点申报的限制性条件,有关申报书不得设置填写人才称号栏目。依据实际贡献合理确定人才薪酬,不得将人才称号与物质利益简单挂钩。鼓励中西部、东北地区高校"长江学者"等人才称号入选者与学校签订长期服务合同,为实施国家和区域发展战略贡献力量。

(四)改革学生评价,促进德智体美劳全面发展

14.树立科学成才观念。坚持以德为先、能力为重、全面发展,坚持面向人人、因材施教、知行合一,坚决改变用分数给学生贴标签的做法,创新德智体美劳过程性评价办法,完善综合素质评价体系,切实引导学生坚定理想信念、厚植爱国主义情怀、加强品德修养、增长知识见识、培养奋斗精神、增强综合素质。

15.完善德育评价。根据学生不同阶段身心特点,科学设计各级各类教育德育目标要求,引导学生养成良好思想道德、心理素质和行为习惯,传承红色基因,增强"四个自信",立志听党话、跟党走,立志扎根人民、奉献国家。通过信息化等手段,探索学生、家长、教师以及社区等参与评价的有效方式,客观记录学生品行日常表现和突出表现,特别是践行社会主义核心价值观情况,将其作为学生综合素质评价的重要内容。

16.强化体育评价。建立日常参与、体质监测和专项运动技能测试相结合的考查机制,将达到国家学生体质健康标准要求作为教育教学考核的重要内容,引导学生养成良好锻炼习惯和健康生活方式,锤炼坚强意志,培养合作精神。中小学校要客观记录学生日常体育参与情况和体质健康监测结果,定期向家长反馈。改进中考体育测试内容、方式和计分办法,形成激励学生加强体育锻炼的有效机制。加强大学生体育评价,探索在高等教育所有阶段开设体育课程。

17.改进美育评价。把中小学生学习音乐、美术、书法等艺术类课程以及参与学校组织的艺术实践活动情况纳入学业要求,促进学生形成艺术爱好、增强艺术素养,全面提升学生感受美、表现美、鉴赏美、创造美的能力。探索将艺术类科目纳入中考改革试点。推动高校将公共艺术课程与艺术实践纳入人才培养方案,实行学分制管理,学生修满规定学分方能毕业。

18.加强劳动教育评价。实施大中小学劳动教育指导纲要,明确不同学段、不同年级劳动教育的目标要求,引导学生崇尚劳动、尊重劳动。探索建立劳动清单制度,明确学生参加劳动的具体内容和要求,让学生在实践中养成劳动习惯,学会劳动、学会勤俭。加强过程性评价,将参与劳动教育课程学习和实践情况纳入学生综合素质档案。

19.严格学业标准。完善各级各类学校学生学业要求,严把出口关。对初、高中毕业班学生,学校须合理安排中高考结束后至暑假前的教育活动。完善过程性考核与结果性考核有机结合的学业考评制度,加强课堂参与和课堂纪律考查,引导学生树立良好学风。探索学士学位论文(毕业设计)抽检试点工作,完善博士、硕士学位论文抽检工作,严肃处理各类学术不端行为。完善实习(实训)考核办法,确保学生足额、真实参加实习(实训)。

20.深化考试招生制度改革。稳步推进中高考改革,构建引导学生德智体美劳全面发展的考试内容体系,改变相对固化的试题形式,增强试题开放性,减少死记硬背和"机械刷题"现象。加快完善初、高中学生综合素质档案建设和使用办法,逐步转变简单以考试成绩为唯一标准的招生模式。完善高等职业教育"文化素质+职业技能"考试招生办法。深化研究生考试招生改革,加强科研创新能力和实践能力考查。各级各类学校不得通过设置奖金等方式违规争抢生源。探索建立学分银行制度,推动多种形式学习成果的认定、积累和转换,实现不同类型教育、学历与非学历教育、校内与校外教育之间互通衔接,畅通终身学习和人才成长渠道。

(五)改革用人评价,共同营造教育发展良好环境

21.树立正确用人导向。党政机关、事业单位、国有企业要带头扭转"唯名校""唯学历"的用人导向,建立以品德和能力为导向、以岗位需求为目标的人才使用机制,改变人才"高消费"状况,形成不拘一格降人才的良好局面。

22.促进人岗相适。各级公务员招录、事业单位和国有企业招聘要按照岗位需求合理制定招考条件、确定学历层次,在招聘公告和实际操作中不得将毕业院校、国(境)外学习经历、学习方式作为限制性条件。职业学校毕业生在落户、就业、参加机关企事业单位招聘、职称评聘、职务职级晋升等方面,与普通学校毕业生同等对待。用人单位要科学合理确定岗位职责,坚持以岗定薪、按劳取酬、优劳优酬,建立重实绩、重贡献的激励机制。

三、组织实施

(一)落实改革责任。各级党委和政府要加强组织领导,把深化教育评价改革列入重要议事日程,根据本方案要求,结合实际明确落实举措。各级党委教育工作领导小组要加强统筹协调、宣传引导和督促落实。中央和国家机关有关部门要结合职责,及时制定配套制度。各级各类学校要狠抓落实,切实破除"五唯"顽瘴痼疾。国家和各省(自治区、直辖市)选择有条件的地方、学校和单位进行试点,发挥示范带动作用。教育督导要将推进教育评价改革情况作为重要内容,对违反相关规定的予以督促纠正,依规依法对相关责任人员严肃处理。

（二）加强专业化建设。构建政府、学校、社会等多元参与的评价体系,建立健全教育督导部门统一负责的教育评估监测机制,发挥专业机构和社会组织作用。严格控制教育评价活动数量和频次,减少多头评价、重复评价,切实减轻基层和学校负担。各地要创新基础教育教研工作指导方式,严格控制以考试方式抽检评测学校和学生。创新评价工具,利用人工智能、大数据等现代信息技术,探索开展学生各年级学习情况全过程纵向评价、德智体美劳全要素横向评价。完善评价结果运用,综合发挥导向、鉴定、诊断、调控和改进作用。加强教师教育评价能力建设,支持有条件的高校设立教育评价、教育测量等相关学科专业,培养教育评价专门人才。加强国家教育考试工作队伍建设,完善教师参与命题和考务工作的激励机制。积极开展教育评价国际合作,参与联合国2030年可持续发展议程教育目标实施监测评估,彰显中国理念,贡献中国方案。

（三）营造良好氛围。党政机关、事业单位、国有企业要履职尽责,带动全社会形成科学的选人用人理念。新闻媒体要加大对科学教育理念和改革政策的宣传解读力度,合理引导预期,增进社会共识。构建覆盖城乡的家庭教育指导服务体系,引导广大家长树立正确的教育观和成才观。各地要及时总结、宣传、推广教育评价改革的成功经验和典型案例,扩大辐射面,提高影响力。